资本项目的魔术师

公司投融资、并购、重组、节税实战演练

张远堂 / 主编

中国法制出版社
CHINA LEGAL PUBLISHING HOUSE

序

资本项目包括权益性投融资产、借贷性投融资产、受让股权并购、增资并购、债权转股、公司合并、公司分立、公司增资、公司减资、公司改制、公司解散清算和破产清算等非经常性项目。远堂资本学院将资本项目的法律、财务和税收相融合，致力于培养资本项目的复合型人才，努力使每个学员都能成为资本项目的“魔术师”。

本书收录的案例全部是远堂资本学院学员的实操案例，从这些案例中可以看出他们服务资本项目的三个特点：第一，把节税策划纳入资本项目，最大限度地为当事人创造节税利益；第二，注重资本项目的方案设计，通过各种方案的对比帮助当事人选定最佳的实操方案；第三，努力追求资本项目的可行性、节约性和安全性。没有资本项目法律、财务、税收知识的人，是无法做到这三点的。而没有这三点就不能保证项目的可靠性和安全性，更无法适用国家有关资本项目的税收优惠政策，也就无法为当事人创造更大的价值。

阅读这些案例可以帮助读者了解资本项目的业务流程，掌握资本项目方案设计的内容和方法，接触资本项目的财务知识，学习资本项目的税收知识特别是国家关于资本项目的各种税收优惠政策及在实务中的应用。从中可以悟出承办这些项目的律师是怎样利用所学的资本项目法律、财务、税收知识为当事人创造最大的价值的。

张远堂

2019 年 12 月 12 日于北京

目录 Contents

CASE 1 传统企业在并购中转型喜获新生

——民营企业股权并购案例 ………………………………… 1

承办律师 于立群

主编推荐语 企业并购不仅是并购方做大做强的必由之路，对于那些被困难包围的被并购企业来说也是摆脱困境转型升级的好途径。但是由于被并购企业债台高筑，拟交易资产已经被抵押，不仅限制了交易方式而且无法承受高额税收负担。这种项目对承办律师的法律、财务、税收知识及实战能力无疑是一次巨大的考验。本项目的承办律师为帮助被并购企业以最低的税收负担实现交易目的，不仅根据拟交易资产的实际情况设计出解押方法，而且对比分析了股权并购和资产并购的四种操作模式，最终为当事人选定了既可靠又节税并且被并购方所接受的交易方案，使项目获得圆满成功。

CASE 2 持股平台在中外合资企业融资中的节税功能

——某中外合资公司重组融资案例 …………………………………… 34

承办律师 晏艳

主编推荐语 企业融资不仅仅要解决资金问题，还要处理好创始合伙人对企业的控制权问题，也要考虑融资过程及日后的税收负担问题，这是一个错综复杂的系统性的资本项目。本项目中为了克服公司股权过于分散、股东意志不统一、管理层执行力差的缺陷，使创始合伙人利益一致、意思一致、行动一致，适应企业融资后新的发展阶段，承办律师探索出了一条中外合资企业如何将原有的个人创始人股东集中，形成一致行动人，并兼顾外籍个人身份及暂时性代持情况选择适宜的持股平台，从而解决企业融资中遇到的共性问题的道路。另外，本案例对个人投资者投资中外合资企业及知识产权投资节税政策的运用也有十分重要的参考意义。

CASE 3 股权并购项目如何处理目标公司的空股

——股权并购有限责任公司案例 ………………………………………… 75

承办律师 李莉、张岩

主编推荐语 随着公司资本制度的改革，股东认缴未缴资本的现象普遍存在。在股权并购中如何处理“空股”，“空股”是否有价值，“空股”如何估值，这些问题摆在项目操作者面前，不能置之不理。在本项目中，承办律师围绕目标公司股东的“空股”为实现并购目标设计了 6 种方案，并对每种方案进行对比分析，可谓工匠力作。本案例对当下公司股权并购特别是对“空股”的并购及“空股”的估值极具参考价值。

CASE 4 重组使股东用公司财产抵偿个人债务合法又节税

——民营公司分立后股东用股权偿债案例 ························ 94

承办律师 王欢、谢文宇

主编推荐语 股东可以借钱作为注册资本设立公司，但股东不能用公司的资产偿还自己的债务，否则将构成抽逃出资。用资产偿债还会被视同转让资产发生各种税负。本案的承办律师经过对公司进行重组，不仅实现了用公司资产偿还股东负债的目的，而且避免了资产偿债会发生的过高税负，并且满足了债权人的特别要求。本案不仅彰显了公司重组的奥妙，也展示了承办律师法律和财税复合型人才的本领和才华。

CASE 5 通过重组方法为企业搭建统一持股平台

——某国企集团内部重组节税案例 ································ 116

承办律师 齐琦、施俊英

主编推荐语 重组是公司成长的过程，应当以目标和节税为导向。重组的关键在于制定方案，方案是实操的灵魂和纲领。本项目承办律师从资本项目可行性、安全性、节约性“三性”的角度出发，用重组的方法为企业设计了三套搭建持股平台方案——货币支付转股价款、股权增资、合并重组。三套股东单一化方案——股权转让、公司减资、公司分立，并对每种方案从法律和财税的角度进行优缺点对比分析论证。本案例真实还原了集团内部重组的全过程，从法律尽职调查到方案设计、方案论证，再到方案实施、准备相关法律文件，最后到税收论证，法律和财税相结合，重组理论和实践经验相匹配，对同类企业重组项目具有现实参考意义。

CASE 6 分立重组是解决资源类企业僵局的好方法

——中外合资煤业有限责任公司分立案例 …………………… 139

承办律师 王典清

主编推荐语 分立是公司重组的主要形式之一，用其解决规模大、股东少的公司的僵局效果较好。但是对于矿山企业来说，由于国家管理的特殊性，其分立要比一般的企业分立困难得多。承办本项目的律师在充分尽职调查的基础上确定了通过分立解决公司僵局的方案，并采取以企业估值和持股比例确定分割权利，资产随矿产走，负债和合同随资产走，员工随岗位走，岗位随资产走，用支付差价方法调节利益的原则。并通过先转股后分立的方法成功使中外合资矿山企业一分为二，走出了公司困境。

CASE 7 股权并购主要资产为厂房的公司如何课税

——律师和税务局关于能否穿透课税的较量 ………………… 193

承办律师 梁晶、何均岚

主编推荐语 目标公司的资产仅为国有土地使用权和房屋建筑物，股权并购能否视同转让不动产穿透课税公司，曾是法律界、财税界激烈讨论的问题。本案例中承办律师旁征博引，有理有节，依法与税务机关工作人员交流。最终双方达成一致：税务机关不能简单地以目标企业的主要资产为房地产为由对股权转让穿透课税。承办资本项目的律师不仅需要具有法律知识，还需要具有财务、税务知识，当面对税务机关的征税行为时，应当以事实、税法和说理来赢得税务机关的认同。

CASE 8 通过重组转移合伙企业资产合法节税

——将合伙企业的物业装入挂牌企业案例 …………………… 211

承办律师 谢华平、林金微

主编推荐语 合伙企业不能直接进行股改上市，但实务中又确实存在一些企业将资产放在合伙企业名下的现象，那么如何将这些资产转移到拟上市的企业中，同时又能合法合理地避免发生高额税负就成了我们在操作这类资本项目中亟待解决的现实问题，也考验我们律师在处理此类资本项目中法律知识和财税知识完美结合的能力。本项目的承办律师通过对交易路径的设计不仅实现了拟挂牌企业对合伙企业应付账款的抵销，同时还完美地实现了将合伙企业土地使用权和房产装入拟挂牌企业的目标，从而合法合理地避免了土地增值税和契税应税义务的发生，大大节约了整个交易的税负成本。

CASE 9 通过拆除名股实债挂牌

——新三板挂牌前国有产权退出案例 ………………………… 222

承办律师 万征

主编推荐语 公司资本是公司赖以存在和发展的物质基础。公司资本结构包括权益性资本和债权性资本，权益性资本体现为股权投资，股东的收益来自股息（或红利），债权性资本体现为企业借贷，债权人（包括股东）的收益来自利息。实务中，近些年大量出现的明股实债，是权益性资本与债权性资本的有机结合，它名义上是以公司股权的形式存在，实质上是公司对外（包括向公司股东）借贷的行为。本案例中，两个自然人股东为解决公司资金困境，在政府的帮助下向国有企业借款，并以持有的另一家拟挂牌公司的股权作为担保，为避免质押的股权将来可能被其他债权人追击的风险，两个自然人将拟挂牌公司的股权转让给国有企业，并办理工商变更登记。本律师在承办本项目过程中，通过拆解明股实债，还原交易真相的方式，让债务人归还国有企业本金和利息，国有股权顺利退出，公司成功挂牌新三板。

CASE 10 通过股权并购间接取得施工资质

——某建筑工程公司获取施工资质案例 ………………………… 238

承办律师 杜娟、严乐

主编推荐语 在建设工程施工领域中，施工企业承接项目多以具备相应施工资质为前提，但在实践中，施工资质的申请及升级又需满足一定的资产、人员及业绩要求，这使得部分有实际施工能力的企业时常面临资质不足的困境，致使业务承揽受限、企业发展进入瓶颈。本项目的承办律师依据现行有效的资质管理规定，巧妙设计交易路径，在合法剥离被并购企业部分资质后进行股权并购，有效地帮助并购企业在短期内取得实际所需资质，为企业的后续发展及扩张奠定了基础。

CASE 11 安全是资本项目的永恒主题

——因公司并购项目引起的纠纷案例 ………………………… 259

承办律师 李翔、刘焘焘

主编推荐语 股权并购是一种非常复杂的资本项目，无论是并购方还是股权出让方承担着巨大的风险。在许多情况下出让方往往为了追求交易的目的，忽视自己的风险，不重视股权转让协议等系列法律文件的严谨和规范，不仅使交易目的无法实现，而且还容易使并购双方反目成仇导致诉讼。本案中出让方交付了股权，不但没有拿到转股价款，而且没有证据支持。承办律师充分运用法律专业知识和丰富的诉讼实践经验，历时三年多，经过数审，最终为股权出让方挽回了损失。

CASE 12 通过设计交易路径实现增资并购

——整合既往不规范交易行为完成增资并购案例 …………… 272

承办律师 杜娟、童颖

主编推荐语 在公司野蛮式经营发展期，时常会出现交易主体混同、交易路径不明、财务账目混乱、资产权属不清等不规范交易行为，极易造成公司资产流失或股东权益受损；而当公司及股东有意规范财务及资产时，又常常面临较高的交易税负，导致该类交易行为迟迟无法得以纠正。本项目承办律师依托股东增资并购的交易需求，通过对公司既往重大交易及财务账目的梳理，结合法务、财务、税务三重维度，重构交易路径，既完成了公司既往不规范交易的整合，又经济、高效地实现了并购方的交易目的。

传统企业在并购中转型喜获新生

——民营企业股权并购案例

承办律师：于立群

于立群：浙江新湖律师事务所专职律师。

从事法律行业25年，浙江省杭州市西湖区司法系统最具影响力律师，杭州市律师协会理事，杭州市律师协会企业法律顾问委员会初始委员。

她深耕于公司法务领域。自执业以来始终致力于为公司提供专项法律服务，积累了丰富的公司法律服务事务经验。近年来，结合经济发展与转型，协助顾问单位进行并购整合，完成多宗并购交易。为客户设立多个私募股权、证券基金提供全程法律服务。

◎ 项目背景

车业公司是由A、B两位自然人股东设立的民营企业。注册资本1000万元人民币；实收资本1000万元人民币。A持有车业公司81%的股权，B持有车业公司19%的股权。

由于车业公司技术落后，产品低端，造成市场份额逐年萎缩，出口量急剧下降，甚至基本没有订单；车业公司所处行业为传统制造业，且规模越小，现金流越匮乏，技术人员和员工流失严重，靠自身力量无法在所处行业内取得突破，若仍旧坚持主业，已经不具备持续经营能力。

车业公司近两年始终依靠出租厂房维持生计，因此，若能通过盘活资产使车业公司“新生”，也是股东所追求的目标。

同时因车业公司所在地政府为推进工业强市建设，加快企业经济转型，决定对出租型企业进行整治，以市场倒逼加政策引导，来提高企业发展质量和水平。政府的经济发展方向恰好对车业公司以租金维系生存产生了重大影响。

2017 年 9 月，一家快销品生产商向车业公司提出购买其资产作为生产基地，当地政府亦大力支持，在这种背景下，车业公司聘请律师团队作为其专项法律顾问，为其被收购项目提供专项法律服务，服务内容包括：法律尽职调查；交易方案设计和论证；税负预测；参与交易谈判；制作一揽子交易文件及与此相关的法律咨询服务。

◎ 法律调查

为了更好地为当事人提供法律服务，律师决定首先对车业公司进行适当的调查，以便掌握第一手相关信息后，为相关项目制定最佳的交易方案。律师通过调查，获得车业公司的基本信息如下：

第一部分：车业公司的基本情况和历史沿革

一、基本情况

名称：车业公司

住所：浙江省某工业园区

法定代表人：A

注册资本：人民币 1000 万元　实收资本：人民币 1000 万元

股东情况：A 持股 81%、B 持股 19%

经营范围：法律、法规、国务院决定规定禁止的不得经营；法律、法规、国务院决定规定应当许可（审批）的，经审批机关批准后凭许可（审批）文件经营；法律、法规、国务院决定规定无须许可（审批）的，市场主体自主选择经营。

登记机关：××市工商行政管理局　成立日期：2002 年 4 月 12 日

营业期限：2002 年 4 月 12 日—2042 年 4 月 12 日

注册号：9133048173××××××××

公司类型：有限责任公司（自然人投资或控股）

没有对外投资也没有设立分公司

二、车业公司股东情况

截至 2017 年 9 月 6 日，车业公司股东及持股情况如下：

序号	股东姓名	出资额（单位：万元）	出资方式	出资比例（%）
1	A	810	货币	81%
2	B	190	货币	19%
合计		1000	—	100%

三、车业公司组织架构及人员情况

（一）组织架构

因车业公司近年来未正常经营，员工流失严重，原有组织架构对于本次股权收购无实际意义，因此，本案例中不做引述。

（二）人员情况

根据车业公司提供的员工情况说明，截至 2017 年 9 月 6 日，车业公司共有员工 55 人，其中 51 人系设立之初，车业公司沿袭原村集体企业业务而向政府承诺连续用工直至该 51 人享受退休待遇为止的员工（该 51 人未在岗工作，均处于待岗状态，但是工资照常发放）；其余 4 人分别为总经理 1 人，行政管理 1 人，出纳、会计各 1 人。

（三）劳动合同

车业公司与上述 55 人签有劳动合同，为其购买社会保险。根据车业公司提供的《劳动合同》格式文本及律师核查，未发现内容有违反现行法律、法规规定的情形。

四、车业公司历史沿革

（一）车业公司设立

2002 年 4 月 4 日，股东 A 以货币实缴出资 810 万元，股东 B 以货币实缴出资 190 万元，发起设立了车业公司。当时公司注册资本 1000 万元人民币，实收资本 1000 万元人民币。

（二）历次变更

1. 2014 年 3 月，车业公司经营项目发生变更，在原有的主营业务之上增加了“仓储管理服务”。

2. 2016 年 5 月，因换发统一社会信用代码执照，作出相应变更。

除此之外，车业公司再无其他变更内容。

第二部分　车业公司的资产及负债情况

接受委托后，律师围绕着车业公司的资产、负债、权利和义务展开了尽职调查，获取情况（仅摘录部分）如下：

一、车业公司资产总额、负债总额及股东权益调查情况及分析

截至 2017 年 8 月 31 日，公司账面资产总额 76661836. 28 元，负债总额 141542054. 18 元，净资产 -64880217. 9 元，反映车业公司账面资产已经不抵账面负债。

车业公司流动资产账面金额 40461411. 43 元，占账面资产总额的 52. 8%，其中包括银行存款 4660970. 82 元，应收账款 10091468. 8 元，其他应收账款 5237020. 07 元，存货 20471951. 74 元。该部分资产除了银行存款 4660970. 82 元之外，其余 35800440. 61 元资产变现能力较弱。应收账款、其他应收账款的账龄均超过三年，催收回款的概率较小，整体流动资产若评估会存在一定程度的贬值。

车业公司非流动资产账面金额 36200424. 85 元，占账面资产总额的 47. 2%，该部分资产包括房屋建筑物、土地使用权、机器设备等，其中机器设备购入年份长且经济价值低，若经评估将巨幅贬值，房屋建筑物和土地使用权在会计上是按照当时的购置成本入账，该部分资产评估值增幅较大，也是公司最重要的资产。按照股权收购项下交易双方的协商结果，该部分资产估值为1.5亿元人民币。

车业公司负债总额141542054.18元，均为1年内到期的短期债务，其中：银行贷款5889万元，应付供应商货款5685282.51元，应付职工工资1075174.55，政府税费1446628.76元，与经营活动无关的应付款项74444968.36元（占负债总额的52.6%）。上述债务中，银行贷款5889万元，包含在交易双方的总收购价款中；应付供应商货款、应付职工工资及政府税费合计8207085.82元，根据交易双方安排，需要由公司原股东在收购前先行偿还；与经营活动无关的应付款项74444968.36元债务在实务中很多情况下仅仅具有会计账面的意义，其中部分款项实际已无须偿还，但仍然长期挂账，74444968.36元债务金额并非全部真实，根据交易双方的约定，亦由车业公司原股东在收购前进行处理。

车业公司净资产-64880217.9元，其中：注册资本1000万元，累计亏损-74880217.9元（其中5年内的为19538922.71元，其他均为5年以前形成），净资产账面为负值，可参考价值有限。按照收购方要求，收购方将5889万元人民币直接支付给公司，用于偿还银行贷款，如此在企业所得税处理上可能会造成公司5889万元的营业外收入，但是由于能够弥补的亏损仅为19538922.71元，上述5889万元收入中，减去19538922.71元的余额39351077.29元可能需要按照25%的比例缴纳企业所得税，税额为9837769.32元。

二、车业公司经营成果调查情况及分析

2016年度，车业公司亏损5040922.71元（表1），2017年1月至8月，亏损4208908.08元（表2），预计2017年全年亏损6313362.12元，亏损额呈扩大趋势。2016年主营业务毛利率13%（表3），2017年1月至8月主营业务毛利率-17%（表4），毛利率呈下降趋势，并且主营业务的成本已超过收入，该部分业务已无法为公司创造利润，车业公司之所以继续维持该项业务，主要是想收回前期投入的机器设备等固定资产成本，因为该部分固定资产设备专用程度较高，变现困难，存在退出障碍。针对主营业务，本次收购，从股东角度而言，是一个退出的机会。

表 1 利润表 会小企 02 表

编制单位：浙江小霸王车业有限公司 2016 年 12 月 单位：元

项　　目	行次	本期数	本年累计数	上年同期累计数
四、净利润（亏损以“-”号填列）	32	-763414.28	-5040922.71	—

表 2 利润表 会小企 02 表

编制单位： 2017 年 8 月 单位：元

项　　目	行次	本期数	本年累计数	上年同期累计数
四、净利润（亏损以“-”号填列）	32	-931820.86	-4208908.08	—

表 3 利润表 会小企 02 表

编制单位：浙江小霸王车业有限公司 2016 年 12 月 单位：元

项　　目	行次	本期数	本年累计数	上年同期累计数
一、营业收入	1	674974.85	7038759.36	—
减：营业成本	2	639433.99	6105920.66	—

表 4 利润表 会小企 02 表

编制单位： 2017 年 8 月 单位：元

项　　目	行次	本期数	本年累计数	上年同期累计数
一、营业收入	1	108059.82	2983306.38	—
减：营业成本	2	682670.84	3492185.49	—

三、车业公司现金流量调查情况及分析

2017 年 1 月至 8 月，车业公司经营活动产生的现金流量为 65 万元，筹资活动（支付银行贷款利息）产生的现金流量为 -150 万元，现金流量合计 -85万元。车业公司经营活动产生的现金流已不足以支付银行贷款利息，公司总的现金流量为负值，如果继续生产经营的话，会使公司的财务状况变得更坏。并且 1 年内到期的银行贷款金额 5889 万元已超过流动资产总额 40461411.43 元，公司存在较大的财务风险，或银行贷款到期并且无法展期，公司没有足够的资金用于偿还银行贷款，车业公司可持续经营能力存在不确

定性。

通过调查律师认为：

1. 车业公司合法设立并有效存续，股东的出资程序符合中华人民共和国有关法律、行政法规和规范性文件的规定，且全部实际缴付；

2. 车业公司目前趋于停产状态，依赖厂房租金维系生存；

3. 车业公司与大部分员工之间的劳动合同法律关系因涉及此前的承诺而导致用工关系无法解除；

4. 车业公司原股东需要在收购前先行偿还应付供应商货款、应付职工工资及政府税费合计 8207085.82 元、处理与经营活动无关的应付款项 74444968.36 元；

5. 车业公司的土地及房产目前处于贷款抵押状态；

6. 车业公司存在担保债务；

7. 车业公司股东存在对外借款及担保债务；

8. 因收购交易对价高，可供弥补亏损少，所涉税费较高，需要实施充分的税收筹划；

9. 车业公司基本处于“停业”状态，租金仅可维系生存，无法支持股东投资收益权的实现，本次收购可以有效盘活公司资产，是股东获利退出的好机会，同时提高土地房产这一类生产资料的利用效率也符合经济规律；

10. 收购方的目的是收购资产（土地和房产），可以采用资产收购或股权收购的方式；

11. 资产收购及股权收购均存在困难，但无实质障碍；

12. 被收购方因资金极度紧张，在被收购过程中无法承受过高税负。

◎ 律师设计的交易方案及与收购方协商的情况

根据《公司法》《合同法》和有关法律法规规定，为实现车业公司资产盘活的目的，该项目可以采用资产收购或股权收购的方法，具体分析说明如下：

方案一：资产转让

近年来，购买资产时，采取钱货交易的直接方式少之又少，“曲线救国”居多，即通过购买股权而取得对标的企业的控制权，进而实现对资产的间接持有。但是股权收购有利亦有弊，并非达成购买资产目的最佳的交易方式，有时直接采用资产收购的方式可能更符合交易双方的利益诉求。

为给车业公司的出让项目设计最佳的交易方案，律师就资产转让方案与车业公司的股东进行了如下内容的交流。

本案例项下，收购方可以通过买入资产的方式取得土地房产的所有权，而后将土地房产登记在收购方项目公司名下，作为公司主要资产开展运营。这种方式对车业公司来说就是资产转让。但因车业公司名下资产之上设置了抵押担保，需要先由车业公司偿还债务，清理抵押担保后方可进行资产转让。经咨询土地及房产管理部门，资产转让不存在实质法律障碍，完税后即可办理房产及土地的权属变更登记手续，时间可控且迅速，但转让方需要缴纳的税费高。

转让方若想减轻税负，则可与收购方协商支付方式，收购方采用不同的支付方式，将对转让方的税负产生非常大的影响。

收购方通常的支付方式是货币、股权、不动产、知识产权、债权、受让负债。

考虑到交易的实际情况，律师仅对收购方以货币、股权两种方式支付资产收购对价为当事人进行了纳税义务分析。

（一）收购方以货币支付收购资产的对价

1. 转让方的税收成本

（1）增值税及附加

不动产转让增值税，应缴税款为13636363.63元［公式1.5亿元÷（1+10%）×10%］（在项目进行过程中为10%的税率，自2019年4月调整为9%），附加为所缴增值税的12%（其中城建税为7%、教育费附加3%、地方教育费附加2%），为1636363.64元。

按照简易征收方式缴纳，所缴税款为750万元（公式1.5亿元×5%），附加为所缴增值税的12%，为90万元。［简易征收依据财税〔2016〕36号附件2：《营业税改征增值税试点有关事项的规定》第（八）项销售不动产的规定，但按照简易法缴纳增值税的资产的收购方不能做进项税抵扣。］

根据国家税务总局《关于纳税人资产重组有关增值税问题的公告》（国家税务总局公告2011年第13号）的规定，“纳税人在资产重组过程中，通过合并、分立、出售、置换等方式，将全部或部分实物资产以及与其相关联的债权、负债和劳动力一并转让给其他单位和个人，不属于增值税的征税范围，其中涉及的货物转让，不征收增值税”。根据《营业税改征增值税试点有关事项的规定》（财税2016年36号文附件2）的规定，“在资产重组过程中，通过合并、分立、出售、置换等方式，将全部或部分实物资产以及与其相关联的债权、负债和劳动力一并转让给其他单位和个人，其中涉及的不动产、土地使用权转让行为”不征收增值税。据此，如果选择资产收购方式，目标公司作为资产的转让方有争取适用增值税优惠政策的可能，如果不发生增值税，就不会发生附加税。

（2）土地增值税

表5　资产收购土地增值税纳税测算

单位：元

序号	项目	账面金额	公式
一	资产转让价款	1.5亿	
	1. 实际入账收入	136363636.36	
二	扣除项目	61687843.64	
	2. 取得土地使用权所支付的金额	4776480	
	3. 建筑物的评估价格	5500万	
	4. 与转让有关的税金	1711363.64	
	增值税附加累计	1636363.64	所缴增值税的12%
	印花税	75000	万分之五
	5. 房地产评估费	20万	

续 表

序号	项目	账面金额	公式
三	增值额		
	6. 增值额	74675792.72	1-2-3-4-5
四	增值额与扣除项目之比	1.21	6÷（2+3+4+5）
五	应缴土地增值税税额		
	7. 增值额超过扣除项目金额100%，未超过200%	28084719.82	增值额×50%-扣除项目金额×15%

财政部、国家税务总局在《关于企业改制重组有关土地增值税政策的通知》的解读的第二问中明确，“问：这次出台的政策与以往企业投资、兼并相关的土地增值税政策相比，有什么变化？答：此次出台的企业改制重组土地增值税政策，主要是对原有企业改制重组土地增值税优惠政策的规范与整合。具体而言，一是延续了企业以房地产作价投资、企业兼并相关土地增值税优惠政策，二是规范了企业兼并相关土地增值税政策表述，将兼并纳入合并，三是增加了享受土地增值税优惠的企业改制重组形式，将企业公司制改造、企业分立两种形式纳入优惠范围”。而此前企业兼并土地增值税执行一直适用财税1994年48号文，该文第三条关于企业兼并转让房地产的征免税问题，明确“在企业兼并中，对被兼并企业将房地产转让到兼并企业中的，暂免征收土地增值税”。据上，如果选择资产收购方式，目标公司争取适用土地增值税的有关优惠政策。

（3）印花税

按照产权转移书据所载金额的万分之五计征印花税，所缴税款为75000元。

（4）企业所得税

表6中所列是在不享受增值税和土地增值税优惠政策情况下，车业公司因转让资产发生的应税所得额和纳税义务额。如果在本次交易中车业公司能够享受国家关于企业并购重组增值税和土地增值税的优惠政策，车业公司因转让资产的应税所得额为94185652.56元（1.5亿元-4776480元-24662717.12元-6761227.73元-75000元-19538922.71元），应纳税额为

23546413.14 元（94185652.56 元×25%）。

表 6 车业公司应税所得额和纳税义务额

序号	项目	账面金额（单位：元）	公式
一	资产转让价款	1.5 亿	
	1. 实际入账收入	136363636.36	1.5 亿÷（1+10%）
二	土地及房屋建筑物		
	2. 土地净值	4776480	
	（1）原值	4776480	
	（2）累计折旧	0	
	3. 房屋建筑物净值	24662717.12	
	（1）原值	35919137.71	
	（2）累计折旧	11256420.59	
	4. 在建工程	6761227.73	
三	资产转让收益	100163211.51	1-2-3-4
	5. 减：税费扣除项目		
	土地增值税	28084719.82	
	城建税/教育附加/地方教育附加	1636363.64	
	印花税	75000	
	6. 减：含 2017 年度五年内的可弥补亏损	19538922.71	
四	资产转让所得	50828205.34	1-2-3-4-5-6
五	所得税	12707051.34	（1-2-3-4-5-6）×25%

2. 收购方的税收成本

（1）契税

按照成交价格的 3% 计征（按照交易当地的省政府规定），所缴税款为 450 万元。

（2）印花税

按照产权转移书据所载金额的万分之五计征印花税，所缴税款为 75000 元。

结论：在资产转让的情况下，如果增值税、土地增值税不能享受税收优惠政策，如果以货币支付资产转让价款，在交易完成时作为资产转让方的车业公司会发生较高的纳税义务。交易价格为 1.5 亿元时，作为转让方产生的税负共计 63588519.29 元，比重为交易价格的 42.4%（增值税非简易征收情形下）；作为收购方（受让方）产生的税负共计 4575000 元。

（二）收购方以股权支付收购资产的对价

1. 转让方的税收成本

如果收购方以股权向车业公司支付资产受让价款，除可以争取适用前述增值税、土地增值税优惠政策外，符合条件时还可以选择所得税的特殊性处理，将前面计算的所得税纳税义务递延到车业公司转让本次交易中获得的股权之时。

根据财政部、国家税务总局《关于企业重组业务企业所得税处理若干问题的通知》（财税 2009 年 59 号文）的规定，当收购方收购的资产≥车业公司总资产的 50%，收购方股权支付金额≥交易总额的 85%，可以适用特殊性税务处理，车业公司取得受让企业股权的计税基础，以被转让资产的原有计税基础确定；受让企业取得车业公司资产的计税基础，以被转让资产的原有计税基础确定。

适用特殊性税务处理规定时，除需要具有前面两个比例的特殊条件之外，还应当具备这 5 项基本条件：具有合理的商业目的，且不以减少、免除或推迟缴纳税款为主要目的；被收购、合并或分立部分的资产或股权比例符合本通知规定的比例；企业重组后的连续 12 个月内不改变重组资产原来的实质性经营活动；重组交易对价中涉及股权支付金额符合本通知规定比例；企业重组中取得股权支付的原主要股东，在重组后连续 12 个月内，不得转让所取得的股权。

若收购的资产以及收购方股权支付金额无法达到特殊条件时，则只有适用普通税务处理，即车业公司应确认资产转让所得或损失；收购方取得资产的计税基础应以公允价值为基础确定；车业公司的相关所得税事项原则上保持不变。在所得税上与货币支付所应缴纳的所得税相同。

2. 收购方的税收成本

在股权支付收购资产价款的情况下，在选择所得税特殊性处理的情况下，作为资产收购方其所发生的契税和印花税均与货币支付并无差异。

结论：如果接受收购方以股权作价向车业公司支付收购资产的对价，可以选择所得税的特殊性处理，将缴纳所得税的义务递延，但是且不说收购方是否同意，单就车业公司及股东目标的财务状况而言，此方案也只有理论的意义，没有实务意义。

方案二：股权转让

结合车业公司的现状，律师为当事人设计了 4 种股权转让方案。

方案一：股东将其持有的车业公司的全部股权转让给收购方

车业公司是由 A 与 B 两位自然人投资设立的，分别由 A 与 B 两位自然人将其持有的股权转让给收购方，由收购方取得车业公司 100% 的控制权，可以实现收购方取得土地及房产实施项目的目的。

双方聘请了审计机构进行了专项审计，未聘请评估公司进行评估，最终经双方协商，确定股权转让款为 1 亿元人民币。A 与 B 两位股东作为股权的转让方产生的纳税义务为：

1. 个人所得税

A 自然人股东出资货币 810 万元（已全部实缴）持有车业公司 81% 股权，按照 100% 股权作价 1 亿元的基数计算，其股权转让所得款为 8100 万元，应纳税所得额为 7290 万元，按照《个人所得税法》第三条规定执行（在本项目实施时，个人所得税执行 2011 年修正版，在本书刊出时，适用《个人所得税法》2018 年修正版，前后法对于股权转让所得的税率未修改仍为 20%，对于应纳税所得额的计算未修正），其应当缴纳的个人所得税为 1458 万元。

B 自然人股东出资货币 190 万元（已全部实缴）持有车业公司 19% 股权，按照 100% 股权作价 1 亿元的基数计算，其股权转让所得款为 1900 万元，应纳税所得额为 1710 万元，其应当缴纳的个人所得税为 342 万元。

两名股东累计缴纳个人所得税为1800万元，占股权转让价款的比重为18%。

2. 印花税

根据《印花税暂行条例》规定，产权转移按所载金额万分之五贴花，两名股东各自形成的两份股权转让合同，分别应当缴纳书立合同的印花税为A自然人40500元，B自然人9500元。

此外，无其他税收。

方案二：分立车业公司后再转让新设公司的股权

分立车业公司新设乙公司，乙公司的股东仍然是自然人A和B，持股比例仍然是A持股81%，B持股19%。将拟转让的土地使用权和房屋建筑物分割给新设的乙公司，然后A和B与收购方签订股权转让协议，将乙公司的全部股权转让给收购方，从而获得资产转让的对价。

1. 增值税和附加税

公司分立涉及增值税和附加税，但根据国家税务总局关于纳税人资产重组有关增值税问题的公告（国家税务总局公告2011年第13号）的规定，纳税人在资产重组过程中，通过合并、分立、出售、置换等方式，将全部或部分实物资产以及与其相关联的债权、负债和劳动力一并转让给其他单位和个人，不属于增值税的征税范围，其中涉及的货物转让，不征收增值税。根据《营业税改征增值税试点有关事项的规定》（财税〔2016〕36号文附件2）的规定，对于在资产重组过程中，通过合并、分立、出售、置换等方式，将全部或部分实物资产以及与其相关联的债权、负债和劳动力一并转让给其他单位和个人，其中涉及的不动产、土地使用权转让行为不征收增值税。据此，在车业公司分立将土地使用权和房屋建设物分割给新设的乙公司的过程中，可以享受国家有关增值税税收优惠政策，不发生增值税的纳税义务。如果不发生增值税，就不会发生附加税。

2. 土地增值税

车业公司分立，将土地使用权和房屋建筑物过户给新设乙公司时，也会涉及土地增值税。财政部、国家税务总局《关于企业改制重组有关土地增值税政策的通知》（财税〔2015〕5号）第三条规定："按照法律规定或者合同约定，企业分设为两个或两个以上与原企业投资主体相同的企业，对原企业将国有土地、房屋权属转移、变更到分立后的企业，暂不征土地增值税。"因此，在车业公司分立，将土地使用权和房屋建筑物过户到新设乙公司名下时，不会发生土地增值税。

3. 契税

车业公司分立，将土地使用权和房屋建筑物过户给新设乙公司时，乙公司会涉及契税。根据《关于进一步支持企业事业单位改制重组有关契税政策的通知》（财税〔2015〕37号）第四条"公司依照法律规定、合同约定分立为两个或两个以上与原公司投资主体相同的公司，对分立后公司承受原公司土地、房屋权属，免征契税"的规定，车业公司分立新设的乙公司股东仍然是自然人A和B，符合财税〔2015〕37号文关于免征契税的规定，乙公司可以享受免征契税的优惠政策。

4. 企业所得税

车业公司分立，将公允价值1.5亿元的房屋建筑物分割给新设的乙公司，在所得税的处理上可以选择企业所得税的一般性处理，也可以选择企业所得税的特殊性处理。

（1）一般性处理

公司分立企业所得税的一般性处理就是视同被分立公司将分割出去的资产转让给新设的公司，按照资产转让价格减资产的计税成本和合理税费确认损益。车业公司分割给乙公司的土地使用权和房屋建筑物公允价值1.5亿元，土地使用权净值4776480元，房屋建筑物净值24662717.12元，在建工程6761227.73元，有效亏损19538922.71元，因分立产生的应税所得为94260652.44元。需要缴纳的企业所得税为23565163.11元。未来车业公司无论是分配利润还是清算分配剩余财产，车业公司的股东都会发生个人所得税。

（2）特殊性处理

公司分立企业所得税的特殊性处理就是不按照公允价格转让分割出去的资产进行所得税处理，而是按照被分立公司“原值划转”分割出去的资产进行财务处理。公司分立企业所得税特殊性处理是一项企业所得税优惠政策，选择适用这项税收优惠政策需要具备一定的条件。本项目下车业公司的分立具备相关条件，可以选择企业所得税的特殊性处理。

在车业公司分立选择所得税特殊性处理的情况下，土地使用权、房屋建筑物、在建工程等资产按照账面净值划转给新设的乙公司，分立过程不会发生企业所得税，但是在股东 A 和 B 未来转让乙公司股权时，就会发生个人所得税。但是如此一来，两层税会变成一层税，综合 40% 的税率会变成 20% 的税率。不过要想采取本方案，车业公司分立后，股东 A 和 B 在 12 个月内不能转让乙公司的股权。

方案三：以不动产向收购方项目公司出资之后转让股权

由车业公司以土地和房产作为出资投资到收购方项目公司中，获得收购方项目公司的股权，而后车业公司通过转让项目公司股权从而获得资产转让的对价。

本方案由三个步骤组成，即清理资产上的抵押 + 资产出资 + 股权转让。

车业公司以资产出资时，因资产之上存在抵押，偿还银行贷款清理土地房产上的抵押担保后方可出资。

以资产出资将产生下列税负：

1. 增值税

（1）以公允价值作价出资情况下的增值税和附加税

非货币资产作价出资增值税没有优惠政策，车业公司以非货币资产出资可以按照资产的公允价值作价，如此就会产生增值税及附加税的纳税义务。

按照不动产转让增值税税率和交易双方议定的车业公司土地使用权和房屋建筑物的交易价格，应缴增值税税款为 13636363.63 元［1.5 亿元 ÷（1 + 10%）×10%］（在项目进行过程中为 10% 的税率，自 2019 年 4 月调整为

9%），附加为所缴增值税的12%（其中城建税为7%、教育费附加3%、地方教育费附加2%），为1636363.64元。

按照简易征收方式缴纳，所缴税款为750万元（1.5亿元×5%），附加为所缴增值税的12%，为90万元。[简易征收依据财税〔2016〕36号附件2：《营业税改征增值税试点有关事项的规定》（八）销售不动产]

（2）以车业公司财务账面净值作价出资情况下的增值税和附加税

车业公司在以不动产向收购方的项目公司出资时，也可以按照出资资产在车业公司账面净值进行财务处理，也就是按照“原值划转”进行财务处理。如此，车业公司的增值税纳税额就会大大降低。

土地净值4776480元，房屋建筑物净值24662717.12元，合计29439197.12元。

按照10%的税率计算，应缴增值税税款为2676290.65元[29439197.12÷（1+10%）×10%]。

按照简易征收方式缴纳，应缴增值税税款为1471959.86元（29439197.12×5%）。

附加税按照所缴增值税额的12%缴纳。

2. 土地增值税

车业公司用土地使用权和房屋建筑物作价向收购方的项目公司出资，会涉及土地增值税。但是根据财税〔2015〕5号文的规定，单位、个人在改制重组时以房地产作价入股进行投资，对其将房地产转移、变更到被投资的企业，暂不征土地增值税。车业公司可以申请享受不动产出资土地增值税的优惠政策。

3. 印花税

按照产权转移书据所载金额的万分之五计征印花税，所缴税款为1.5亿元×万分之五=75000元。

4. 车业公司的企业所得税

（1）分五年确认出资所得计缴企业所得税

根据财税〔2014〕116 号《关于非货币性资产投资企业所得税政策问题的通知》的规定，“居民企业以非货币性资产对外投资确认的非货币性资产转让所得，可在不超过 5 年期限内，分期均匀计入相应年度的应纳税所得额，按规定计算缴纳企业所得税。居民企业以非货币性资产对外投资，应对非货币性资产进行评估并按评估后的公允价值扣除计税基础后的余额，计算确认非货币性资产转让所得”，车业公司资产出资转让所得 = 公允价值为 1.5 亿元 − 计税基础和税费（土地净值 4776480 元 + 房屋建筑物净值 24662717.12 元 + 在建工程 6761227.73 元 + 增值税 13636363.63 元 + 附加税 1636363.64 元）=98526847.88 元。年度资产转让应纳税额 = （98526847.88 元 ÷ 5 年）× 25% =4926342.4 元。

提示：请提前到当地税务机关报备。

（2）按照账面净值划转递延所得税

根据财政部、国家税务总局《关于企业重组业务企业所得税处理若干问题的通知》（财税〔2009〕59 号文）的规定，车业公司所得税事项也可采用特殊税务处理方式（前文已经介绍满足条件），车业公司作为资产转让企业取得受让企业股权的计税基础，以被转让资产的原有计税基础确定，不会产生所得，受让企业取得转让企业资产的计税基础，以被转让资产的原有计税基础确定。适用特殊税务处理方式，有利于资产转让方，不利于资产受让方，因为资产受让方取得资产的计税基础非公允价值，折旧及摊销少，所得增加，税负水平高。

在选择适用财税〔2009〕59 号文规定的所得税特殊性处理的情况下，出资资产按照公允价值确定出资额和车业公司的持股比例，但是在财务处理上按照“原值划转”方式进行，使出资方车业公司在这个环节不会发生所得税的纳税义务。但是根据财税〔2009〕59 号文的规定，采取这种特殊性税务处理方式是以车业公司接收收购方的股权支付为前提条件的。

在采取先不动产作价出资后股权转让的交易方式时，出资完成后还要进行股权转让，如此才能使车业公司获得货币对价。车业公司作为被收购方，取得项目公司的股权后，通过转让项目公司股权间接获得资产转让对价，车业公司收到股权转让款后，其所得部分，在弥补 5 年之内亏损后，依法缴纳所得税，此外车业公司不会产生其他税收。

方案四：车业公司以不动产出资设立全资子公司后转让股权

车业公司以土地和房产出资设立全资子公司，然后车业公司将持有的全资子公司的股权全部转让给收购方。

本方案分为三个步骤完成：第一，偿还银行贷款清理土地房产上的抵押担保；第二，由车业公司以土地和房产作为出资注册成立全资子公司；第三，由车业公司将全资子公司 100% 股权转让给收购方。

以资产出资设立车业公司的全资子公司，车业公司将会涉及下列税负：

1. 增值税和附加税

以货币以外的资产作价出资没有增值税的优惠政策，因此，车业公司在以非货币财产作价向自己的全资子公司出资时，会发生增值税的纳税义务。按照不动产转让增值税税率和交易双方议定的车业公司土地使用权和房屋建筑物的交易价格，应缴增值税税款为 13636363.63 元［1.5 亿元 ÷（1 + 10%）× 10%］（在项目进行过程中为 10% 的税率，自 2019 年 4 月调整为 9%），附加为所缴增值税的 12%（其中城建税为 7%、教育费附加 3%、地方教育费附加 2%），为 1636363.64 元。虽然车业公司发生了增值税的纳税义务，但是接受出资的车业公司的子公司会取得进项税，相当于债权资产。

2. 土地增值税

车业公司用土地使用权和房屋建筑物作价出资，会涉及土地增值税。但是根据财政部、国家税务总局《关于企业改制重组有关土地增值税政策的通知》（财税〔2015〕5 号）文的规定，“单位、个人在改制重组时以房地产作价入股进行投资，对其将房地产转移、变更到被投资的企业，暂不征收土地增值税”。车业公司可以申请享受不动产出资土地增值税的优惠政策。

3. 印花税

按照产权转移书据所载金额的万分之五计征印花税，所缴税款为 1.5 亿元 × 万分之五 = 75000 元。

4. 车业公司的企业所得税

根据财政部、国家税务总局《关于非货币性资产投资企业所得税政策问题的通知》（财税〔2014〕116 号）的规定，“居民企业以非货币性资产对外投资确认的非货币性资产转让所得，可在不超过 5 年期限内，分期均匀计入相应年度的应纳税所得额，按规定计算缴纳企业所得税。居民企业以非货币性资产对外投资，应对非货币性资产进行评估并按评估后的公允价值扣除计税基础后的余额，计算确认非货币性资产转让所得”，车业公司资产出资转让所得 = 公允价值为 1.5 亿元 − 计税基础和税费（土地净值 4776480 元 + 房屋建筑物净值 24662717.12 元 + 在建工程 6761227.73 元 + 增值税 13636363.63 元 + 附加税 1636363.64 元） = 98526847.88 元。年度资产转让应纳税额 = （98526847.88 元 ÷ 5 年） × 25% = 4926342.4 元。

表 7　四种方案的对比

	方案一	方案二	方案三	方案四
名称	车业公司股东转让股权	车业公司分立 + 转让取得资产的公司股权	车业公司以资产出资 + 车业公司转让取得的股权	车业公司设立全资子公司 + 转让子公司股权
时间成本	时间短，人为可控	30 天公告期 + 办理资产权属变更登记所需时间 + 股权转让时间	办理资产权属变更登记所需时间 + 股权转让时间	设立新公司时间 + 办理资产权属变更登记所需时间 + 股权转让时间
资产剥离的洁净度	不涉及资产剥离	资产剥离后分立后的公司仍旧与分立公司存在牵连，需承担连带责任	资产剥离干净、权属清晰	资产剥离干净、权属清晰
转让主体	自然人 A、B	自然人 A、B	车业公司	车业公司

续 表

	方案一	方案二	方案三	方案四
收购方对目标公司债务的责任承担方式	收购方继承目标公司的全部债权债务	由于分立公司与被分立公司之间对债务需承担连带责任，因此收购方受让分立公司股权后，需间接连带承担被分立公司的债务	不承担	不承担
被收购方/收购方意见	收购方经过尽调发现车业公司员工基于历史原因与公司之间的特殊的“稳定”不可解除之关系，且对于公司实际控制人披露的公司及股东的负债存疑。因此，为避免负累，收购方未采纳本方案	收购方认为，分立后的企业虽然取得了土地及房产，但是因车业公司分立前的债务由分立后的公司承担连带责任，且车业公司与债权人无法就债务清偿达成书面协议以免除收购方的连带责任，因此，收购方未采纳本方案	车业公司需将资产出资到收购方提供的存续企业中，车业公司取得的股权支付，在重组后连续 12 个月不得转让，车业公司短期内无法变现，不符合车业公司的商业目的，因此，车业公司未采纳本方案	采纳

根据律师的分析，经与当事人反复沟通研讨，并与收购方协商，综合时间成本、税收成本及可行性等因素，最终决定采纳股权转让方案四。

◎ 设立全资子公司再转股的风险及防范措施建议

收购是一个归纳双方诉求、反复协商、各自退让、对立又统一的过程，因此，不论是作为收购方的律师还是作为被收购方的律师，在守住底线的同时，都应当均衡考量双方利益，如此方能提高项目的成功率。因此，收购方与被收购方均应客观评估面临的风险并施以相对应的措施。

在本方案确定之后，律师团队根据法律尽调获得的有关信息，进行了风险分析和防范措施论证，主要内容如下：

一、车业公司作为被收购方，需要防范的主要法律风险及应对措施

1. 主要法律风险：车业公司负债不清晰，可能导致在收购期间，债权人

将公司的土地、房产查封，继而无法按照既定方案完成全资子公司的设立。

2. 防范风险措施建议：（1）请车业公司的实际控制人明确负债范围并评估诉讼风险，对于可能存在诉讼风险的负债提前进行清偿或者采取有效措施缓解风险，先行与国土资源部门、房地产管理部门取得联络，确定办理时限和办理流程。（2）与银行相关部门取得联络，确定办理解除抵押手续的时间。（3）所设立的全资子公司应当在 12 个月内与车业公司的营业范围保持一致。

二、收购方需要防范的主要法律风险及应对措施

从收购方的角度看，清理资产上的负债是启动收购的前提条件，是达成交易的第一步，是基石，是必经之路。收购方最终目的是交易的成功，而且收购方将在收购全面启动前，先行支付借款用于车业公司偿还金融机构贷款，因此，收购方面临的风险较大，一是要求被收购方（即车业公司原股东）能够全面适当地履行交易合同；二是要求在交易过程中，公司原债权人不会主张或者即便主张也不会触及交易的资产。因此，如何保障收购方的利益，也是车业公司应当重点考虑且应当配合解决的问题。

在厘清了前述交易双方的风险之后，设计如下交易实施方案及执行程序。

◎ 交易实施方案及执行程序

一、交易实施方案

收购方通过缴纳诚意金的形式支付车业公司 5889 万元，用以清偿金融机构贷款，以解除车业公司名下土地及房产之上设定的抵押担保。由车业公司以清洁的土地及房产设立全资子公司，全资子公司的营业范围与母公司保持一致，将全资子公司的资产用于收购方出借款项的抵押并办理登记手续，转让全资子公司 39.26% 的股权给收购方（5889 万元 ÷1.5 亿元），此后根据收购方后续支付股权转让款的金额，同比例逐步转让全资子公司的股权，直至收购方实现 100% 收购股权的目的。

二、执行程序

第Ⅰ步：交易双方进行非正式的沟通，达成意向性的合意

第Ⅱ步：签署包含保密内容的收购框架协议（下附）

附：

关于收购车业公司之收购框架协议

甲方：车业公司实际控制人（以下简称甲方）

乙方：收购方（以下简称乙方）

甲乙双方本着平等互利的原则，经友好协商，就乙方收购甲方实际控制的车业公司所有的资产达成如下协议（以下简称本协议）：

第一条　定义

在本协议中，下列用语具有如下含义：

目标公司	车业公司
转让方	车业公司
收购方	乙方直接或间接通过其关联方组建的并购基金，和经乙方认可的第三方
拟转让标的	车业公司名下的土地及房产、地下管道、给排水、电器、蒸汽管道、排污指标、变压器
本次交易	转让方将其所持有的拟转让标的，以本协议约定的价格和方式整体转让给收购方的交易

第二条　先决条件

本协议系双方就本次交易达成的交易意向安排，本次交易的最终达成有赖于双方签署正式收购协议，该正式收购协议的签署需满足以下前提条件：

（1）按收购方要求完成法律、财务、资产或其他形式的尽职调查，其结果与甲方及目标公司已披露给收购方的情况不存在重大不利差异；

（2）现行法律法规或监管政策对本次交易或目标公司不存在重大负面影响。

第三条　收购安排

收购方合计需向转让方支付的资产转让（最终可能表现为股权）对价总额1.5亿元人民币（“转让总价”），双方同意按以下进度安排进行：

（1）诚意金安排：在本协议签署的前提下，收购方最晚于2017年11月30日前向转让方支付人民币5889万元作为收购方对本次交易的诚意金。如收购方未于2017年11月30日前（含当日）全额支付诚意金，本协议中约定的交易自动终止。如甲乙双方前期均按约履行且正式收购协议如期签署的，诚意金转为资产（可能为股权）收购对价的一部分；正式收购协议未如期签署的，本协议中约定的交易终止，转让方应在正式协议签署截止日（按下文定义）届满之日起3日内将诚意金返还给收购方。

（2）尽职调查配合：本意向协议签署后，收购方最晚于2017年10月31日（“尽职调查开始日”）开始开展尽职调查（以乙方派出工作人员进场调查为开始），甲方及目标公司配合收购方。但如在2017年10月31日乙方不论任何原因未开始开展尽职调查，本协议中约定的交易均自动终止，除非双方另有书面约定。

（3）资产剥离：尽职调查结束后，乙方将于尽调团队退场之日起15日内通知甲方开始进行资产剥离，包括以资产作为出资设立目标公司全资子公司（暂定），逾期未收到乙方通知的，将视为本次交易终止，返还乙方已经支付的诚意金。

（4）签署正式收购协议：在尽职调查结束且相关情况满足先决条件的前提下，双方应最晚在2017年12月31日（“正式协议签署截止日”）签署正式收购协议。如甲乙双方无论任何原因未在2017年12月31日签署本协议涉及的交易的正式收购协议，则甲方有权终止约定的全部交易，乙方补偿甲方为履行本协议而为之资产剥离动作，补偿金额为人民币100万元。

（5）支付第二期款项：在正式收购协议签署的前提下，收购方应在正式收购协议签署之后的5个工作日内向转让方支付款项至转让总价的90%。

（6）交割：转让方收到第二期款项之日，应开始交割，交割应最晚在2018年3月1日前完成（如因市场监督管理部门原因导致未在该日期前完成交割，时间应顺延至完成），该等交割完成包括股权的工商变更完成，以及相应资产的交接。

(7) 支付尾款：在交割完成的前提下，收购方应在交割完成当日向转让方支付尾款。

(8) 返还款额：如约定的交易最终终止，则甲方须向乙方返还乙方已支付的收购款额。

(9) 收购前提：甲方以诚意金清理转让标的上的抵押作为交易进行的前提。本条约定优先于甲乙双方签署的任何协议中涉及的任何相应内容。

(10) 双方各负的款项支付义务，均应当如期足额履行，若有违反，则由违约一方按照欠付的款项金额的日万分之六支付违约金直至付清为止。

第四条　人员安排

乙方承诺，收购方日后在经营过程中将视甲方为合作伙伴，将优先给予甲方优质资源。

第五条　独家收购权

甲方同意，在本协议签订之日起至正式协议签署截止日，转让方给予收购方对拟转让标的的独家收购权，转让方应遵守诚实信用的交易原则，承诺不与收购方之外的任何第三方进行任何接触和谈判。

如果甲方违反本款约定，除无条件返还本协议约定的诚意金外，应另行承担向收购方支付总额等于收购方实际支付的诚意金总额的违约罚金。如在尽职调查开始日，乙方未按照本协议约定开始尽职调查或乙方未按照本协议在约定时间内全额支付诚意金或在正式协议签署截止日期前，双方未签署正式收购协议，则甲方授予收购方对拟转让标的的独家收购权自动失效，主协议中约定的交易自动终止，除非甲乙双方另有书面约定。

第六条　保密

本协议任一签署方同意在未获得其他签署方事先同意之前将不会向任何人或实体披露本协议的内容以及本次交易涉及的任何情况。但在下列情况下可以进行披露：(a) 如果任何法律、命令、法规或法令要求进行披露；(b) 向任何拥有或声称拥有管辖权的政府或监管机构或自律组织进行披露；(c) 向其专业顾问及审计师进行披露；或 (d) 在强制执行本协议的范围内所必需的披露。

尽管如此，披露方应在披露前至少2个工作日通知本协议其他签署方。

第七条　适用法律和争议解决

与本协议有关一切事宜适用中华人民共和国的法律法规及相关规定管辖。

与本协议有效性、履行、违约及解除等有关争议，双方应友好协商解决。如果协商不成，则任何一方均可向仲裁委员会依据该会届时有效的仲裁规则在该仲裁委员会所在地进行仲裁解决。

第八条　法律效力

本协议与日后签署的收购协议具有同等法律效力，收购协议没有约定的，或者有内容与本协议不一致或矛盾的地方，以收购协议为准。收购协议约定的交易终止，本协议亦终止。

第九条　其他

本补充协议一式四份，双方各执二份，各份原件具有同等法律效力。

（以下无正文）

第Ⅲ步：收购方进行尽职调查

第Ⅳ步：收购方与被收购方共同到被收购方企业所在地管委会招商处、贷款银行、国税局、房地产交易中心、市场监督管理局、市应急管理局（原安全生产监督管理局）、市生态环境局（原环保局）等部门将双方议定的收购方案，包括向管委会招商处提交收购框架协议，向贷款银行就清理贷款，贷款银行解除抵押的时长进行咨询，向国税局就拟实施的收购方案中的涉税事项进行咨询并向被收购企业税管员进行报备，到房地产交易中心就办理房地产出资产权过户所需的时间进行咨询，向市场监督管理局就新设公司、实物出资等事项进行咨询并领取相关表格，明确网上登记及线下审核的具体流程和期间，一年后变更经营范围对于已经取得的排污、喷漆等特殊许可的影响。

将上述所涉及事项办理及时限制作成时间表，作为收购的工作指引。

第Ⅴ步：根据收购方要求在报纸上公开发表《资产、债权、债务、责任义务声明》（下附）

附：

资产、债权、债务、责任义务声明

致：收购方

鉴于，车业公司（以下简称我司）与收购方（以下简称贵司）签署了《关于收购车业公司之收购框架协议》，根据框架协议的安排，我司及我司股东作如下声明：

一、我司资产、债权、债务具体情况

1. 资产：

2. 债权：

3. 债务：

二、声明内容

1. 本声明第一项内容为我司资产、债权、债务的全部真实情况，没有虚假记载、误导性陈述或重大遗漏。

2. 截至与贵司签署法律文件之时点，我司不存在任何其他未披露的对外担保及债务，资产不存在未披露的抵押、优先购买权、查封等权利受限的情形，不存在任何其他法律纠纷或潜在争议；股东持有的股权权利清洁、无质押等权利限制，不存在任何其他法律纠纷或潜在争议。

3. 与贵司签署法律文件之后截至贵司实际控制我司之时，我司及我司股东发表如同本条第 2 项内容相同的声明。

4. 因我司及我司股东声明不实导致贵司遭受损失的，我司及我司股东愿共同对该等损失承担损害赔偿责任。

特此声明！

第Ⅵ步：双方均取得权力机关的批准和授权文件（包括股东会决议、董事会决议）并交换批准和授权文件

第Ⅶ步：剥离资产，设立全资子公司

附：

车业公司股东决定

兹有车业公司投资2589万元设立全资子公司（以工商行政管理部门核准名称为准），根据《公司法》的规定，特作如下决定：

一、制定并审议通过全资子公司章程。

二、委派×××为公司执行董事并聘其为公司经理，任期三年。

三、委派××为公司监事，任期三年。

四、经审查，上述人员均符合法律法规规定的任职资格。

设立有限责任公司的步骤，首先，由车业公司委托的代理人向市场监督管理局申请名称预先核准。申请名称预先核准，应当提交下列文件：（一）车业公司签署的公司名称预先核准申请书；（二）车业公司委托代理人的证明。

其次，在取得预核名称后向登记机关申请设立登记，提交下列文件：

（一）公司法定代表人签署的设立登记申请书；

（二）车业公司委托代理人的证明；

（三）新设公司章程；

（四）车业公司的营业执照；

（五）载明公司董事、监事、经理的姓名、住所的文件以及有关委派、选举或者聘用的证明；

（六）公司法定代表人任职文件和身份证明；

（七）企业名称预先核准通知书；

（八）公司住所证明。

第Ⅷ步：签署收购协议书（下附）

附：

收购协议书

甲方/目标公司：车业公司全资子公司

甲方股权持有人：车业公司

乙方/收购方：

鉴于：

1. 甲方系依据《公司法》及其他相关法律、法规之规定于______年____月____日设立并有效存续的有限责任公司。注册资本为人民币 2589 万元；法定代表人为：__________；工商注册号为：__________；

2. 乙方系依中华人民共和国法律合法注册并有效存续的有限责任公司。

3. 甲方的股权持有人为：__________，其出资方式为实物出资，包括土地及房产、地下管道、给排水、电器、蒸汽管道、排污指标、变压器，已经办理完成权属变更登记手续，至本协议签署之日，甲方股东已按相关法律、法规及《公司章程》之规定，按期足额缴付了全部出资，并合法拥有该公司全部、完整的权利。

4. 甲方的股权持有人同意将所持有甲方共 100% 的股权转让给乙方，且乙方同意转让。

第一条　先决条件

签订本协议之前，甲方应满足下列先决条件：

（1）甲方向乙方提交转让方公司章程规定的权力机构同意转让公司全部股权及全部资产的决议。

（2）甲方财务账目真实、清楚；转让前公司没有债权、债务。

（3）甲方负责向乙方委托的评估机构提供评估甲方资产状况相应的资料，以便于乙方对甲方进行资产状况评估。

第二条 转让之标的

甲方同意将其股东持有的公司全部股权（包括股权所对应的全部资产）按照本协议的条款出让给乙方；乙方同意按照本协议的条款，受让甲方股权持有人持有的全部股权及所对应的全部资产，乙方在受让上述股权及所对应的资产后，依法享有甲方100%的股权及对应的股东权利。

第三条 转让股权及所对应资产之价款

（1）本协议双方一致同意，甲方股权及所对应全部资产的转让价款合计为人民币1.5亿元整。乙方基于《关于收购车业公司之收购框架协议》而支付的诚意金5889万元用于冲抵转让价款。本协议书签署后30日内甲方及甲方股权持有人负责办理39.26%股权变更至乙方名下的工商登记手续。

（2）第二期款项：乙方在本协议签署之后的5个工作日内向甲方股权持有人支付款项至转让总价的90%，甲方及甲方股权持有人最晚在2018年3月1日前完成股权的工商变更登记手续（如因市场监督管理部门原因导致未在该日期前完成，时间应顺延至完成）。

（3）支付尾款：尾款最晚于2018年4月1日前支付，甲方及甲方股权持有人在乙方支付尾款后30日内完成股权的工商变更登记手续。

第四条 股权及资产转让

本协议生效后5日内，甲方应当完成下列办理及移交事项：

（1）乙方有权使用甲方公司的资产，用于生产经营；

（2）尾款付清后的工商变更登记时，应当将管理权移交给乙方（包括但不限于将董事会、监事会、总经理等全部工作人员更换为乙方委派之人员）；

（3）签署本次股权转让所需的相关文件；

（4）向乙方移交资产权属证明文件；

（5）负责办理乙方关联公司迁址入甲方经营地的手续。

第五条 转让方之义务

（1）甲方及其股权持有人须配合与协助乙方对公司资产的评估及生产管线体系的建设工作。

（2）甲方及其股权持有人须及时签署应由其签署并提供的与该股权及对应资产相关的所有需要上报审批相关文件。

（3）甲方及其股权持有人须依本协议之规定，办理其他手续。

第六条　受让方之义务

（1）乙方须依据本协议第三条之约定及时足额支付股权转让款。

（2）乙方将按本协议之规定，负责督促甲方及其股权持有人及时办理相关手续。

（3）乙方应及时出具为完成该等股权转让而应由其签署或出具的相关文件。

第七条　陈述与保证

（1）转让方在此不可撤销的陈述并保证：

①甲方的股权持有人自愿转让其所拥有的甲公司全部股权。

②甲方及其股权持有人就此项交易，向乙方所作之一切陈述、说明或保证、承诺及向乙方出示、移交之全部资料均真实、合法、有效，无任何虚构、伪造、隐瞒、遗漏等不实之处。

③甲方在其所拥有的该等股权上没有设立任何形式之担保，亦不存在任何形式之法律瑕疵，并保证乙方在受让该等股权后不会遇到任何形式之权利障碍或面临类似性质障碍威胁。

④甲方及其股权持有人保证其就该股权之背景及甲公司之实际现状已作了全面的真实的披露，没有隐瞒任何对乙方行使股东权益将产生实质不利影响或潜在不利影响的任何内容。

⑤甲方的股权持有人对甲方股权、甲方对公司的资产均有全部合法权利，有权订立本协议并履行本协议，甲方签署并履行本协议项下的权利和义务并没有违反公司章程之规定，并不存在任何法律上的障碍或限制。

⑥甲方签署协议的代表已通过所有必要的程序被授权签署本协议。

⑦本协议生效后，将构成对甲方股东合法、有效、有约束力的文件。

⑧承诺在管理权移交之前妥善保存管理甲方的一切资产；维护甲方公司

的现状，防止公司资产价值减少。

⑨对于收购合同所提供的一切资料，负有保密义务。

（2）受让方在此不可撤销的陈述并保证：

①乙方自愿受让甲方转让之全部股权及对应全部资产。

②乙方拥有全部权利订立本协议并履行本协议项下的权利和义务，并不存在任何法律上的障碍或限制。

③乙方保证受让该等股权及所对应全部资产的意思表示真实，并有足够的条件及能力履行本协议。

第八条　违约责任

协议任何一方未按本协议之规定履行其义务，应按如下方式向有关当事人承担违约责任。

（1）如甲方及其股权持有人未按约定完成本协议第四条及第五条的义务或违反本协议第七条之陈述与保证，则乙方有权解除本协议，由此甲方及其股权持有人所产生的损失由其自担；且甲方及其股权持有人应向乙方支付违约金____________万元。

（2）乙方未按本协议之约定及时支付股权转让价款的，按逾期付款金额承担日万分之六支付违约金直至付清为止。

（3）上述规定并不影响守约者根据法律、法规或本协议其他条款之规定，就本条规定所不能补偿之损失，请求损害赔偿的权利。

第九条　争议之解决

因履行本协议及本协议附件所产生的争议应首先由双方协商解决，协商不成交由仲裁委员会并按其现行有效的仲裁规则进行仲裁，仲裁是终局的且对双方都有约束力。

第十条　协议修改、变更、补充

本协议之修改、变更、补充均由双方协商一致后，以书面形式进行，经双方正式签署后生效。修改、变更、补充部分以及本合同附件均视为与本协议具备同等法律效力且为本协议不可分割部分。

第十一条　协议之生效

本协议经双方合法签署后即产生法律效力。

第十二条　本协议正本一式三份，甲方、乙方各执一份，甲方股权持有人持一份；副本六份，供报批及备案等使用。

收购协议书附件：

第Ⅸ步：将收购方支付的诚意金5889万元对应比例的全资子公司股权转让给收购方，此后按照收购方支付股权转让款的金额将相对应的股权转让给收购方，直至收购方取得全资子公司100%股权

5889万元对应的股权比例为39.26%，在办理完毕股权转让手续后，为了车业公司持有的全资子公司股权不因原有负债被冻结而影响后续股权转让，原方案设置股权质押通过优先权排除普通债权人的追及，本项目中，因收购方付款快速，股权转让即时，因此，没有进行股权质押登记，在条件具备时直接办理股权变更登记手续。

在办理工商变更登记过程中，需要向市场监督管理局提交：公司变更登记（备案）表（到当地市场监督管理局官网下载）、关于同意修改章程的股东决定（因转让方为一人有限责任公司，为股东决定，若为两人及以上有限责任公司则提交股东会决定）、章程修正案、关于同意转让股权的股东决定、股权转让协议、关于选举公司董事/监事的股东会决议（因存在控制权移交，需变更法人治理机构）、委托代理人的证明。

持股平台在中外合资企业融资中的节税功能

——某中外合资公司重组融资案例

承办律师：晏艳

律师助理：金珊竹* 陈沛霖**

晏艳：北京市京师律师事务所合伙人，执业12年来专注公司法律事务，擅长股权及投融资、影视法律事务，操作企业重组并购、外商投资、节税策划、公司诉讼项目和案件多起，央视《机智过人》栏目法律顾问，北京多元调解机构调解员，北海仲裁委员会仲裁员，中国电视剧制作产业协会法务委员会委员，中国仲裁法学研究会会员，北京影视与娱乐法专业委员会委员，央视公益普法律师。

---

* 金珊竹：韩国仁荷大学法学硕士。精通中、英、韩三国语言，韩国留学期间参与过众多中韩法律研讨；于2016年初加入晏艳律师团队，负责法律检索、法律问题分析、案例调研等方面工作；参与过多个影视传媒领域的投融资项目并为知名影视公司提供长期法律顾问服务，代理过多个涉外商事仲裁案件。

** 陈沛霖：晏艳律师团队律师助理，中央财经大学法学学士、会计学辅修，美国南加州大学法学硕士LLM，具有较好的法学学习背景，本、硕就读于国内外知名法学院；拥有较出色的英语能力，可熟练运用英语进行文书写作；具有优秀的逻辑分析和管理、沟通协调能力及团结协作能力；善于运用科技软件检索国内外资料、分析案例并进行调研。

◎ 项目背景

“康德信生物技术有限公司”（以下简称康德信公司）最初由4位自然人作为原始股东创立，公司所研发的底层技术始于瑞典的3位教授，公司的实际控制人陈总代持3位教授的股权，公司经过A、B轮融资后，增加了8位机构投资者，机构投资者众多但只占少数股份，大部分的股权仍由之前的4位原始合伙人持有。公司已获得7项医疗器械许可证，组建了一支顶尖的国际专家及多学科交叉、具有工业化背景、基于临床一线的核心技术团队。

公司在德国及瑞典建立了海外实验室，国内外研究人员协同，已经在新物质的分解与提纯技术中达到了国际技术水平，目前依靠核心的基础性研究发现了能系统应用于医药抗炎领域的医用新物质原料及创新型生物医用产品技术，为此公司决定另行成立一新公司，专注于医药领域，实现药理系统研究及新药的研发与应用，并以该公司作为融资的主体。

律师在整个方案设计中更多地代表实际控制人陈总，从有利于实际控制人及原始股东的角度出发，为其设计新公司组织形式及融资、重组方案。

◎ 方案要求

第一步，保持原有的股权结构：需要将原公司所有股东都平移至新公司，股份比例与原公司一致，原有实际控制人陈总代持的3位外籍自然人股东中，二位外籍自然人需要在新医药公司成立后显名，还有一位外籍股东仍然由陈总代持，需考虑代持股东未来显名程序及成本核算；

第二步，进行融资：医药公司融资过程中新加入的自然人股东、机构投资方，将以溢价增资方式进入，在同一轮增资中，需考虑新入的自然人股东的增资主体形式，与机构投资方共同进行增资方案、协议的确定；

第三步，成立后新医药公司再行组建项目公司：决定项目公司的股权比例及知识产权增资方案，项目公司再次进行融资，在此过程中考虑保持实际控制人的控制权及知识产权以合适时间节点及方式进入。

◎ 律师工作

在本项目中，律师的主要工作是：为客户制定公司组织架构、纳税义务论证、参加相关商务谈判、起草相关的法律文件、指导工商变更及各个程序中的法律咨询。

◎ 项目目标

一、经营方向

成立一家新的医药有限公司，新公司的经营方向已经明确，计划将现有公司的股东都纳入该新公司。因康德信公司在行业内已有一定的知名度，且有 3 位外籍教授的行业背书，有意向的投资方众多，此次融资规模有限，融资时间相对较短，需要快速建立新公司主体，确定公司组织形式方案。其中两位外籍教授已经达到退休年龄，可以直接作为股东出现，不再需要实际控制人陈总代持。原有的 8 家机构投资方同意按照康德信公司的股权比例再次出资加入新公司，按照康德信公司的股权结构出资新公司，成立新的中外合资经营企业。

二、康德信公司现状

康德信公司目前由陈总代持 3 位外籍股东 Davis、James、Sam 的股权，公司的实际控制人为陈总，还有 3 位创始自然人股东，8 位机构投资方，公司的注册资本为 1000 万元，实收资本为 1000 万元。

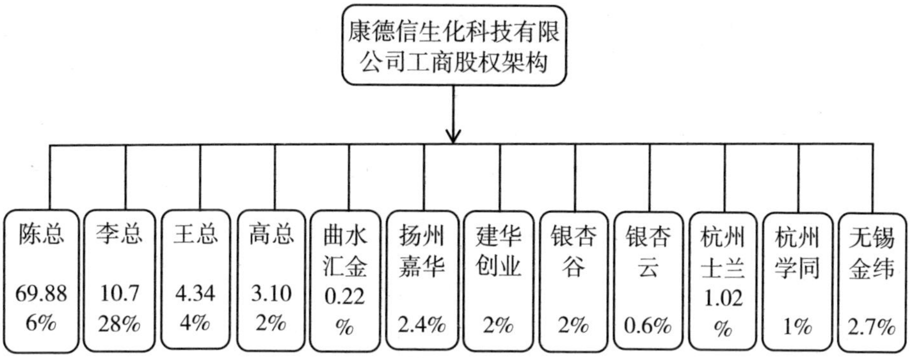

图 1　康德信公司股权架构图

三、康德信公司的实际股权比例情况

表 1　康德信公司实际股权比例表

	股权比例		
陈总	69.886%	代　持	Davis12.5%
			James3.51%
			Sam12.8%
		陈总 41.076%	
李总	10.728%		
王总	4.344%		
高总	3.102%		
曲水汇金	0.22%		
扬州嘉华	2.4%		
建华创业	2%		
银杏谷	2%		
银杏云	0.6%		
杭州士兰	1.02%		
杭州学同	1%		
无锡金纬	2.7%		
总计	100%		

四、新成立的医药公司的方案设计

（一）医药公司的自然人股东成立企业组织形式选择

1. 设立中外合资企业

此次组建中外合资公司需要将拥有原始技术的外籍教授在新医药公司中体现，3 位教授在国内外享有盛名，均为世界级技术创新大奖的评委，能给公司提供信用背书及扩大行业内声誉影响。根据我国中外合资企业法，组建合资企业的中方人员只能是公司、企业或其他经济组织。

《中外合资经营企业法》第一条规定："中华人民共和国为了扩大国际经济合作和技术交流，允许外国公司、企业和其它经济组织或个人（以下简称外国合营者），按照平等互利的原则，经中国政府批准，在中华人民共和国境内，同中国的公司、企业或其它经济组织（以下简称中国合营者）共同举办合营企业。"

2. 原有的自然人股东需要确定持股平台（组织形式）

基于中外合资企业的法律规定，原有的自然人股东需要成立有限公司或有限合伙企业形式作为持股平台在医药公司层面体现，且实际控制人陈总因代持三位外籍自然人股东的股份，在新医药公司中需体现显名的股东持股份额，且需要在方案上考虑未来代持的外籍股东显名后的税负及公司控制权、变更程序简便等因素，所以在方案设计上需将有限公司与有限合伙企业进行全面的法律分析。

客户方案选择原则：需考虑到成立的组织形式法律风险，做到保持控制权、决策方式简单快捷，且税负最小，变更形式简便。

方案一：成立有限公司

第一，成立有限公司持股平台，有限公司按照公司法规范化管理，决策机制会比较烦琐，重大事项需要 2/3 的表决权通过，若企业内部持股比例比较平均的话，不容易在短时间内形成决策。

第二，公司化的持股平台利润分配方式比较死板，需要通过股东会决议或公司章程的规定按期分取股息、红利，缺乏自由度。

第三，税负上，有限公司作为持股平台，分红或转让股权的税负分析如下：

A. 有限公司及其股东从医药公司获得分红的税负分析

第一步：有限责任公司作为医药公司的股东，医药公司向作为持股平台的有限责任公司分红时，有限责任公司无须就该部分所得缴纳企业所得税。

◆适用政策、法律

根据《企业所得税法》第二十六条第（二）项的规定，符合条件的居民企业之间的股息、红利等权益性投资收益为免税收入，《企业所得税法实施条例》进一步明确，所称符合条件的居民企业之间的股息、红利等权益性投资收益，是指居民企业直接投资于其他居民企业取得的投资收益。其所称的股息、红利等权益性投资收益，不包括连续持有居民企业公开发行并上市流通的股票不足12个月取得的投资收益。

第二步：作为持股平台的有限责任公司向自然人股东分配该部分红利时，自然人需要按照"股息、红利"所得以20%的税率缴纳个人所得税。

◆适用政策、法律

根据《个人所得税法》第二条的规定，利息、股息、红利所得应当缴纳个人所得税。

B. 有限公司作为股东转让医药公司股权的税负分析

第一步：作为持股平台的有限责任公司转让医药公司的股权时，有限责任公司需就转让股权所得按照25%的税率缴纳企业所得税。

◆适用政策、法律

根据《企业所得税法》第四条的规定，企业所得税的税率为25%。其转让财产所得，以收入全额减除财产净值后的余额为应纳税所得额。

第二步：有限公司向股东或激励员工分配该部分税后所得时，自然人股东需要按照"股息、红利"所得缴纳20%的个人所得税。

◆适用政策、法律

根据《个人所得税法》第二条的规定，利息、股息、红利所得应当缴纳个人所得税。

方案二：成立有限合伙企业

第一，有限合伙企业具有“穿透性”，合伙人持有合伙企业的份额，实际上间接地持有医药公司的股权。有限合伙企业不做实际经营，仅作为持股平台的情况下，作为普通合伙人的无限连带责任也是可控的。

第二，有限合伙企业的管理模式一般为一个普通合伙人及若干个有限合伙人，普通合伙人作为合伙管理执行人，合伙企业对外表示意思由合伙事务执行人作出，机制比较灵活，比较容易作出有效的决策，操作相对简便，在医药公司层面由合伙事务执行人代表合伙企业所持股权参加股东会，也便于“控制”，容易作出有效决议。

第三，政策风险。合伙企业运营的规则、税收相关法律法规等制度不够成熟、完善，很多是地方性规定，容易产生政策性风险，但优惠政策相对也会比较多。

第四，税负上，合伙企业作为持股平台，分红或转让股权的分析如下：

A. 合伙企业及合伙人作为股东从医药公司获得分红的税负分析

医药公司进行分配股息、红利，在所得税法上合伙企业不属于企业性质，合伙企业层面不需要缴纳企业所得税，而是由各合伙人缴纳个税，只有一层税收负担。合伙企业对外投资分回的利息或者股息、红利，不并入企业所得，而应单独作为投资者个人取得的利息、股息、红利所得，按“利息”“股息”“红利所得”应税项目计算缴纳个人所得税，按20%计税。

◆适用政策、法律

（1）合伙企业不适用企业所得税法

根据《企业所得税法》第一条规定，在中华人民共和国境内，企业和其他取得收入的组织（以下统称企业）为企业所得税的纳税人，依照本法的规定缴纳企业所得税。个人独资企业、合伙企业不适用本法。所以合伙企业不缴纳企业所得税。

（2）合伙人直接按照利息、股息、红利所得计算个人所得税

对于自然人合伙人而言，财政部、国家税务总局《关于个人独资企业和合伙企业投资者征收个人所得税的规定》（财税〔2000〕91号）规定，确立了“先分后税”的合伙人所得税制度，第五条规定，合伙企业的投资者按照合伙企业的全部生产经营所得和合伙协议约定的分配比例确定应纳税所得额，合伙协议没有约定分配比例的，以全部生产经营所得和合伙人数量平均计算每个投资者的应纳税所得额。其后在2001年，国家税务总局《关于印发〈关于个人独资企业和合伙企业投资者征收个人所得税的规定〉执行口径的通知》（国税函〔2001〕84号）规定，“二、关于个人独资企业和合伙企业对外投资分回利息、股息、红利的征税问题：个人独资企业和合伙企业对外投资分回的利息或者股息、红利，不并入企业的收入，而应单独作为投资者个人取得的利息、股息、红利所得，按‘利息、股息、红利所得’应税项目计算缴纳个人所得税。以合伙企业名义对外投资分回利息或者股息、红利的，应按《通知》所附规定的第五条精神确定各个投资者的利息、股息、红利所得，分别按‘利息、股息、红利所得’应税项目计算缴纳个人所得税”。

之所以国税函〔2001〕84号文做出了这样例外的规定，重新确定了个人独资企业与合伙企业的股息、红利的税率，还是为了平衡税负。因为有限责任公司的个人股东取得分红按20%计税。个人独资企业、合伙企业取得投资分红，如果列为营业收入，就要按照五级累进税率来计算，当超过10万元时，按照35%来计收个人所得税，这对于这些合伙企业个人投资者来说就很不公平，因此84号文规定股息、分红不并入企业所得，单独按照20%的税率计征个人所得税。

B. 合伙企业作为医药公司的股东转让医药公司股权的税负分析

关于合伙企业转让股权的个人所得税，一直有争议，到底按照20%税率还是按照5%—35%累进税率，根据国家税务总局《关于切实加强高收入者个

人所得税征收管理的通知》（国税发〔2011〕54号），个人独资企业和合伙企业从事股权交易取得的所得则要按照“个体工商户的生产、经营所得”税目，适用5%—35%的五级超额累进税率。财税〔2000〕91号文第四条规定，个人独资企业和合伙企业每一纳税年度的收入总额减除成本、费用以及损失后的余额，作为投资者个人的生产经营所得，比照个人所得税法的“个体工商户的生产经营所得”应税项目，适用5%—35%的五级超额累进税率，计算征收个人所得税。

但实际各地方政策实施不一致，北京、天津、上海部分地区按照20%确定的税率，对此国家税务总局稽查局关于2018年股权转让检查工作指导意见指出，各地方政府过去普遍实行的对有限合伙制基金征收20%所得税的政策，应适用“个体工商户生产经营所得”项目缴纳个人所得税，适用5%—35%五级累进税率，2018年12月12日李克强总理主持召开国务院常务会议，决定实施所得税优惠促进创业投资发展加大对创业创新支持力度，部署加快推进农业机械化和农机装备产业升级助力乡村振兴“三农”发展的会议中确定的政策，从2019年1月1日起，对依法备案的创投企业，可选择按单一投资基金核算，其个人合伙人从该基金取得的股权转让和股息红利所得，按20%税率缴纳个人所得税；或选择按创投企业年度所得整体核算，其个人合伙人从企业所得，按5%—35%超额累进税率计算个人所得税。上述政策实施期限暂定5年，使创投企业个人合伙人税负有所下降、只减不增。至此，创投合伙企业的个人合伙人可以按照20%确定股权转让税率。

◆适用政策、法律

财税〔2000〕91号文第四条规定：“个人独资企业和合伙企业每一纳税年度的收入总额减除成本、费用以及损失后的余额，作为投资者个人的生产经营所得，比照个人所得税法的‘个体工商户的生产经营所得’应税项目，适用5%—35%的五级超额累进税率，计算征收个人所得税。前款所称收入总额，是指企业从事生产经营以及与生产经营有关的活动所取得的各项收入，包括商品（产品）销售收入、营运收入、劳务服务收入、工程价款收入、财产出租或转让收入、利息收入、其他业务收入和营业外收入。”

北京优惠政策：《关于促进股权投资基金业发展的意见》（京金融办〔2009〕5号）具体内容：鼓励和支持从事创业投资业务的股权基金或管理企业按照《创业投资管理暂行办法》（国家发展改革委等十部委第39号令）进行备案，并按照《企业所得税法》第三十一条和《企业所得税法实施条例》第九十七条的规定享受国家税收优惠政策支持。股权基金或管理企业可以依法采取公司制、合伙制等企业组织形式。自然人合伙人取得的收益，按照“利息、股息、红利所得”或者“财产转让所得”项目征收个人所得税，税率为20%。合伙制股权基金从被投资企业获得的股息、红利等投资性收益，属于已缴纳企业所得税的税后收益。

天津优惠政策：《促进股权投资基金业发展办法》（津政发〔2009〕45号）具体内容：对自然人有限合伙人取得的收益、普通合伙人取得的投资收益或股权转让收益部分，个税税率适用20%。

上海优惠政策：《关于本市股权投资企业工商登记等事项的通知》（沪金融办通〔2008〕3号）、《关于本市股权投资企业工商登记等事项的通知》（沪金融办通〔2011〕10号），具体内容：对自然人普通合伙人，按“个体工商户的生产经营所得”应税项目，适用5%—35%的五级超额累进税率，计算征收个人所得税；对有限合伙人取得的股权投资收益，按“利息、股息、红利所得”应税项目，依20%税率计算缴纳个人所得税。

最新政策：2019年财政部、国家税务总局、国家发展和改革委员会、中国证券监督管理委员会联合发布《关于创业投资企业个人合伙人所得税政策问题的通知》（财税〔2019〕8号）贯彻了2018年会议内容，“二、创投企业选择按单一投资基金核算的，其个人合伙人从该基金应分得的股权转让所得和股息红利所得，按照20%税率计算缴纳个人所得税。创投企业选择按年度所得整体核算的，其个人合伙人应从创投企业取得的所得，按照‘经营所得’项目、5%—35%的超额累进税率计算缴纳个人所得税”。如符合财政部、税务总局《关于创业投资企业和天使投资个人有关税收政策的通知》（财税

〔2018〕55号）规定条件的，创投企业个人合伙人可以按照被转让项目对应投资额的70%抵扣其应从基金年度股权转让所得中分得的份额后再计算其应纳税额，当期不足抵扣的，不得向以后年度结转。

最新政策针对的是创投企业设立基金个人合伙人在转让股份时，可以按照上述优惠政策选择按单一投资基金核算按照20%税率计算缴纳个人所得税，若未按照基金进行备案，则合伙企业进行股权转让取得的所得则要按照“个体工商户的生产、经营所得”税目，适用5%—35%的五级超额累进税率。

◆4位创始自然人股东持股平台的最终选择

依据上述两种持股平台的比较，有限责任公司作为持股平台在进行股息红利分配时，只需要缴纳20%的个人所得税，在进行股权转让时企业先缴纳25%企业所得税，股东个人需再缴纳20%个人所得税，整体核算需缴纳40%的税负；合伙企业作为持股平台在进行股息红利分配时，需要缴纳20%的个人所得税，在进行股权转让时若以创投基金成立的只需缴纳20%的个人所得税，否则一般的合伙企业进行股权转让按照生产经营以及与生产经营有关的活动所取得的收入适用最高35%的税率。

合伙企业作为持股平台站在实际控制人角度对外意思表示有利于与其他自然人股东形成统一的决策，因此选择合伙企业作为持股平台对其更优，既能代表原始创始人取得在医药公司层面的话语权，对合伙人个人又能相对减少税收负担。

◆医药公司成立的主要步骤

1. 成立合伙企业，确定合伙企业内部的比例、合伙协议、合伙章程；

2. 成立医药公司，核定医药公司内部的合伙企业、外籍教授及机构投资者各方的持股比例；

3. 医药公司进行融资，确定投资方、投资金额及个人投资方的组织形式、方案选择。

一、合伙企业的设立

（一）合伙企业出资比例设置

合伙企业出资比例的设置原则是在新医药公司的持股股权比例不变。

合伙企业持股平台将原有的自然人股东纳入持股平台，实际控制人陈总作为普通合伙人（GP），其他创始合伙人作为有限合伙人（LP），James、Sam两位外籍教授直接作为医药公司的股东，只有Davis教授仍然选择隐名，其持有的股权仍由实际控制人陈总在合伙企业内部代持，除去已经显名的James、Sam两位外籍教授股权，4位创始自然人（包含代持的Davis教授）在医药公司所持有的比例与在康德信公司持股比例一致，合伙企业在医药公司的合计持股数额为：

陈总实际持有41.076% + Davis12.5% + 李总10.728% + 王总4.344% + 高总3.102% =71.75%

合伙企业内部的持股比例计算公式为：

合伙企业各合伙人比例 = 各人原公司所持比例 ÷ 合伙企业在医药公司的持股比例 ×100%

如李总在合伙企业的股比：10.728 ÷71.75 ×100% =14.95%

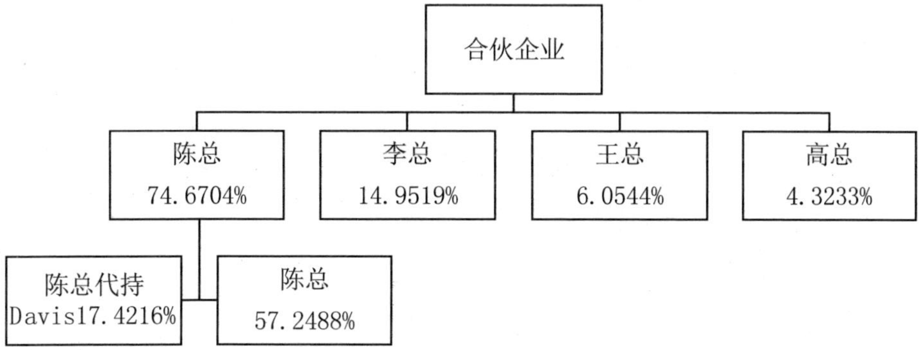

图2 合伙企业内部的出资比例

（二）有限合伙企业工商程序

序号	内容	签字或盖章流程	备注
1	名称预核准	全体合伙人签字	
2	合伙企业登记（备案）申请书	执行事务合伙人签字	含委派代表签字
3	全体合伙人委托执行事务合伙人的委托书	全体合伙人签字	
4	全体合伙人指定代表或共同委托代理人的委托书	全体合伙人签字	
5	全体合伙人名录及出资情况、出资确认书	全体合伙人签字	合伙人可以用货币、实物、知识产权、土地使用权或者其他财产权利出资，也可以用劳务出资。合伙人以劳务出资的，其评估办法由全体合伙人协商确定，并在合伙协议中载明
6	合伙协议	全体合伙人签字	
7	认缴出资确认书	全体合伙人签字	
8	租赁协议	执行事务合伙人签字	含委派代表签字
9	市场主体准入信用承诺书、远离非法集资活动信用承诺书	执行事务合伙人签字	含委派代表签字

（三）签订合伙协议

《合伙协议》确定普通合伙人与有限合伙人及合伙事务的执行，主要内容如下：

1. 总则
2. 合伙企业的名称和主要经营场所的地点
3. 合伙目的和合伙经营范围及合伙期限
4. 合伙人的姓名或者名称、住所
5. 合伙人的出资方式、数额和缴付期限
6. 利润分配、亏损分担方式
7. 有限合伙事务的管理制度与执行
8. 执行事务合伙人的除名条件和更换程序
9. 入伙与退伙

10. 有限合伙人和普通合伙人相互转变

11. 争议解决办法

12. 合伙企业的解散与清算

13. 其他事项

重要提示：签订合伙协议时，需注意设置相应条款，根据《合伙企业法》第三十条第一款的规定，合伙人对合伙企业有关事项作出决议，按照合伙协议约定的表决办法办理。合伙协议未约定或者约定不明确的，实行合伙人一人一票并经全体合伙人过半数通过的表决办法。为确保在医药公司层面，实际控制人与合伙企业内部的其他合伙人为一致行动人，在合伙协议的表决事项上需要作出明确的约定，确保普通合伙人能代表合伙企业在医药公司层面的表决权。合伙协议章程与合伙协议基本内容一致。

（四）认缴出资确认书范本

认缴出资确认书

依据《中华人民共和国合伙企业法》和__________（有限合伙）合伙协议的规定，对全体合伙人认缴和实缴出资确认如下：

合伙人：________，共计______万元。其中：货币待缴/实缴______万元，出资时间______年____月____日。

合伙人：________，共计______万元。其中：货币待缴/实缴______万元，出资时间______年____月____日。

全体合伙人依法对上述确认结果的真实性负责。

全体合伙人签字（盖章）：

合伙人签字：

合伙人签字：

二、医药公司的设立

（一）经营范围确定

根据《2019版外商投资准入特别管理措施（负面清单）》的规定，具体如下：

限制类项目：无

禁止类项目外商投资产业目录中包含：中药饮片的蒸、炒、炙、煅等炮制技术的应用及中成药保密处方产品的生产；人体干细胞、基因诊断与治疗技术开发和应用。

医药公司确定的经营范围：从事药品、医疗器械、医疗器械配件、医药中间体、新型化合物药物或采用生物工程技术的新型药物（以上所有项目不含外资产业政策限制禁止类）的研发、生产和销售；从事生物医药、医疗器械领域内（以上所有项目不含外资产业政策限制禁止类）技术开发、技术引进、技术转让、技术推广（依法须经批准的项目，经相关部门批准后方可开展经营活动）

医药公司的注册资本金为100万元。

（二）中外合资企业工商注册流程

表2　工商注册流程

序号	内容	签字或盖章	备注
1	名称预核准	所有股东签字	
2	外资公司登记（备案）申请书	法定代表人签字	
3	外商投资企业法律文件送达授权委托书	外商签字	
4	中外合资章程	所有股东签字	
5	指定代表或者共同委托代理人授权委托书	所有股东签字	共2份，后续外商备案需1份
6	委派、董事会决议	委派方签字	
7	委托授权书（备份）	需要委托的股东及其受托人签字	
8	中外合资经营合同	所有股东签字	

外商投资综合管理信息系统网上备案			
1	外商投资企业变更备案申报承诺书	法人签字	备注
2	外商投资共同委托代理人授权委托书	所有股东签字	护照翻译件原件递交，护照原件至窗口校对；新公司注册成立或者变更，只要确保签字的真实性，则无需外籍人士亲自到现场。

（三）中外合资合同、章程的主要内容及其特殊事项

1. 中外合资合同主要条款

（1）总则

（2）公司名称和住所

（3）股东的名称（姓名）、法定地址、法定代表人姓名、国籍

（4）公司宗旨、经营范围

（5）公司投资总额、注册资本、股东的出资额、出资方式和出资期限

（6）董事会

（7）监事

（8）经营管理机构

（9）财务会计

（10）利润分配

（11）劳动管理和社会保险

（12）工会组织

（13）期限、终止、清算

（14）股东认为需要规定的其他事项

（15）规章制度

（16）附则

2. 章程的主要内容

确定了新药公司的组织形式与组织架构，新医药公司的持股比例与康德信公司实际的股权结构一致，将 James、Sam 两位外籍股东体现在医药公司，外籍股东 Davis 教授仍由陈总在合伙企业内部代持其股份。

医药公司股权架构如下图所示：

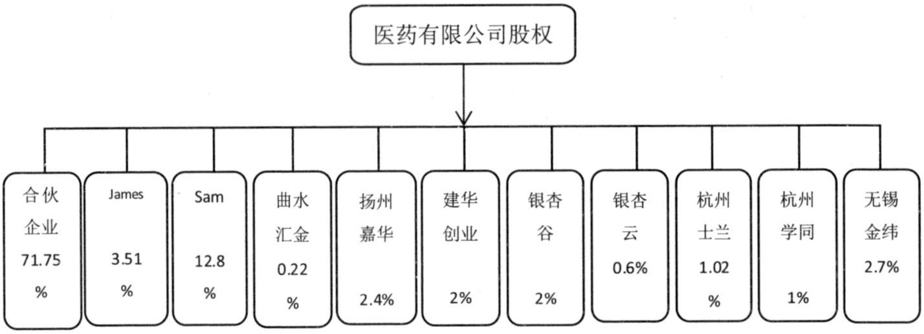

图 3　医药公司股权架构图

股权比例如下表所示：

表 3　股权比例表

<table>
<tr><th>股东名称</th><th colspan="2">制药公司股权比例</th><th colspan="2">合伙企业合伙人权益比例</th></tr>
<tr><td>James</td><td colspan="2">3. 51%</td><td colspan="2"></td></tr>
<tr><td>Sam</td><td colspan="2">12. 8%</td><td colspan="2"></td></tr>
<tr><td>曲水汇金</td><td colspan="2">0. 22%</td><td colspan="2"></td></tr>
<tr><td>扬州嘉华</td><td colspan="2">2. 4%</td><td colspan="2"></td></tr>
<tr><td>建华创业</td><td colspan="2">2%</td><td colspan="2"></td></tr>
<tr><td>银杏谷</td><td colspan="2">2%</td><td colspan="2"></td></tr>
<tr><td>银杏云</td><td colspan="2">0. 6%</td><td colspan="2"></td></tr>
<tr><td>杭州士兰</td><td colspan="2">1. 02%</td><td colspan="2"></td></tr>
<tr><td>杭州学同</td><td colspan="2">1%</td><td colspan="2"></td></tr>
<tr><td>无锡金纬</td><td colspan="2">2. 7%</td><td colspan="2"></td></tr>
<tr><td rowspan="7">合伙企业</td><td rowspan="7">71. 75%</td><td>4 位自然人分别间接持有医药公司的股份数额</td><td rowspan="2">陈总（实际持有）57. 2488%</td><td rowspan="3">陈总共计持有 74. 6704%</td></tr>
<tr><td>陈总（实际持有）41. 076%</td></tr>
<tr><td>陈总（代持 Davis 教授）12. 5%</td><td>陈总（代持）17. 4216%</td></tr>
<tr><td>李总 10. 728%</td><td colspan="2">李总 14. 9519%</td></tr>
<tr><td>王总 4. 344%</td><td colspan="2">王总 6. 0544%</td></tr>
<tr><td>高总 3. 102%</td><td colspan="2">高总 4. 3233%</td></tr>
<tr><td>合计　71. 75%</td><td colspan="2"></td></tr>
<tr><td>合计</td><td></td><td>100%</td><td colspan="2">100%</td></tr>
</table>

3. 中外合资合同及章程中需要约定的特殊内容

在外资章程中，中方股东认为需要规定的其他事项中约定："因外籍股东的年龄较大，需要考虑股份继承问题，需要在外资章程与中外合资合同中对股份继承作出约定：'股东的股权按遗嘱可由其合法继承人继承，继承人可获得股东身份，但不得参与公司的经营管理，不得担任董事，其股权只可内部转让不得向股东以外的第三方转让。若合法继承人一人以上，则合法继承人需共同成立一持股机构（有限公司或合伙企业）代为持有合资公司的股权，不因继承导致股东人数增加及股权太过分散。'"

◎ 分析陈总代持的 Davis 教授股权显名情况

背景介绍：在医药公司设立过程中，Davis 教授为国际生物医药行业的顶尖专家应持有医药公司 12.5% 的股权，但目前不便显名，暂不体现在公司层面，待未来时机成熟时再进行工商登记显名，当前由陈总代持 Davis 教授在医药公司 12.5% 的股权。

律师团队就该代持股份未来通过转让显名进行税负分析

Davis 教授的代持股份未来需要显名时，可以有两种转让途径：

第一种是体现在医药公司层面，由合伙企业直接转让 Davis 教授 12.5% 的股份，Davis 教授成为医药公司的股东，因 Davis 教授的股权不是由合伙企业代持，而是由陈总代持，合伙企业内部的比例也要进行调整。

第二种方式是 Davis 教授直接作为合伙企业的股东，间接持有医药公司 12.5% 的股份，由陈总直接转让给 Davis 教授合伙企业 17.4216% 的合伙份额。

根据《外国企业或者个人在中国境内设立合伙企业管理办法》第二条的规定，该办法所称外国企业或者个人在中国境内设立合伙企业，是指 2 个以上外国企业或者个人在中国境内设立合伙企业，以及外国企业或者个人与中国的自然人、法人和其他组织在中国境内设立合伙企业。此时变更为外商投资的合伙企业。

两种转让路径如下图所示：

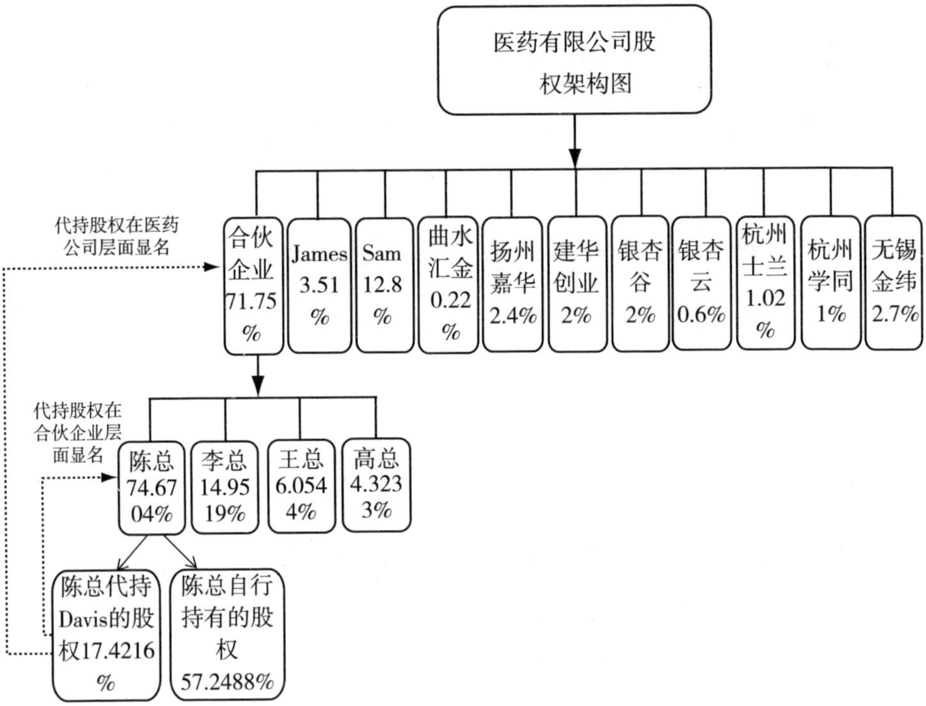

图 4　股权转让路径图

对于两种转让路径下的税负分析：

一、外籍股东 Davis 教授在医药公司层面显名

外籍股东 Davis 教授在医药公司层面显名分解为两个步骤：

第一步：由合伙企业将 12. 5% 的股权直接转让给 Davis 教授。

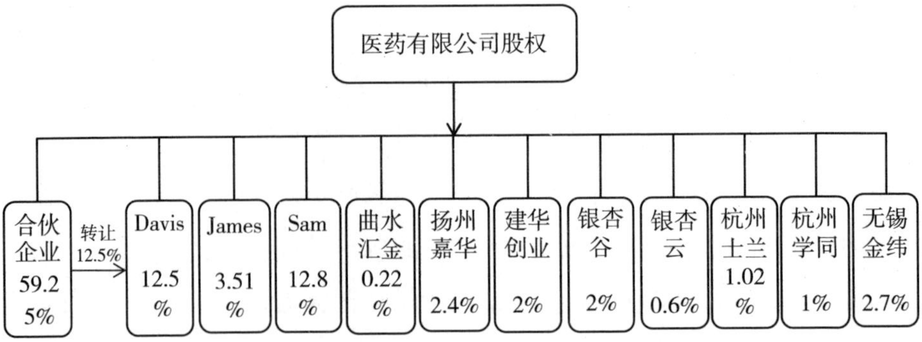

合伙企业与 Davis 教授签订股权转让协议，若当时医药公司转让的股权公允价值1.5亿元，则合伙企业需要缴纳税负，前面分析过合伙企业在股权转让过程中，无须交纳企业所得税，根据之前关于合伙企业转让股权税负的分析，不符合《关于创业投资企业个人合伙人所得税政策问题的通知》（财税〔2019〕8号）中的创投企业不能按20%税率计算个税，只能按照“个体工商户的生产、经营所得”税目，适用最高35%的税率，下列计算暂不考虑速算扣除数。

个税计算方法：

（股权收入－成本）×各自然人在企业合伙比例×个人所得税税率35%

例：

医药公司估值1.5亿元

陈总缴纳个税（1.5亿元×12.5%－12.5万元）×74.6704%×35%＝486.76万元

李总缴纳个税（1.5亿元×12.5%－12.5万元）×14.9519%×35%＝97.47万元

合伙企业缴纳的股权转让税费		
转让比例	12.5%	
陈总个税	486.8万元	合计约：652万元
李总个税	97.5万元	
王总个税	39.5万元	
高总个税	28.2万元	

合伙企业转让给 Davis 教授12.5%股权产生的税费为652万。

第二步：在合伙企业内部进行合伙份额的调整，将调整至陈总实际持有份额，而对于合伙企业内部自然人之间的股权转让所得适用的税目是“财产转让所得”，税率为20%。

合伙企业内部调整合伙比例如下图所示。

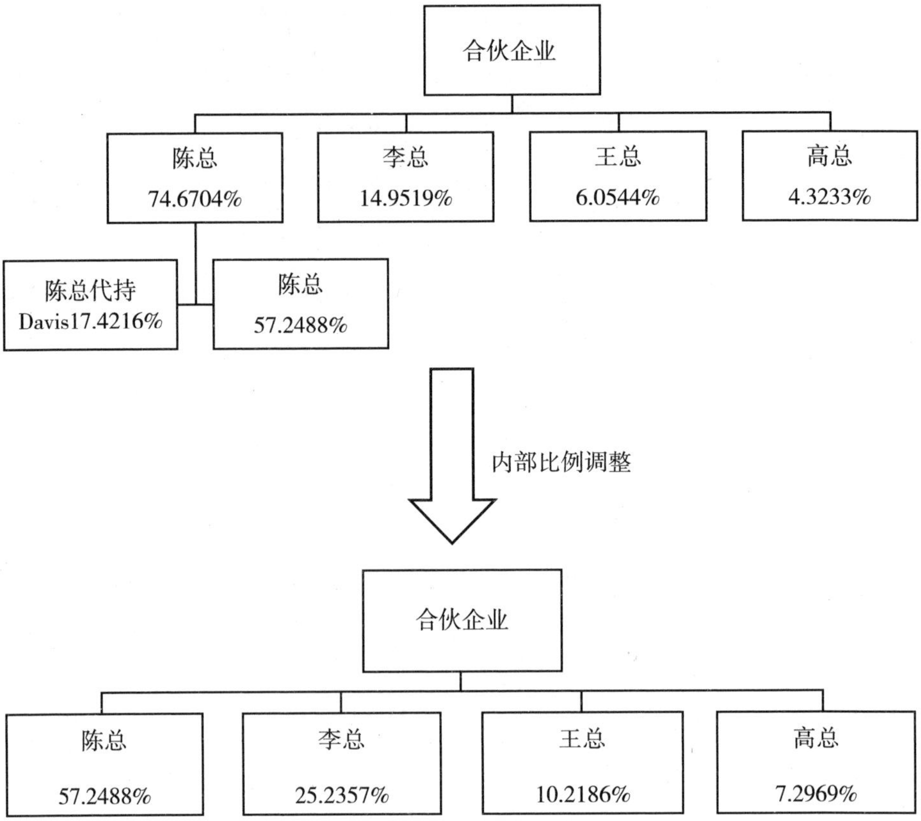

图5　合伙企业内部调整合伙比例图

因 Davis 教授的股权由陈总个人代持，非合伙企业代持，在合伙企业层面转让给 Davis 教授后，合伙企业内部的股权需要调整，陈总实际持有的股权为 57.2488%，李总股权调整为 25.2357%，王总股权调整为 10.2186%，高总股权调整为 7.2969%。在内部调整过程中，恢复陈总所实际持有的比例，陈总需要将 17.4216% 的股份转让给其他 3 位股东，因合伙企业在医药公司的投入成本为 71.75 万元，代持股权的成本为 71.75 万元 ×17.4216% =12.5 万元，计算陈总需要承担的个税：

合伙企业估值 = 医药公司估值 × 合伙企业在医药公司的比例（转让后的比例） =1.5 亿元 ×59.25% =8887.5 万元。

陈总转让代持股份的价格 = 合伙企业估值 × 代持股份比例 =8887.5 万元 ×

17.4216% =1548.3447 万元。

陈总转让代持股份的所得 = 陈总转让代持股份的价格 - 代持股权的成本价格 =1548.3447 万元 - 12.5 万元 =1535.8447 万元。

陈总需缴纳的个税 = 陈总转让代持股份的所得 × 税率 =1535.8447 万元 × 20% =307.16894 万元。

因代持协议中约定，“根据委托方的指示，受托方持有的代表股份可转让给委托方或委托方指定的任何第三方，委托方可通过转让进行显名。此转让股权，受托方应无条件配合转让，出具相关手续，并配合委托方减少因变更为显名股东而产生的成本，转让而产生的相关税费及其他费用由委托方承担，在此过程中的相关文件受托方应无条件配合”，代持过程中产生的所有费用由 Davis 教授承担。

Davis 教授选择在医药公司层面显名将产生 652 万元 +307.16894 万元 = 959.16894 万元的税费。

二、外籍股东 Davis 在合伙企业内部进行显名

外籍股东 Davis 成为合伙企业的股东，只需要在合伙企业内部进行转让，陈总直接将代持股权转让给外籍股东，陈总就转让所得缴纳一定的个人所得税，假设转让时医药公司价值为 1.5 亿元，核算陈总应承担的税负：

合伙企业估值 = 医药公司估值 × 合伙企业在医药公司的比例 =1.5 亿元 × 71.75% =10762.5 万元。

陈总转让代持股份的价格 = 合伙企业估值 × 代持股份比例 =10762.5 万元 × 17.4216% =1874.9997 万元。

陈总转让代持股份的所得 = 陈总转让代持股份的价格 - 代持股权的成本价格 =1874.9997 万元 - 12.5 万元 =1862.4997 万元。

陈总需缴纳的个税 = 陈总转让代持股份的所得 × 税率 =1862.4997 万元 × 20% =372.5 万元。

Davis 教授选择在合伙企业层面显名将产生 372.5 万元的税费。

通过对两种方案优劣的比较，Davis 教授在选择股东显名的过程中，若在

医药公司层面显名，则会为医药公司提供强大的专业背书，将公司推向国际级医药行业领域，但承担的成本较大；但根据财政部、国家税务总局《关于个人所得税若干政策问题的通知》（财税字〔1994〕20 号）的规定，该文第二条第（八）项规定，外籍个人从外商投资企业取得的股息、红利所得，暂免征收个人所得税，Davis 教授在医药公司层面显名可享受未来股息、红利暂免个人所得税的优惠政策。而且财政部、国家税务总局公告 2018 年第 177 号《税务总局关于继续有效的个人所得税优惠政策目录的公告》确认了财税字〔1994〕20 号文件的继续有效性。

若在合伙企业层面显名，转让比较简单，有利于今后的退出，税负也较低，但不利于发挥 Davis 教授行业内影响力，两种方案需要权衡，最终选择由 Davis 教授自行决定。

◎ 医药公司融资

融资背景：医药公司经与新投资方确认将医药公司的估值确定为 1.5 亿元，融资规模为 2500 万元，投资方包括数个新进入机构投资方与一位中国籍自然人。

确定自然人钟某融资路径：

钟某投资 300 万元占医药公司的 2.4% 股权，根据融资项目的可控性、节约性、未来股权调整的便捷性多方考虑选择持股平台，律师团队为其设计了两个方案。

方案一：中国籍自然人以个人成立一个企业形态作为持股平台

按照我国相关法律规定，一自然人可以成立的企业形式有两种，一种为一人有限责任公司，一种为个人独资企业，下面对两种企业形态做简单的比较：

1. 一人有限责任公司，是指只有一个自然人股东或者一个法人股东的有限责任公司，投资后，财产成为一人有限公司的法人财产。个人独资企业，是指依法在中国境内设立，由一个自然人投资，财产为投资人个人所有，投资人以其个人财产对企业债务承担无限责任的经营实体。一人有限公司下，股东以其认缴的出资额为限对公司承担责任；个人独资企业下，投资人以其个人财产对企业债务承担无限责任。

2. 个人独资企业与一人有限公司对于投资所获得的股息、红利缴纳的税率一致，都为20%。

个人独资企业不缴纳企业所得税；一人有限公司缴纳企业所得税，一人有限公司有双重征税问题，个人独资企业只征一道税。但对于股息、红利所得，一人有限公司股东缴纳股息、红利所得免企业所得税，根据《企业所得税法》第二十六条第（二）项规定，符合条件的居民企业之间的股息、红利等权益性投资收益为免税收入。《企业所得税法实施条例》第八十三条规定，《企业所得税法》第二十六条第（二）项所称符合条件的居民企业之间的股息、红利等权益性投资收益，是指居民企业直接投资于其他居民企业取得的投资收益。钟总成立的一人有限公司属于直接投资医药公司，从医药公司取得的股息、分红免企业所得税，个人只需要缴纳20%个人所得税。

个人独资企业股息、红利所得税率经过政策变更，从《关于个人独资企业和合伙企业投资者征收个人所得税的规定》（财税〔2000〕91号）规定的5%—35%的五级超额累进税率变更为国税函〔2001〕84号文规定的20%比例税率。

◆适用政策、法律：

财政部、国家税务总局《关于印发〈关于个人独资企业和合伙企业投资者征收个人所得税的规定〉的通知》

第三条：个人独资企业以投资者为纳税义务人，合伙企业以每一个合伙人为纳税义务人。

第四条：个人独资企业每一纳税年度的收入总额减除成本、费用以及损失后的余额，作为投资者个人的生产经营所得，比照个人所得税法的“个体工商户的生产经营所得”应税项目，适用5%—35%的五级超额累进税率，计算征收个人所得税。

个体工商户的生产、经营所得应纳税额的计算公式如下。

1. 应纳税所得额 = 全年收入总额 - 成本、费用以及损失

2. 应纳税额 = 应纳税所得额 × 适用税率 - 速算扣除数

（1）税率：

个体工商户生产、经营所得适用5%—35%的五级超额累进税率。

表4　个体工商户的生产、经营所得适用税率表

级数	含税级距	税率（%）	速算扣除数
1	不超过15000元的	5	0
2	超过15000元至30000元的部分	10	750
3	超过30000元至60000元的部分	20	3750
4	超过60000元至100000元的部分	30	9750
5	超过100000元的部分	35	14750

财政部、国家税务总局《关于〈关于个人独资企业和合伙企业投资者征收个人所得税的规定〉执行口径的通知》（国税函〔2001〕84号）规定，“二、关于个人独资企业和合伙企业对外投资分回利息、股息、红利的征税问题：个人独资企业和合伙企业对外投资分回的利息或者股息、红利，不并入企业的收入，而应单独作为投资者个人取得的利息、股息、红利所得，按‘利息、股息、红利所得’应税项目计算缴纳个人所得税。以合伙企业名义对外投资分回利息或者股息、红利的，应按《通知》所附规定的第五条精神确定各个投资者的利息、股息、红利所得，分别按‘利息、股息、红利所得’应税项目计算缴纳个人所得税”。

3. 个人独资企业与一人有限责任公司对股权转让所得税负有所区别

个人独资企业对于股权转让收益以生产经营所得按照5%—35%税率缴纳所得税，一人有限责任公司对股权转让收入需要缴纳25%企业所得税，作为个人投资者还需要缴纳20%的个税，一人有限责任公司对于股权转让整体需缴纳40%的税率，比个人独资企业的税率要高。但根据财政部、国家税务总局《关

于实施小微企业普惠性税收减免政策的通知》（财税〔2019〕13 号）第二条的规定，对小型微利企业年应纳税所得额不超过 100 万元的部分，减按 25% 计入应纳税所得额，按 20% 的税率缴纳企业所得税；对年应纳税所得额超过 100 万元但不超过 300 万元的部分，减按 50% 计入应纳税所得额，按 20% 的税率缴纳企业所得税。根据此最新政策的颁布，一人有限责任公司最低税率可达到5%，不超 300 万元的应纳税所得额税率为 10%，若通过筹划对于股权转让的税率可能比个人独资公司要低。提醒注意的是，此优惠政策实行期为 5 年。

知识要点：企业所得税中的小型微利企业与增值税中的小微企业的区别

（1）企业所得税的小型微利企业

根据《关于实施小微企业普惠性税收减免政策的通知》（财税〔2019〕13 号），小型微利企业是指从事国家非限制和禁止行业，且同时符合年度应纳税所得额不超过 300 万元、从业人数不超过 300 人、资产总额不超过 5000 万元三个条件的企业。

从业人数，包括与企业建立劳动关系的职工人数和企业接受的劳务派遣用工人数。所称从业人数和资产总额指标，应按企业全年的季度平均值确定。具体计算公式如下：

季度平均值 =（季初值 + 季末值）÷2

全年季度平均值 = 全年各季度平均值之和 ÷4

年度中间开业或者终止经营活动的，以其实际经营期作为一个纳税年度确定上述相关指标。

（2）增值税中的小微企业

增值税小规模纳税人标准：年应征增值税销售额 500 万元及以下。

连续 12 个月（以 1 个月为 1 个纳税期）或者连续 4 个季度（以 1 个季度为 1 个纳税期）累计销售额未超过 500 万元的一般纳税人，可选择转登记为小规模纳税人。

增值税小微企业：月销售额 10 万元以下（含本数）的增值税小规模纳税人，免征增值税。

方案二：中国籍自然人钟总直接通过增值溢价方式进入合伙企业平台作为有限合伙人，合伙企业再增资到医药公司

钟总在医药公司层面持股比例核算至合伙企业层面，在合伙企业中进行溢价增资，增资300万元，占合伙企业权益的0.8%。涉及溢价部分应如何处置？

合伙企业与其他组织形式的企业相比，资产、负债、收入和费用的会计核算基本相同，所不同的主要是所有者权益的会计核算，合伙企业不设置“资本公积”账户，只设置“合伙人资本（或投资）”账户，反映合伙人相对不变的永久性资本及其增减数。合伙人的初始投资、明确的增资记入该账户的贷方，合伙人明确的减资记入该账户的借方，该账户贷方余额表示合伙人投入企业的资本额。为反映各个合伙人对企业的投资情况，“合伙人资本”账户会根据合伙人姓名设置明细账户，进行明细核算。因合伙企业不设置“资本公积”账户，由投入资本引起的各种增值可直接计入“合伙人资本”账户。合伙企业也不需要设置“盈余公积”账户，合伙企业实现的利润应通过提款或追加投资方式全部分给合伙人。

1. 公司与合伙企业出资额等于资本额的会计分录比较

举例：

甲、乙两自然人股东成立A公司，各自投入100万元，公司的注册资本200万元。

A公司借：银行存款——200万元

贷：实收资本——200万元

甲、乙两自然人股东成立A合伙企业，各自投入100万元，合伙企业的出资总额200万元

A公司：借：现金——200万元

贷：合伙人资本——甲100万元

——乙100万元

2. 公司与合伙企业对于资本溢价会计分录处理方式比较

举例：

甲、乙两自然人股东成立A公司，各自投入100万元，公司的注册资本200万元，新股东丙投资300万元，占公司1/3股权。

A公司　借：银行存款——300万元

　　　　贷：实收资本——100万元

　　　　　　资本公积——200万元（资本溢价）

甲、乙两自然人合伙成立A合伙企业，各自投入100万元，合伙企业的出资总额为200万元，新合伙人丙投入300万元，占合伙企业1/3合伙份额。

合伙企业1/3权益应为（100＋100＋300）/3＝166.666万元，企业收到丙方投资时，会计分录如下：

A合伙企业　借：现金——300万元

　　　　　　贷：合伙人资本——丙166.666万元

　　　　　　　　　　　　　　甲66.666万元

　　　　　　　　　　　　　　乙66.666万元

出资溢价情况为合伙人出资额大于其资本额，一般在合伙企业经营已走上正轨，获利能力比新成立时高，原合伙人可能要求新合伙人付出较多的投资，而取得低于其出资额的资本，会计处理规则有两种处理方式，一种是上述举例中的差额补贴法，另一种是商誉处理法。差额补贴法下其差额视为新合伙人入伙时给原合伙人的额外补贴。商誉处理法下差额视为原合伙企业资产增值或未有入账的商誉。

按现行会计制度规定，企业通过自身经营管理而建立的商誉不能作为无形资产入账，所以差额补贴法比较能适应现行的会计制度。

钟总增资到合伙企业后，合伙企业变更合伙协议及章程，再将增资款项以合伙企业名义增资投入至医药公司，钟总作为合伙企业的自然人股东对医药公司未来的股息、红利按照20%缴纳个税，对其转让的合伙企业内部股权按照20%缴纳个税。

方案一与方案二的优缺点比较：方案一设立方式简单，投入资金路径清晰，符合中外合资企业中方投资者的组织形式，在税收上也有可适用的优惠政策，缺点是作为自然人未来进行股权转让过程中只能转让给公司、企业或者其他经济组织，不能转让给个人，若在医药公司企业层面做变更转让，公司机构股东比较多，变更程序烦琐，且从实际控制人角度对该自然人成立的企业缺乏控制权。若钟某在合伙企业内部实际控制人便于控制，容易形成一致行动人，股份未来在个人股东之间转让也更便捷。

最终，在工商层面进行变更过程中，工商部门的形式要求，必须体现各合伙人的出资额及比例，且必须一致，经过各股东的协商最终选择方案一。

◆在医药公司增资过程中，因项目良好的前景，吸引了数十家投资机构，但此次融资释放的股权比例比较少，融资规模限定为2500万元且必须在二个月内到位，对于此次融资投前估值为12500万元，投后估值15000万元为基准，每一家投资机构正式打款后增资协议生效（下附）。

附：

增资协议的主要条款

第1条　定义

1.1 定义

第2条　本次投资

2.1 本次投资方式

2.2 本次投资的估值

2.3 本次投资的交易文件

2.4 增资款的缴付条件

2.5 增资款的支付手续

2.6 登记及备案、权益

第3条　承诺

3.1 正常经营

3.2 进一步承诺

3.3 不竞争承诺

3.4 锁定承诺

3.5 特别承诺

3.6 资金用途

3.7 其他承诺

第4条 陈述与保证

4.1 每一方向其他各方的陈述和保证

4.2 医药公司和创始股东的陈述和保证

4.3 进一步说明

4.4 赔偿请求

4.5 效力

第5条 投资者的权利

5.1 投资者权利

5.2 适当变通

第6条 利润目标

6.1 业绩目标

第7条 股权转让程序

7.1 优先受让权和共同出售权

7.2 共同领售权和强制出售权

7.3 投资者转让股权的权利

7.4 各方的义务

第8条 增资程序

8.1 优先认购权

8.2 反稀释权

8.3 最优惠待遇

8.4 各方的义务

第9条　股权回售和赎回程序

9.1 赎回权和回售权

9.2 各方的义务

第10条　经营管理

10.1 董事会、监事会

10.2 重大事项决策

第11条　知情权和检查权

11.1 知情权

11.2 检查权

第12条　保密

12.1 保密

12.2 适用

第13条　清算事件

13.1 发生清算事件时的投资者权利

13.2 视为清算的其他情形

第14条　退出安排

14.1 退出时间

14.2 各方义务

14.3 股息分配的约定

14.4 上市股份锁定期

14.5 特别约定

第15条　解除

15.1 解除情形

15.2 解除的效力

第16条　赔偿和违约

16.1 违约责任

第 17 条　适用法律及法律变更

17.1 适用法律

17.2 法律变更

第 18 条　争议解决

18.1 争议解决

18.2 继续执行

第 19 条　其他事项

19.1 生效

19.2 不放弃权利

19.3 可分割性

19.4 适用性

19.5 完整性

19.6 不可转让

19.7 通知

19.8 文本和签署

根据这次增资的特殊性，本次的增资协议有如下特殊条款：

客户的要求是，因目标公司的投前估值与这轮增资的投后估值确定了，部分新投资机构未定，就已经谈定的投资机构要求先签订合同，且在这一轮增资后做统一的工商变更，签订协议的机构需要及时入资，后续的投资机构可以选择单独签订协议，先期签订协议的投资机构称为本次增资，投后估值不变，不能要求投资机构反复签订投资协议，所以协议中做如下设定，将本轮增资与本次增资以定义方式进行了确定。

为本协议之目的，除非另有规定，本协议中出现的下列词语具有如下含义：

本轮增资指“明轩投资”“融金”“盛世投资”与另外三家机构拟共同出资 2500 万元增资认购目标公司注册资本的行为，其中另外三家机构并另行签署增资协议。

本次增资指“明轩投资”“融金”“盛世投资”拟出资人民币1500万元认缴乙方新增注册资本的行为，具体含义如本协议第二条所述。

对已确定投资机构签订增资协议，协议中确定增资金额及占股权比例，若按照投前估值计算本次增资所占股权比例，则后续投资机构进入后，估值又有变化，需在此调整先前签订的投资机构的比例及投后估值、以万计的投资额，在计算比例时核算至小数点后四位，为避免误差及简便性，因此次融资总额及投后估值确定，融资公司的自主选择性较大，投资资金稳妥投资机构确定性比较大，可直接按其增资计算出增资份额。

基于上述内容在协议中这样表述：

表1-1　投资方认缴情况表

认缴人	应支付的增资价款（万元）	对应的认缴乙方的增资（万元）	对应的认缴乙方的资本公积（万元）
明轩投资	300	2.4	297.6
融金	900	7.2	892.8
盛世投资	300	2.4	297.6
共计	1500	12	1488

表1-2　本轮增资及股权调整完成后，公司的注册资本金、公司股东及持股比例架构表

股东	出资额（万元）	股权比例	对应的认缴的增资（万元）
James	3.51	2.925%	—
Sam	12.8	0.6667%	—
曲水汇金	0.22	0.1833%	—
扬州嘉华	2.4	2%	—
建华创业	2	1.6667%	—
银杏谷	2	1.6667%	—
银杏云	0.6	0.5%	—
杭州士兰	1.02	0.85%	—
杭州学同	1	0.8333%	—
无锡金纬	2.7	2.25%	—
合伙企业	71.75	59.7917%	—
明轩投资	2.4	2%	300

续 表

股东	出资额（万元）	股权比例	对应的认缴的增资（万元）
融金	7. 2	6%	900
盛世投资	2. 4	2%	300
其他三家投资机构	8	6. 6667%	1000
共计	注册资本金 120 万元	100%	

在一轮融资中投资者分别签订协议，有利用提高融资效率，更好地给予将在此轮融资过程中观望的投资者以信心，避免因某个投资者迟迟未能确定，影响其他投资人的投资进入。

◆医药公司成立后设立项目公司

项目公司的设立因公司的关联机构经过多年研发有一项成熟专利，可以迅速转化为产品投入市场，如何使用专利出资方式，并适用现行的专利税负的优惠政策，团队律师为其设计了两个方案作为比较，并做整体分析。

◎ 背景介绍

该专利技术由康德信公司的关联公司莫盛尼研究院研究开发，莫盛尼研究院由康德信公司筹建，并且研究发明项目的市场转化都由康德信公司完成，虽然在法律上两公司为独立公司，但康德信公司能实际控制莫盛尼研究院，在对于技术成果的转让价格上康德信公司有一定的优势。以合伙企业的原始自然人股东作为发起人成立项目公司，将此专利作为公司资产，纳入公司名下，并评估入资后再进行融资。

目前专利的优惠政策为：

增值税	免	科技局出具情况说明
企业所得税	暂免	税务局备案
个人所得税	暂免	税务局备案

注意：适用以上优惠政策需提前备案及出具情况说明。

方案一：

原始自然人股东四人陈总、李总、王总、高总成立一家与原合伙企业持股比例相同的有限责任公司A公司，公司的注册资本200万元，A公司从莫盛尼研究院以50万元的价格购买该专利技术，其后将该专利以850万元的评估价格作价增资至A公司，这个操作过程中公司及各股东因专利入资是否产生税负问题。

专利评估增值部分转增注册资本，看上去专利是公司购买的，而公司又是股东的，专利还是属于公司的，股东没有拿企业一分钱，自己的资产怎么会产生税的问题呢？但是恰恰这种方式会导致公司和股东缴纳高达421万元的税款。

仔细分析，公司的专利评估增值部分转增注册资本后税是如何产生的？公司的注册资本是由股东投入的，但公司与股东是两个相互独立的法律主体，股东将财产投入至公司之后，就是公司的财产，公司的财产要将其作为股东个人的出资款项进行增资，公司拥有的专利转增资本实际视同销售。

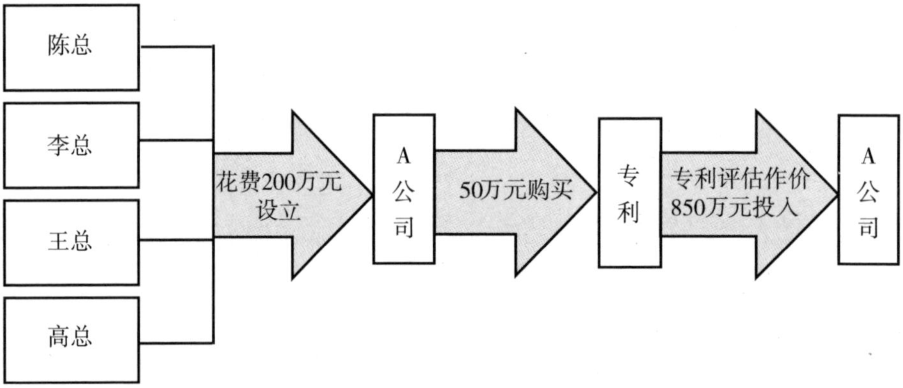

这一过程税负实际上分为两步，第一步：公司将专利给股东，相当于以专利的评估价值作为分红给了股东，股东取得红利分配，按照股息红利所得缴纳个人所得税，按照专利的评估价格即公允价格850万元按照20%的税率缴纳个人所得税，由企业代扣代缴；因该专利为公司所有，分配红利的行为视同公司的销售行为，公司将专利的公允价值850万元作为收入缴纳增值税

和企业所得税。

需要缴纳的税负：

增值税 850 万元×3% =25.5 万元

企业所得税（850 -50）万元×25% =200 万元

代扣股东个税 850 万元×20% =170 万元

合计：395.5 万元

第二步：股东将专利技术投入公司增加注册资本，相当于股东将专利技术出卖后再将出卖的资金投入到企业，出卖专利技术的过程需缴纳增值税和个人所得税，股东将 850 万元获得的专利以 800 万元作价投入，没有所得，不缴纳个人所得税，个人所得税为 0，增值税方面，虽然股东以 800 万元投入，但专利的公允价值为 850 万元，增值税按照公允价缴纳（850 万元×3%）；股东以资金投资到企业不再产生税。再增资到企业的过程中产生税负：

增值税 850 万元×3% =25.5 万元

个税 0

以上两步加起来的税负为：395.5 万元+25.5 万元=421 万元

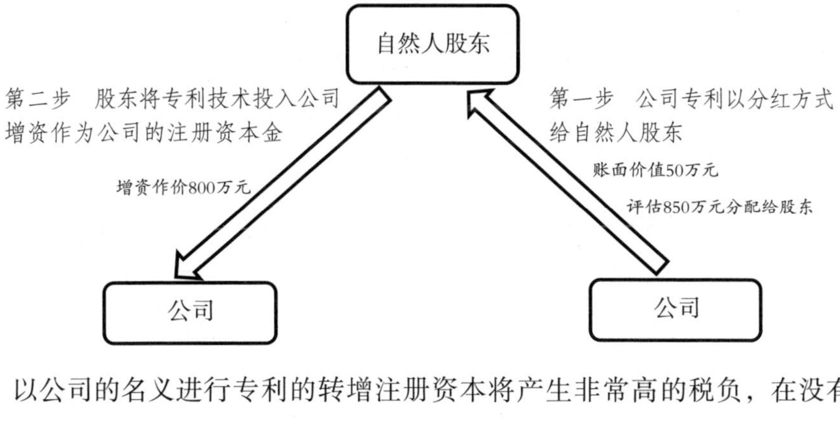

以公司的名义进行专利的转增注册资本将产生非常高的税负，在没有进行备案的情况下，现有的关于知识产权的优惠政策也不能适用。公司在进行专利转增资过程中，往往公司的财务无法意识到这种转增股本会产生税费，认为没有所得就不会有税费，而且操作后也无法再撤回，如果撤回，税务部门会认定又产生了一次转让，还会再次征税。

方案二：

原始股东陈总、李总、王总、高总四人成立一公司A公司，A公司的注册资本200万元，股东陈总、李总、王总、高总四人共同出资50万元从莫盛尼研究院买了专利，然后将专利作价850万元投入至A公司。

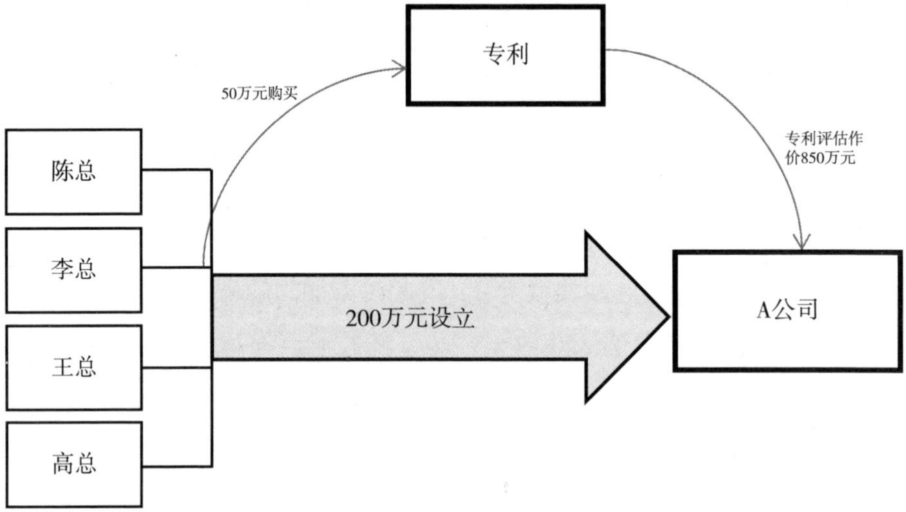

四个股东自行购买的专利属于四个自然人所有，将专利以评估作价850万元投入至公司，属于股东以非货币资产进行增资，会产生增值税及个人所得税，但可以适用相应的优惠政策。增值税免交，个人所得税暂免。

财政部、国家税务总局《关于全面推开营业税改征增值税试点的通知》（财税〔2016〕36号）规定：纳税人提供技术转让、技术开发和与之相关的技术咨询、技术服务，免征增值税。2016年9月，财政部和国家税务总局发布《关于完善股权激励和技术入股有关所得税政策的通知》（财税〔2016〕101号），个人或企业以技术入股可以选择递延纳税优惠政策，投资入股当期可暂不纳税，允许递延至股权转让时，按股权转让收入减去技术原值和合理税费后的差额计税。

增值税的优惠政策

根据财政部、国家税务总局《关于全面推开营业税改征增值税试点的通知》（财税〔2016〕36号）规定，纳税人提供技术转让、技术开发和与之相关的技术咨询、技术服务，免征增值税。

1. 技术转让、技术开发，是指《销售服务、无形资产、不动产注释》中“转让技术”“研发服务”范围内的业务活动。技术咨询，是指就特定技术项目提供可行性论证、技术预测、专题技术调查、分析评价报告等业务活动。

与技术转让、技术开发相关的技术咨询、技术服务，是指转让方（或者受托方）根据技术转让或者开发合同的规定，为帮助受让方（或者委托方）掌握所转让（或者委托开发）的技术，而提供的技术咨询、技术服务业务，且这部分技术咨询、技术服务的价款与技术转让或者技术开发的价款应当在同一张发票上开具。

2. 备案程序。试点纳税人申请免征增值税时，须持技术转让、开发的书面合同，到纳税人所在地省级科技主管部门进行认定，并持有关的书面合同和科技主管部门审核意见证明文件报主管税务机关备查。

享受其增值税优惠政策需进行备案程序。

个人所得税优惠政策

国家税务总局《关于个人非货币性资产投资有关个人所得税征管问题的公告》（国家税务总局公告 2015 年第 20 号）规定：“一、非货币性资产投资个人所得税以发生非货币性资产投资行为并取得被投资企业股权的个人为纳税人。二、非货币性资产投资个人所得税由纳税人向主管税务机关自行申报缴纳。……四、纳税人非货币性资产投资应纳税所得额为非货币性资产转让收入减除该资产原值及合理税费后的余额。五、非货币性资产原值为纳税人取得该项资产时实际发生的支出。纳税人无法提供完整、准确的非货币性资产原值凭证，不能正确计算非货币性资产原值的，主管税务机关可依法核定其非货币性资产原值。六、合理税费是指纳税人在非货币性资产投资过程中发生的与资产转移相关的税金及合理费用。……八、纳税人非货币性资产投资需要分期缴纳个人所得税的，应于取得被投资企业股权之日的次月 15 日内，自行制定缴税计划并向主管税务机关报送《非货币性资产投资分期缴纳个人所得税备案表》（见附件）、纳税人身份证明、投资协议、非货币性资产评估价格证明材料、能够证明非货币性资产原值及合理税费的相关资料。2015年4月1日之前发生的非货币性资产投资，期限未超过5年，尚未进行税收处理且需要分期缴纳个人所得税的，纳税人应于本公告下发之日起30日内向主管税务机关办理分期缴税备案手续。九、纳税人分期缴税期间提出变更原分期缴税计划的，应重新制定分期缴税计划并向主管税务机关重新报送《非货币性资产投资分期缴纳个人所得税备案表》。”

《关于完善股权激励和技术入股有关所得税政策的通知》（财税〔2016〕101号）规定：“……三、对技术成果投资入股实施选择性税收优惠政策：（一）企业或个人以技术成果投资入股到境内居民企业，被投资企业支付的对价全部为股票（权）的，企业或个人可选择继续按现行有关税收政策执行，也可选择适用递延纳税优惠政策。选择技术成果投资入股递延纳税政策的，经向主管税务机关备案，投资入股当期可暂不纳税，允许递延至转让股权时，按股权转让收入减去技术成果原值和合理税费后的差额计算缴纳所得税……”

通过上述的方案分析，若股东自然人购买专利增资，是没有任何税负的。

◎ 公司购买专利在未来进行股权转让时还能起到节税的作用

比如A公司在通过方案二获得专利技术增资后，根据相关政策，专利技术可作为成本分十年摊销，可在税前扣除，若每年有100万元的盈利，那么十年后，A公司股权出让，税负分析：

有专利摊销的情况：
利润税前扣除（100－85）万元×25%＝3.75万元
十年的企业所得税3.75万元×10＝37.5万元
摊销后每年的利润15万元
十年后企业的留存利润15万元×10－37.5＝112.5万元
假设十年后转让股权

续 表

有专利摊销的情况：
公司的账面净资产 112.5 万元 +200 万元 +850 万元 =1162.5 万元
转让个税（1162.5 -200 -50）万元 ×20% =182.5 万元
共计缴税 182.5 万元 +37.5 万元 =220 万元
每年的企业所得税 100 万元 ×25% =25 万元
十年的企业所得税 25 万元 ×10 =250 万元
每年的利润 100 万元 -25 万元 =75 万元
十年的利润 75 万元 ×10 =750 万元
假设十年后转让股权
公司的账面净资产 750 万元 +200 万元 =950 万元
转让个税（950 -200）万元 ×20% =150 万元
共计缴税 150 万元 +250 万元 =400 万元

有专利情况下，因购买专利的成本 50 万元，整体 220 万元 +50 万元 =270 万元，有专利比无专利出资时少缴了 130 万元（400 万元 -270 万元），所以专利出资还能起到节税的作用。

◆适用政策、法规

财政部、国家税务总局《关于完善股权激励和技术入股有关所得税政策的通知》（财税〔2016〕101 号）第三条对技术成果投资入股实施选择性税收优惠政策：

（一）企业或个人以技术成果投资入股到境内居民企业，被投资企业支付的对价全部为股票（权）的，企业或个人可选择继续按现行有关税收政策执行，也可选择适用递延纳税优惠政策。

选择技术成果投资入股递延纳税政策的，经向主管税务机关备案，投资入股当期可暂不纳税，允许递延至转让股权时，按股权转让收入减去技术成果原值和合理税费后的差额计算缴纳所得税。

（二）企业或个人选择适用上述任一项政策，均允许被投资企业按技术成果投资入股时的评估值入账并在企业所得税前摊销扣除。

小结：通过该中外合资企业的重组融资方案的设计，将持股平台选择及股权代持的问题，通过显名过程中税务分析，总结合伙企业作为代持平台的各项优惠政策；在组建项目公司过程中如何运用知识产权的相关优惠政策避税、减税，如何在组建及融资、重组过程中以客户目标及节税为导向设计可行、节约、安全的方案，方案设计的提纲挈领的战略作用不言而喻。

股权并购项目如何处理目标公司的空股

——股权并购有限责任公司案例

承办律师：李莉、张岩

李莉：硕士研究生，陕西省律师协会财税法专业委员会秘书长、副主任，陕西睿群律师事务所高级合伙人，担任多家税务局、多家公司常年法律顾问，专注于公司治理、法税同审（尤其法税视野下的合同审查）、企业投融资、重组、并购、公司诉讼的实务操作及理论研究。曾合作出版《大律师·婚姻家庭财富传承中的法商智慧》一书。

张岩：北京科技大学经济法学硕士，张远堂律师团队核心律师。具备法律执业和证券从业双重资格，曾具体负责多家国有企业投融资、并购、重组、整合工作，在企业投融资并购重组交易方案设计、交易文件制作及节税策划等方面积累了丰富的项目经验。

乙公司是一家在四川省成都市某区工商局登记注册的有限责任公司，注册资本6000万元，实收资本3000万元，股东认缴尚未实缴的出资（空股）3000万元。

甲公司是一家在重庆市工商局登记注册的有限责任公司。

甲公司意欲并购乙公司，甲公司领导和乙公司股东经过几次接触后达成口头意向，并购后甲公司控股乙公司，乙公司的估值在专业机构评估的基础上双方协商确定，并购方式在法律尽调后在律师建议的基础上由双方协商确定。

律师受聘为甲公司提供专项法律服务，服务内容包括法律尽职调查，并购方案设计，参与谈判，起草或者修改法律文件，全过程的咨询服务。

◎ 甲公司的基本信息

委托合同签订后，律师开始对乙公司进行法律尽职调查，并向甲公司提交了《关于乙公司的法律尽职调查报告》。根据法律尽职调查，乙公司的基本信息如下：

1. 组织形式：有限责任公司。

2. 企业性质：自然人投资。

3. 状态：存续。

4. 注册资本：人民币 6000 万元。

5. 实收资本：人民币 3000 万元。

6. 股东和持股比例：自然人 A，持有乙公司 60% 的股权，自然人 B 持有乙公司 40% 的股权，自然人 A 和自然人 B 为夫妇。

表 1　持股比例

股东姓名	认缴资本（万元）	实缴资本（万元）	认缴尚未实缴资本（万元）	持股比例（%）	出资方式
自然人 A	3600	1800	1800	60	货币
自然人 B	2400	1200	1200	40	货币
合计	6000	3000	3000	100	—

7. 经营范围：改装车生产、制造加工金属结构；零售汽车配件、机械设备；货物进出口、技术进出口；技术咨询、服务；爆破器材运输车、危险品运输车辆的技术开发；销售汽车；专业承包（依法须经批准的项目，经相关部门批准后依批准的内容开展经营活动）。

8. 拥有 67 项专用汽车改装生产资质，并处于持续有效状态。

9. 乙公司估值：在法律尽职调查的同时，经协商由甲公司委托××会计师事务所对乙公司进行评估，在评估的基础上经甲公司和乙公司股东多次协商最终同意乙公司估值 5000 万元。

10. 在法律尽调和目标公司估值的基础上，交易双方同意本次并购后甲公司持有乙公司 51% 的股权，原股东自然人 A 和自然人 B 合计持有乙公司 49% 的股权。

◎ 设计并购方案

在法律尽职调查完成之后，律师为甲公司设计并购交易方案。律师为甲公司设计的并购交易方案归纳整理如下：

一、不适合也没有必要采用资产并购方案

资产并购是将目标公司（乙公司）的资产和业务通过转让的方式置入并购方（也可以是并购方和被并购方合资）新设立的公司，资产和业务的受让方是并购方新设的公司，资产和业务的出让方是目标公司（乙公司），资产并购的最大优点是可以防范目标公司或然负债给并购方带来的风险，最大缺点是不能承继目标公司的资质。本案中，目标公司的 67 项资质是并购方最重要的目标资产，没有这些资质，目标公司不能继续进行生产经营活动，而通过尽调了解到目标公司的合同管理和财务管理比较规范，且目标公司的原股东仍持有并购后公司的股权，股权并购后目标公司或然负债给并购方带来的风险处于可控范围。故本项目不适合资产并购，应当采取股权并购的交易方式。

二、股权并购方案一——实股空股同时转让

此方案的核心内容就是原股东自然人 A 和 B 作为乙公司股权的出让方与作为股权受让方的甲公司签订股权转让协议，由出让方向受让方一次性分别转让其持有的乙公司实股（已经实际缴付的出资 3000 万元）中的 51% 和其持有的乙公司空股（认缴尚未实缴的出资 30 中 00 万元）中的 51%。转股价格为 2550 万元（乙公司估值 5000 万元 ×51%）。

表 2　转股后股东及持股比例

股东姓名	认缴资本（万元）	实缴资本（万元）	认缴尚未实缴资本（万元）	股权比例（%）	出资方式
自然人 A	1764	882	882	29.4	货币
自然人 B	1176	588	588	19.6	货币
甲公司	3060	1530	1530	51	货币
合计	6000	3000	3000	100	—

在此交易方案下，甲公司需要按照乙公司章程的规定在未来与原股东一起向乙公司履行 1530 万元的出资义务，当然也可以通过修改公司章程调整未来的出资时间。

在此交易方案下，甲公司需要向原股东支付 2550 万元的股权转让价款，原股东合计会发生 1020 万元的股权转让所得（2550 万元 - 1530 万元），甲公司需要代扣代缴 204 万元的个税。

此方案的优点是法律关系简单、明晰，实操过程简易、便捷；缺点是不能完全解决乙公司对资金的需求，乙公司的发展可能受到资金的限制。

三、股权并购方案二——转让空股加增资

此方案就是原股东将全部空股（3000 万元认缴未缴出资）转让给甲公司，由甲公司立即向乙公司履行出资义务（股权转让协议作出相关约定，并相应修改乙公司章程），同时向乙公司增资，使甲公司通过受让和增资合计获得乙公司 51% 的股权，使原股东的持股比例稀释为合计 49%。

在此方案下，甲公司需要向自然人 A 和自然人 B 合计支付 1000 万元的空

股转让价款，并向乙公司履行3000万元空股项下的出资义务。甲公司同时向乙公司增资出资163.2653万元（目标公司原估值5000万元+空股出资3000万元=8000万元，原股东拥有的权益价值4000万元÷49×51－4000万元），其中122.4489万元确认为实收资本（3000万元÷49×51－3000万元），40.8164万元确认为资本公积（资本溢价）。

表3 方案完成后的乙公司股东及资本情况

股东姓名	认缴资本（万元）	实缴资本（万元）	认缴尚未实缴资本（万元）	股权比例（%）	出资方式
自然人A	1800	1800	0	29.4	货币
自然人B	1200	1200	0	19.6	货币
甲公司	3122.4489	3122.4489	0	51	货币
合计	6122.4489	3000	0	100	—

在本交易方案下，甲公司不仅要向两位自然人股东合计支付1000万元的空股转让价款，还需要向乙公司履行3000万元空股项下的出资义务，另外还需要向乙公司履行新认缴的163.2653万元的出资义务。

在本交易方案下，两位自然人股东取得1000万元的空股转让价款，甲公司需要代扣代缴200万元个税，实际支付800万元。

本交易方案的缺点是法律关系复杂，实操过程复杂；优点是能够获得资金支持，填实了目标公司的空股。

四、股权并购方案三——增资加转让空股

此交易方案就是甲公司以货币方式向乙公司增资，增资出资总额为5204.0816万元（5000万元÷49×51），其中3122.4489万元计入乙公司的实收资本（3000万元÷49×51），2081.6327万元计入乙公司的资本公积（资本溢价部分）。同时，自然人A和自然人B合计向甲公司无偿转让其持有的全部空股的51%，即1530万元已经认缴尚未实缴的出资。

在此交易方案下，甲公司需要向乙公司履行增资出资义务5204.0816万元，未来负有按照公司章程约定的时间向乙公司履行1530万元出资的义务。

表4 增资后的乙公司股东及资本情况

股东姓名	认缴资本（万元）	实缴资本（万元）	认缴尚未实缴资本（万元）	股权比例（%）	出资方式
自然人A	2682	1800	882	29.4	货币
自然人B	1788	1200	588	19.6	货币
甲公司	4652.4489	3122.4489	1530	51	货币
合计	9122.4489	6122.4489	3000	100	—

在本交易方案下，目标公司投前估值5000万元已经被实股用尽，故原股东以零价格将1530万元的空股转让给甲公司，并不损害自然人A和B的利益。

在本交易方案下，自然人A和B没有取得收入，故没有税收负担，而乙公司虽然获得了甲公司的投入，但其作为融资方也没有税收负担。

本交易方案的缺点是原股东没有获得任何价款；优点是乙公司获得了股东的权益性投资，解决了资金问题。

五、股权并购方案四——先减资后增资

本交易方案就是乙公司首先做名义减资，消灭原股东持有的空股，使乙公司的注册资本和实收资本相等。所谓名义减资就是公司减少注册资本，但是股东不从公司取得减资对价的资本。

在本交易方案下，乙公司的原股东首先通过名义减资的决议，之后公司通知债权人并公告，待公告期满后修改公司章程，将公司的注册资本减少至3000万元。乙公司名义减资后实收资本仍然是3000万元，估值仍为5000万元。乙公司名义减资后甲公司向乙公司增资5204.0816万元（5000万元÷49×51），其中3122.4489万元确认为乙公司的实收资本（3000万元÷49×51），2081.6327万元的资本溢价确认为乙公司的资本公积。

表5 交易完成后乙公司的股东及资本情况

股东姓名	认缴资本（万元）	实缴资本（万元）	认缴尚未实缴资本（万元）	股权比例（%）	出资方式
自然人A	1800	1800	0	29.4	货币
自然人B	1200	1200	0	19.6	货币
甲公司	3122.4489	3122.4489	0	51	货币
合计	6122.4489	3000	0	100	—

在此方案下，乙公司减资股东没有取得对价，故不承担纳税义务，甲公司向乙公司增资，虽有溢价却是资本溢价，溢价部分确认为公司的资本公积，也不会发生纳税义务。

本方案的缺点是法律关系复杂，需要的时间长；优点是能够解决乙公司对资金的需求，股东不承担未来的出资义务。

六、股权并购方案五——先减资后转股

此方案就是乙公司先进行名义减资，使乙公司的注册资本和实收资本均为3000万元，消灭空股，然后原股东将股权（实股）转让给甲公司51%。根据事先确定的目标公司估值，占目标公司全部资本51%的股权的转让价格为2550万元。在此方案下，需要甲公司作为股权的受让方与乙公司的原股东作为股权的出让方签订股权转让协议，由甲公司向股权出让方支付股权转让价款。

表6　减资转股完成后乙公司的股东及资本情况

股东姓名	认缴资本（万元）	实缴资本（万元）	认缴尚未实缴资本（万元）	股权比例（%）	出资方式
自然人A	882	882	0	29.4	货币
自然人B	588	588	0	19.6	货币
甲公司	1530	1530	0	51	货币
合计	3000	3000	0	100	—

在本方案下，乙公司的原股东自然人A和B合计取得2550万元的股权转让收入，转让股权的计税成本为1530万元，股权转让收入为1020万元，自然人A和B合计发生204万元的纳税义务，由甲公司代扣代缴。

本方案的缺点是乙公司不能得到股东的资金支持，需要的时间较长；优点是乙公司的原股东会获得投资回报。

七、股权并购方案六——全面增资

本交易方案就是按照双方商定的投后股权比例，由甲公司向乙公司实缴

增资 5204. 0816 万元，认缴增资 3122. 4490 万元。实现甲公司与乙公司原股东之间实股对实股，空股对空股的合理状态。

在本交易方案下，甲公司实缴出资 5204. 0816 万元中的 3122. 4490 万元确认为实收资本，2081. 6326 万元确认为资本公积。甲公司需要按照乙公司章程的规定在未来缴付本次认缴的出资 3122. 4490 万元。

表 7　交易完成后乙公司的股东及资本情况

股东姓名	认缴资本（万元）	实缴资本（万元）	认缴尚未实缴资本（万元）	股权比例（%）	出资方式
自然人 A	3600	1800	1800	29. 4	货币
自然人 B	2400	1200	1200	19. 6	货币
甲公司	6244. 898	3122. 449	3122. 449	51	货币
合计	12244. 898	6122. 449	6122. 449	100	—

此方案是单纯的增资方案，此方案下乙公司原股东没有发生空股转让也没有发生实股转让，当然也不会发生纳税义务。

本方案的缺点是甲公司投入的资金数额大，优点是能够解决乙公司对资金的需求。

律师将上述方案特别是每个方案的优缺点向甲公司的项目负责人汇报之后，根据乙公司业务发展目前对资金的需求和未来扩产的需要，初步选定股权并购方案三——增资加转让空股，然后经与自然人 A 和 B 及乙公司的管理层沟通，最终达成一致意见，采取增资加转让空股的方案进行交易。

◎ 增资转股协议

交易方案确定之后，由于目标公司估值和并购后的股权比例这两个股权并购的核心问题已经商定，双方进行两次技术性谈判后律师便为双方起草《增资转股协议》（下附）。

附：

增资转股协议

甲方：甲公司
法定代表人：
统一社会信用代码：
地址：

乙方：乙公司（本协议以下简称目标公司或公司）
法定代表人：
统一社会信用代码：
地址：

丙方：（本协议以下简称原股东）
自然人A：（身份证号： ）
自然人B：（身份证号： ）
鉴于：

1. 乙方是一家根据中国法律在北京市工商行政管理局××分局依法登记成立并持续经营的有限责任公司，公司的经营范围为：改装车生产、制造加工金属结构；零售汽车配件、机械设备；货物进出口、技术进出口；技术咨询、服务；爆破器材运输车、危险品运输车辆的技术开发；销售汽车（依法须经批准的项目，经相关部门批准后依批准的内容开展经营活动）。

2. 本次增资前，乙方的注册资本为人民币6000万元，丙方实缴人民币3000万元，详见下表：

股东姓名	认缴资本（万元）	实缴资本（万元）	认缴尚未实缴资本（万元）	股权比例（%）	出资方式
自然人A	3600	1800	1800	60	货币
自然人B	2400	1200	1200	40	货币
合计	6000	3000	3000	100	—

3. 甲方拟对目标公司增资，增资之后持有目标公司51%的股权。

甲、乙、丙三方本着自愿、公平、公正之原则，精诚合作之精神，根据《公司法》及其他相关法律法规之规定，经友好协商，签订本增资转股协议，以资共同信守。

第一章 释义

第一条 除非本协议上下文另有解释或文义另有所指，下列词语或简称具有以下含义：

1. 本次增资：指经甲、乙、丙三方一致同意，甲方以人民币4371.428571万元向乙方增资，占增资后乙方注册资本的51%；

2. 评估报告：指××资产评估机构出具的编号为【】号的《资产评估报告》；

3. 评估基准日：指资产评估机构接受客户委托评估后，确定委托评估对象于某一日的公允价值，本协议项下的评估基准日为____年____月31日；

4. ××公司：为乙方的关联公司；

5. 章程：指目标公司于工商行政管理机关登记备案的适时有效的乙公司章程，包括甲方对目标公司增资后修改的乙公司章程和增资前尚未修改的乙方章程；

6. 中国法律、法规：指中华人民共和国或其有权机关颁布的在本协议签订时有效的法律、行政法规、规章及司法解释；

7. 《公司法》：指现行有效的《中华人民共和国公司法》；

8. 《劳动法》：指现行有效的《中华人民共和国劳动法》；

9. 《劳动合同法》：指现行有效的《中华人民共和国劳动合同法》；

10. 工作日：指除去法定节假日等休息时间外的周一到周五。

第二章 增资转股

第二条 甲方向乙方以货币形式增资，增资款总额为5204.0816万元，其中3122.4489万元计入乙方的实收资本，1248.9796万元计入乙方的资本公积。

第三条 在实施本协议第二条约定的甲方增资的同时，丙方将其对乙方认缴未缴的注册资本3000万元中的1530万元无偿转让给甲方。

第四条 本协议第二条和第三条约定的增资和转股后，乙方注册资本（含认缴尚未实缴部分）变更为9122.4489万元，其中甲方占51%，丙方占49%，详见下表：

股东姓名/名称	认缴出资（万元）	实缴出资（万元）	认缴尚未实缴部分（万元）	出资比例（%）	出资方式
自然人A	2682	1800	882	29.4	货币
自然人B	1788	1200	588	19.6	货币
甲公司	4652.4489	3122.4489	1530	51	货币
合计	9122.4489	6122.4489	3000	100	—

第五条 本协议签订后的十个工作日内，甲、乙、丙三方完成下述事项：

1. 甲方与丙方按照本协议第十二条的约定完成乙方章程的修改，以重述方式签署新的乙方章程；

2. 乙方完成甲方增资事宜的工商变更登记，将甲方登记为持有乙方51%股权的股东，将丙方变更登记为持有乙方49%股权的股东；

3. 将因本次增资修改后的乙方章程及因本次增资改组的乙方法定代表人、董事、监事等进行工商登记备案；

4. 其他依法使甲方持有乙方51%股权需要登记、备案、公示的事项。

第六条 本协议第二条约定的甲方增资款5204.0816万元于本协议第五

条约定的事项完成后十个工作日内全部缴付。

第七条 本次增资乙方企业估值的评估基准日为____年____月31日，甲、乙、丙三方一致同意自评估基准日至本次增资完成时，无论乙方的经营结果如何，无论乙方的股东权益有何变动，不改变本协议第二条甲方对乙方的增资额和财务处理的约定，亦不改变本协议第三条关于丙方向甲方无偿转让认缴未缴出资的约定。

第八条 乙方和丙方在此确认，基于对乙方企业估值的目的经甲、乙、丙三方协商一致而对乙方企业资产、权利、负债、义务的调整、变更、重组以《评估报告》为准，且乙方和丙方均已实际处理。

该等事项包括但不限于：

1. 乙方承租的××工厂厂区及建筑物整体中【】平方米（土地面积【】平方米，建筑面积【】平方米）转租给乙方的关联企业×××，由×××承担每年【】万元租金，具体事宜另行签订租赁协议进行约定；前述厂区及建筑物整体自本协议签订日起如有闲置，则可由丙方指定的承租方租赁，该等出租事宜的发生须以全体股东一致认为其不影响乙公司的生产、经营为前提。

2. 乙方在承租土地上自建的喷漆房不能办理验收手续，纳入了本次增资乙方企业估值的评估中，若乙方因此被处以行政罚款从而给甲方造成损失的，由丙方对甲方进行赔偿，赔偿限额以评估报告中该喷漆房的评估值为限（但如果因土地承租合同期满该等房屋拆除或无偿移交给出租方的除外）。

3. 在签订本协议之时甲方和丙方将同时按照本协议第十四条的约定对乙方章程进行修改，签署新的乙方章程。

第三章 公司治理

第九条 就本次增资转股对乙方章程的修改，甲方和丙方达成如下一致意见：

1. 乙方设立董事会，由五人组成，其中甲方委派三人，丙方委派二人，董事长由甲方委派的董事出任，董事长为公司的法定代表人；

2. 乙方不设监事会，设两名监事，甲、丙双方各委派一人；

3. 丙方委派总经理、出纳或财务部副部长，甲方委派财务负责人和副总经理；

4. 乙方其他高管由总经理提名，董事会聘任；

5. 其他修改内容由甲方和乙方按照《公司法》及有关法规协商确定。

第四章　声明与保证

第十条　就本次增资转股丙方声明并保证如下：

1. 丙方为完全民事行为能力的自然人，拥有与签署本协议相应的民事权利能力和民事行为能力；

2. 丙方保证本协议的签署或本协议所载交易的履行不会违反现行有效的法律和其他相关规定，也不会与其已签署的其他有约束力的法律文件或已订立的其他交易相冲突；

3. 丙方保证在签署本协议之前已经仔细阅读了本协议，对本协议当事人之间的有关权利、义务和责任条款的法律含义有准确的理解，并对本协议的所有条款均无异议；

4. 乙方为签署本协议所需的内部授权程序都已完成，签署本协议的是该方的有效授权代表，并且本协议一经签署即对该方具有法律约束力；

5. 丙方向甲方提供或者披露的关于乙方的财务、资产、负债、盈利、经营的所有资料、信息均合法、真实、准确、有效、全面、完整；

6. 丙方向甲方披露的乙方的债务情况除已列明于评估报告的负债明细表之外，截至评估基准日时乙方不存在其他负债；

7. 乙方按照《劳动法》和《劳动合同法》之规定与劳动者签订劳动合同，为劳动者支付社会保险费用，与劳动者之间不存在有关未决的争议；

8. 乙方的资产不存在抵押、质押、留置、权利质押、为第三人提供保证或资产和账户被查封、扣押、冻结以及负有协助执行义务而未有效解除之情形；

9. 乙方拥有开展业务所必需的各种资产、许可、执照和资质，向甲方披露的改装汽车的公告（资质）处于持续有效之中；

10. 乙方的所有租赁合同及其补充协议包括但不限于与××公司签订的《××厂区及建筑物租赁协议》《××厂厂区及建筑物租赁协议的补充协议》均持续有效，合同的履行不存在任何实质或形式障碍，可预见期间内不存在动迁、拆迁等重大不利变动；

11. 乙方的资产和业务不存在重大争议和悬而未决的问题；

12. 乙方近五年未发生重大安全生产事故，未受到国家安全生产监管部门的处罚，不存在因安全生产事故而发生的任何潜在纠纷；

13. 乙方自成立以来一直守法经营、照章纳税，不存在违法经营和偷税、漏税、逃税情况，不存在被吊销营业执照和强令关闭的情况；

14. 乙方在本协议签署之前的经营期间内无违法经营行为，未受到有关主管部门或者任何有权机关的司法或行政处罚；

15. 乙方在任何法院、仲裁庭或者行政机关均没有未结的针对或者影响到乙方以及可能禁止本协议的订立或者以其他方式影响本协议的效力或者执行的诉讼、仲裁或者其他程序；

16. 签署并履行本协议是丙方合法有效的权利，是丙方真实的意思，且不会与丙方或者乙方的已经签署的任何协议、义务相冲突；

17. 评估基准日之前乙方未缴纳的员工社保及住房公积金，未作为乙方的负债纳入本次增资的评估中，如果因各种情况需要乙方补缴或者引发罚款的，由此给甲方造成的损失由丙方赔偿给甲方；

18. 评估基准日之前，乙方存在与部分员工未签订正式劳动合同之情形，如果一旦发生诉讼或仲裁，乙方被要求按《劳动合同法》的相关规定签订书面劳动合同并支付二倍工资的，由此给甲方造成的损失由丙方赔偿给甲方；

19. 评估基准日之前，乙方存在员工登记表中记载的员工工资与劳动合同中约定的劳动报酬不一致之情形，如果一旦发生诉讼或仲裁，乙方被劳动行政部门责令限期支付劳动报酬甚至赔偿金的，由此给甲方造成的损失由丙方赔偿给甲方。

第十一条 就本次增资甲方声明并保证如下：

1. 甲方是依法成立并有效存续的机构，拥有与签署本协议相应的民事权利能力和民事行为能力；

2. 甲方已经获得签署和履行本协议所需的内部和外部的所有审批、批准、授权、决定和决议，签署并履行本协议是甲方合法有效的行为；

3. 甲方保证本协议的签署或本协议所载交易的履行不会违反现行有效的法律和其他相关规定，也不会与其已签署的其他有约束力的法律文件或已订立的其他交易相冲突；

4. 甲方保证在签署本协议之前已经仔细阅读了本协议，对本协议当事人之间的有关权利、义务和责任条款的法律含义有准确的理解，并对本协议的所有条款均无异议。

第五章 目标公司或然负债

第十二条 本协议项下的或然负债指由于评估基准日之前的原因，在评估基准日之后使目标公司遭受的负债，而该等负债未列明于目标公司评估基准日的法定账目中且未经增资方作账外负债确认的，以及该等负债虽在目标公司评估基准日的法定账目中列明，但负债的数额大于账目中列明的数额的部分。

第十三条 本章所约定的丙方因目标公司遭受或然负债对甲方的赔偿责任独立于本协议第六章约定的丙方的违约责任，是丙方在违约责任以外的一项赔偿责任。

第十四条 丙方因目标公司遭受或然负债对甲方的赔偿责任的数额按目标公司遭受的或然负债额乘51%计得。

第十五条 按本协议第十四条约定丙方因目标公司遭受或然负债对甲方的赔偿责任的数额单笔不足人民币1万元时，不计入对甲方的赔偿额中；单笔达到人民币1万元时，计入对甲方的赔偿额中；丙方对甲方的赔偿额累计不足人民币20万元时，免除赔偿责任；丙方对甲方的赔偿额累计达到人民币20万元时，由丙方对甲方进行全额赔偿。目标公司因同一原因遭受的或然负债分两次及以上发生、支付、确认损失的，无论次数多少均全部视为一笔计算。

第十六条 丙方应当在目标公司支付或然负债后20个工作日内向甲方履行赔偿责任。

第六章 保密事项

第十七条 各方对于本协议签署和履行过程中获得的关于本协议的文件资料和其他方的商业秘密（以下统称为保密信息）负有保密义务。除非出现下列情形之一者，任何一方不得向第三方披露上述保密信息：

1. 因诉讼、仲裁等法律争议程序之需要；
2. 因履行本协议之需要；
3. 监管机构履行监管职责之需要；
4. 保密信息有权披露的一方同意披露；
5. 法律的要求。

各方一致同意，无论本协议是否变更、中止、解除、终止，本条约定对各方一直具有约束力，除非有关保密信息的权利人书面同意其他方解除保密义务；或该等保密信息非由于一方违反本协议的原因已经进入公共领域而为公众所知悉；或出现根据法律规定可以免除保密义务和责任的情形。

第七章 通知和送达

第十八条 任何一方向其他方发出的通知或其他往来文件（以下统称为往来文件），应按照本协议记载的其他方的联系方式，以专人递送、特快专递、挂号信或传真方式发出，并在下述条件下送达生效：以专人递送的，在专人递送之交付日视为送达；以特快专递或挂号信方式发出的，以收件人签收日为送达日；收件人未签收的，以寄出日后的第5个工作日视为送达；以传真方式发出的，以发出方收到传真发出确认回执时视为送达；同时采用上述几种方式的，以其中最快达到对方者为准。本协议项下的经办人或经办人的联系方式发生变更的，变更方应及时书面通知其他方。其他方在收到有关变更通知之前根据变更前的联系方式所发出的往来文件视为有效。

第八章 不可抗力

第十九条 不可抗力是指各方不能合理控制、不可预见或即使预见亦无法避免的事件，该事件妨碍、影响或延误任何一方根据本协议履行其全部或部分义务。该事件包括但不限于地震、台风、洪水、火灾、其他天灾、战争、骚乱、罢工或其他类似事件、新法律颁布或对原法律的修改等政策因素。

第二十条 如发生不可抗力事件，遭受该事件的一方应立即用可能的最快捷的方式通知其他方，并在15个工作日内提供证明文件说明有关事件的细节和不能履行或部分不能履行或需延迟履行本协议的原因，然后由各方协商延期履行本协议或终止本协议。

第二十一条 如发生不可抗力事件，遭受该事件的一方应立即采取适当的措施防止损失的扩大；没有采取适当措施致使损失扩大的，不得在损失扩大的范围内要求部分或全部免除责任。

第九章 违约责任和争议的解决

第二十二条 任何一方违反本协议所约定的义务，应对其他方承担违约责任；任何一方在本协议项下的陈述或保证不真实或被违背，视为违反本协议，应对其他方承担违约责任；任何一方违反协议约定，应赔偿对方直接及间接的经济损失、损害、责任、成本或支出，包括但不限于合理的诉讼费用和律师费。

第二十三条 若因甲方原因，甲方未按照本协议第二章第六条约定期限将出资款划付到乙方账户，每逾期一日，应按照欠缴出资款的万分之一承担违约金。

第二十四条 本协议的签订、履行、争议、解除均适用相关中国法律、法规；因本协议所发生的争议，各方应友好协商解决，如果协商不成，任何一方均有权向目标公司住所地人民法院提起诉讼。

第十章　协议的生效、补充

第二十五条　本协议自甲、乙方的法定代表人或授权代表签字并加盖公章、丙方签字时生效；国家法律法规对本协议生效另有规定的，从其规定。

第二十六条　本协议未尽事宜甲、乙、丙三方协商一致，可签订补充协议，补充协议与本协议具有同等法律效力，补充协议的内容与本协议有冲突的，以补充协议为准。

第十一章　协议的解除

第二十七条　本协议签署后，如有下列情形之一的，本协议解除：

1. 一方丧失实际履约能力，其他方有权以书面通知方式解除本协议；

2. 由于一方违约，严重影响了其他方的经济利益而使协议履行丧失订立时的基础或成为不必要或不可能时，其他方有权以书面通知方式解除本协议；

3. 因发生不可抗力事件而导致各方或一方无法履行本协议的，任何一方均可以书面通知方式通知其他方解除本协议；

4. 各方经过协商同意解除；

5. 法律规定的及本协议约定的其他解除协议的情况出现。

第二十八条　以书面通知方式解除本协议的，书面通知送达日期为协议正式解除之日。以协商方式解除本协议的，以各方签署协议之日为本协议正式解除之日。

第二十九条　本协议的解除，不影响一方向其他方请求赔偿损失的权利。

第十二章　条款的独立

第三十条　本协议各个条款之间效力独立，如遇国家法律、政府指令或司法实践的任何变化，导致本协议任何条款成为非法、无效或者失去强制执行性的，本协议任何其他条款的合法性、有效性和强制执行性不受影响，但该非法、无效或者失去强制执行性的条款严重损害了本协议其他部分的根本意图和含义的除外。

第十三章 权利的保留

第三十一条 本协议任何一方没有行使权利或没有就其他方的违约行为采取任何行动，不应被视为对权利的放弃或对追究违约责任或义务的放弃。任何一方放弃针对其他方的任何权利或放弃追究其他方的任何责任，不应视为放弃对其他方任何其他权利或任何其他过失的追究。所有放弃均应以书面方式做出。

第三十二条 如果本协议的任何约定依现行法律被确定为无效或无法实施，本协议的其他条款将继续有效。此种情况下，各方将以有效的约定替换该约定，且该有效约定应尽可能接近原约定和本协议相应的目的和精神。

第十四章 其他

第三十三条 修改章程。本协议签订后，目标公司章程依据本协议作相应修改。

公司章程与本协议之间不一致的，以本协议为准（相关中国法律、法规要求的除外）。

第三十四条 税收。各方自行负责向其征收的或其应该缴纳的与本协议所述交易有关的税收，包括法律规定的代扣代缴。

第三十五条 成本和费用。各方自行承担各自因准备、商谈、签署本协议而产生的成本和费用。

第三十六条 任何一方未经他方事先书面同意不得将其在本协议项下的任何部分或全部权利、义务转让或委托给第三方。

第三十七条 本协议一式十份，效力等同，各方各执一份，目标公司存档一份，其余用于工商变更登记等。

重组使股东用公司财产抵偿个人债务合法又节税

——民营公司分立后股东用股权偿债案例

承办律师：王欢、谢文宇

王欢：法学硕士，曾任法官和两家上市公司法务负责人，现为黑龙江龙洋律师事务所副主任、高级合伙人。曾负责、参与多家企业投融资、并购、重组工作。主要擅长领域：疑难、复杂的民商事诉讼案件，企业投融资，企业并购重组，股权设计、股权激励及纠纷处理，房地产开发、建筑工程领域等方面。

谢文宇：黑龙江龙洋律师事务所高级合伙人，中国国民党革命委员会党员、黑龙江律协青年律师工作委员会委员、黑龙江省律协互联网+委员会委员。

曾参与多家上市企业并购、重组工作。主要方向是政府法律顾问、房地产开发建设领域。

◎ 项目背景

自然人 A 对自然人 B 享有到期债权 3000 万元，B 无力偿还。B 为甲有限公司的唯一股东，甲有限公司享有两个国内知名品牌汽车的经营销售权，并拥有汽车展厅 6 个，总面积 11826 平方米及相关资产。

由于自然人 B 的全部资产为甲有限公司的股权及相应权益，且甲有限公司流动资金周转也存在一定困难。自然人 A 和自然人 B 达成意向，使用甲有限公司资产进行抵债，将其中一个知名品牌汽车的经营销售权连同相关资产转让给自然人 A，由自然人 A 继续经营该品牌汽车的销售并偿还与偿债资产相关的银行贷款。

律师团队受聘为债务人 B 提供专项法律服务。服务项目包括：法律尽职调查；方案设计和论证；纳税义务论证；风险识别和防险措施建议；谈判支持；法律文件起草和全过程的咨询服务。

在签订专项法律服务合同后，律师首先对自然人 B 进行了辅导，让其明白他和 A 达成的以甲有限公司资产偿还其欠 A 的负债的方案并不可行。

第一，欠 A 负债的是他本人，并不是甲有限公司，他虽然是甲有限公司的唯一股东，但他无权直接用甲公司的资产去偿还自己的负债，如果他这样做了，有可能被认定为抽逃注册资本。

第二，甲公司用资产偿债，在税收上会被认定为转让相关资产，甲公司会发生增资税、附加税、土地增值税、印花税，可能会发生企业所得税；自然人 A 会被认定为购买相关资产，会发生契税和印花税。

经过辅导，债务人 B 和债权人 A 都认可了律师的观点，并愿意委托律师为他们重新设计方案。律师提出 B 将其独资持有的甲公司的一部分股权转让给 A，用来偿还股东 B 欠自然人 A 的负债。律师告诉股东 B，股权是你个人的合法财产，用股权作价偿还你个人的负债，只要债权人 A 同意，合理合法，并且只会发生印花税和个人所得税，具有节税的意义。律师进一步向股东 B

明确，股权偿还债务需要给股权作价，给股权作价需要给甲公司估值，根据甲公司现有资产、负债及盈利能力，股权作价偿债后，他仍是甲公司的股东，并会持有甲公司60%—70%的股权，A将与他共同成为甲公司的股东，持有甲公司30%—40%的股权。对此B股东表示可以接受。此后，律师与股东B一同与债权人A就股权作价偿还债务一事进行协商。当听到按照这种偿债模式，他将与B一同作为甲公司的股东，并且仅会持有30%—40%的股权时，A对该方案表示反对，理由是原来商定的是以资产偿还债务，自己独立经营，对现在合伙经营并且自己是小股东不能接受。

在股东B用其持有的甲公司的股权作价偿还债务的方案被债权人A否定后，律师团队经过反复研究推演，又提出将甲公司一分为二，甲公司存续，新设乙公司，将原定用于向A偿还债务的资产和业务及负债分割给乙公司，然后股东B用其持有的乙公司的股权作价偿还对A的负债的方案。为了防范风险，律师在本方案项下附加了7个条件：第一，在甲公司将双方商定的资产、业务和负债分割到新设的乙公司名下时，适用企业所得税特殊性处理规则，按照账面净值进行会计处理；第二，甲公司分立完成的次月起12个月后进行股权转让的工商登记；第三，乙公司股权转让的价格与乙公司净资产的比例关系，由双方协商在《公司分立股权偿债协议》中确定；第四，乙公司在设立之初虽然登记的股东为B一人，但自其设立后就移交给股权的买方自然人A独立管理，B不再介入分立新设乙公司的任何事务；第五，分立新设乙公司的经营成果无论是盈利还是亏损与均B股东无关，由自然人A独立领受；第六，自股东B将分立新设乙公司移交给自然人A之日起，A对B的债权消灭，双方履行有关股权偿债的法律手续；第七，如果甲公司或者分立新设乙公司的债权人依法主张分立前企业的负债由分立后企业承担连带责任的，A或B给予对方补偿。

新方案设计完成后，律师首先向债务人B进行汇报，B对新方案表示满意，并感谢律师团队的辛勤工作。带着新方案，律师和债务人B再次与债权人A进行协商。律师首先告诉A，如果按照他与债务人B达成的资产作价偿债方案，他需要缴纳契税大约多少，债务人B需要缴纳增值税大约多少、附加税大约多少、土地增值税大约多少、所得税大约多少。这是不采用原方案的根本原因。为了实现A要求的独立经营，又能合法减少双方的税收负担，律师为他们设计了将甲公司一分为二，甲公司存续，新设乙公司，将双方协商用于抵债的资产、业务及相关的负债分割给新设的乙公司，然后用B持有的乙公司的股权作价偿还债务的方案。经过一番讨论，债权人A不仅接受了律师的方案，也同意了律师提出的7项条件，表示愿意配合实施新的方案，并希望尽快完成。

为了巩固双方达成的共识，落实公司分立股权作价偿债的方案，律师为双方起草了一份《股权偿还债务意向性协议》（下附），并安排双方签字。

附：

《股权偿还债务意向性协议》（节录）

一、协议双方

二、声明条款

大意为签署本协议的双方在此不可撤销的郑重声明：本协议为意向性协议，对本协议的双方均无法律约束力，本协议的任何一方均可在通过另一方后不执行本协议，且不对另一方承担任何责任和义务；但本协议的双方同时还声明将积极推进本协议所言的交易，争取早日签订合同。

三、债权人、债务人及债务的金额

四、甲公司分立

五、初步拟定分割给新设乙公司的资产、业务和负债

六、用于偿债的乙公司股权的作价额

七、关于股权偿债的七项条件

八、交易流程和时间安排

九、其他事项

至此，初期工作完成，项目进入尽职调查阶段。

◎ 法律尽职调查

尽职调查主要由债权人 A 聘用的律师进行，为了有理有节地配合债权人聘用的尽调律师开展工作，也为了进一步了解甲公司做好甲公司的分立工作，本律师团队也指派律师对甲公司进行了法律尽调。

下面是法律尽调获取的有关甲公司的主要信息：

第一部分　公司基本情况及历史沿革

一、基本情况

名称：甲有限公司

住所：×××××

法定代表人：B

注册资本：人民币 5000 万元

实收资本：人民币 5000 万元

经营范围：法律、法规、国务院决定规定禁止的不得经营；汽车销售、维修，汽车配件销售，工程机械设备销售、维修，二手车交易，汽车美容，信息咨询服务，场地租赁，汽车救援服务。

登记机关：哈尔滨市工商行政管理局

成立日期：2007 年 8 月 3 日

营业期限：2007 年 8 月 3 日至 2027 年 8 月 2 日

公司类型：有限责任公司

二、公司股东

截至 2017 年 12 月 31 日，公司股东及持股情况如下：

股东姓名	出资额（人民币，万元）	出资方式	出资比例（%）
自然人 B	5000	货币	100%

三、公司人员

(一）人员情况

根据公司提供的职工情况说明及职工名册，截至2017年12月31日，甲公司职工总数41人，其中高管3人，人力资源行政部4人，财务部4人，经营策划部2人，销售人员28人。

(二）劳动合同

根据公司提供的《劳动合同》格式文本及律师核查可知，未发现内容有违反现行法律、法规规定的情形。

四、公司历史沿革及股权演变

(一）公司设立

甲公司于2007年8月3日经黑龙江省哈尔滨市工商行政管理局注册设立，设立时公司住所为黑龙江省哈尔滨市××路××号，法定代表人为B，经营范围：法律、法规、国务院决定规定禁止的不得经营；汽车销售、维修，汽车配件销售，工程机械设备销售、维修，二手车交易，汽车美容，信息咨询服务，场地租赁，汽车救援服务。注册资本为2000万元，均采用货币方式出资。

(二）股权演变

2016年5月，公司注册资本增加至人民币5000万元。

2016年5月5日公司唯一股东B作出书面决定，将公司注册资本金追加至5000万元，追加金额为3000万元。本次变更完成后，公司注册资本和实收资本增加至人民币5000万元。

上述增资相应修改了公司章程并办理了工商变更登记，公司现行有效的营业执照中载明公司注册资本为5000万元人民币。

(三）公司法定代表人变更

截至2017年12月31日，公司法定代表人未进行变更。根据工商备案信息，2017年12月31日，公司法定代表人为B。

第二部分　甲公司的资产及负债情况

鉴于法律尽职调查的目的在于为甲公司的分拆提供决策依据及落实分拆甲公司后用新设乙公司股权作价偿还债务的方案，并防范分拆中可能发生的法律风险和税收风险，律师对甲公司全部资产及负债进行了核查。本部分尽职调查主要采用实地查看、与负责人沟通、核查相关合同、查阅甲公司 2017 年 12 月 31 日的财务报表及以前的财务报表、参照其他中介机构出具的审计报告等方法。

一、甲公司资产情况

（一）固定资产

经律师核查，截至 2017 年 12 月 31 日，甲公司 2 个展厅及 4 个车间，分别依法取得国有土地使用权证及房产权证，并已正式运营。根据甲公司资产负债表，固定资产账面原值合计 1.6 亿元，账面净值合计 1.1 亿元。

（二）无形资产

经律师核查，并据甲公司无形资产明细表显示，截至 2017 年 12 月 31 日，甲公司无形资产主要为办公软件一套，账面原值 350 万元（包括已经摊销完毕的一个财务软件），账面净值 180 万元。

（三）预付账款（债权资产）

据律师与甲公司本部财务负责人确认及查看甲公司 2017 年 12 月 31 日资产负债表、预付账款明细表，甲公司享有对 × ×公司和 × ×公司的债权合计 1000 万元，系预付的合同款。

（四）其他应收款（债权资产）

据甲公司本部 2017 年 12 月 31 日的资产负债表，甲公司截至 2017 年 12 月 31 日的其他应收款为 500 万元。

（五）长期待摊费用

据甲公司 2017 年 12 月 31 日的资产负债表，甲公司截至 2017 年 12 月 31 日的长期待摊费用为 800 万元。参照专项审计报告，该部分资产系甲公司本部办公楼装修费用累计摊销后的余额。

（六）货币资金

据甲公司2017年12月31日的资产负债表，甲公司截至2017年12月31日的各项货币资金合计为550万元。

（七）存货资产

据甲公司2017年12月31日资产负债表，并核查甲公司库管台账和大综存货，确认甲公司2017年12月31日存货资产总额3500万元。

资产总额：

以上7项合计，甲公司截至2017年12月31日资产账面价值总额为15930万元。

通过尽职调查，律师确认：

甲公司的主要资产为6个展厅，该等资产均已取得房屋、土地使用权证照。甲公司资产形成原因和过程比较清晰，资产权属确定无疑，公司分立分割资产具有可行性。

二、甲公司负债情况

（一）银行借款部分

据律师收集到的甲公司与龙江银行股份有限公司××支行（以下简称龙江银行支行）、中国邮储银行有限公司×××市分行（以下简称邮储银行支行）签订的借款合同、抵押合同，并与甲公司的财务账册和资产负债表复核。

截至2017年12月31日，甲公司欠龙江银行支行流动性资金贷款4000万元。为该贷款甲公司与龙江银行支行签订了《抵押合同》，将1号展厅项下的黑（2016）哈不动产权第××号，房屋建筑面积××（m^2），宗地面积××（m^2）；5号车间项下黑（2016）哈不动产权第××号，房屋建筑面积××（m^2），宗地面积××（m^2）；6号展厅项下黑（2016）哈不动产权第××号，房屋建筑面积××（m^2），宗地面积××（m^2）抵押给贷款银行。

截至2017年12月31日，甲公司欠邮储银行支行流动资金贷款4000万元。为该贷款甲公司与邮储银行支行签订了《抵押合同》，将2号展厅项下，黑

（2016）哈不动产权第××号，房屋建筑面积××（m^2），宗地面积××（m^2）；3号车间项下黑（2016）哈不动产权第××号，房屋建筑面积××（m^2），宗地面积××（m^2）抵押给了银行。

（二）与股东间业务往来欠款

经律师核查，未发现甲公司与股东有业务及借款往来。

（三）与其他方的往来欠款

据甲公司2017年12月31日的资产负债表，债权债务明细表，律师与财务人员的沟通及参照专项审计报告，甲公司对外欠款共计3笔，欠款总额合计2800万元。

（四）应付职工薪酬部分

据公司提供的职工情况说明及职工名册，截至2017年12月31日，不拖欠公司职工的薪酬。

（五）应交税费

据甲公司2017年12月31日的资产负债表，甲公司截至2017年12月31日的应缴税费为80万元。

甲公司负债总额：

据上截至2017年12月31日甲公司负债累计为10880万元。

经过上述调查过程，律师认为：

甲公司对外较大数额的借款主要为银行借款，均记载在甲公司的财务账面上。银行借款的担保均为甲方公司的固定资产抵押，债权债务关系明确，在取得银行同意的情况下，对上述负债进行分割具有可行性。如果在分立甲公司的过程中，将抵押资产和担保的负债同时分割给新设公司，并不损害银行的利益，争取银行同意是完全有可能的。

第三部分　其他情况

一、品牌汽车的经营销售权

在尽职调查过程中，甲公司就其拟由分立后新设公司取得其中一个汽车品牌经营销售权与生产厂家进行了沟通，生产厂家对此已认可并同意。

二、税务情况

根据甲公司财务人员提供的税务情况说明、2017 年 12 月 31 日的资产负债表、税务登记证以及×××审字（2016 年）××号专项审计报告等财税资料，甲公司不享有税收优惠，不存在税收延迟、欠缴等违法情形，未曾受到过税务机关的行政处罚。

三、涉诉情况

据律师与甲公司工作人员沟通，甲公司涉诉问题由外聘律师处理，根据该事务部提供的资料，目前尚在诉讼中的案件共 1 起，案涉诉讼标额较小。

律师认为，上述诉讼不应当影响甲公司的分立。汽车生产厂家对甲公司分立及变更品牌经营授权的同意，为甲公司分立之后的正常经营扫清了障碍。

第四部分　法律风险提示

律师在尽职调查后认为：

甲公司的存续分立不存在实质性法律障碍和重大法律风险，是完全可行的，但仍有如下法律风险提示给股东 B：

根据《公司法》第一百七十六条的规定，分立之后的公司对公司分立之前的债务承担连带责任，甲公司分立后由股东 B 继续持有的甲公司，有被分立之后新设的乙公司的债权人追击的风险。对该项风险律师建议股东 B 通过安排甲公司与拟分割给乙公司的原甲公司负债的债权人签订放弃要求分立后甲公司承担连带责任的协议来防范。

需要从甲公司分割出去的主要资产已经抵押给银行，需要从甲公司分割出去的负债主要是设定担保的负债，因此，能不能说服债权银行同意甲公司分立并给予必要的配合，是甲公司能否分立，B 股东能否以股权作价偿债的关键。对此，律师建议当事人事先与债权人银行做好沟通和公关工作。

第五部分　工作流程

为了使甲公司分立及股东 B 用其持有的分立新设乙公司的股权作价向债权人 A 偿债的全部工作有条不紊地进行，律师根据我国公司法、合同法及有关行政法规的规定，为交易双方制定了如下工作次序和流程：

第一步：股东 B 和债权人 A 协商并最终确定甲公司分割给新设乙公司的资产、业务和负债，双方签署甲公司分割给乙公司资产、业务和负债明细表。

第二步：股东 B 和债权人 A 签订《公司分立股权偿债协议》。

第三步：股东 B 签署甲公司分立决定书，甲公司就分立事项通知债权人并公告。

第四步：在公告期间内，新设乙公司申请核名，字号和名称由债权人 A 拟定，申请工作由甲公司负责。

第五步：在公司分立公告之后，与债权银行达成同意债务公司分立，同意贷款（甲公司债务）与抵押资产一同分割给分立之后新设的乙公司的协议。同时与授权的汽车制造厂达成同意甲公司分立，同意由甲公司分立后新设的乙公司代甲公司继续发行授权经营合同的协议。

第六步：在分立新设公司取得工商机关核准的企业名称后，修改甲公司章程，股东 B 签署甲公司章程修正案，主要内容是减少公司的注册资本；起草分立新设乙公司的章程，此项工作由债权人 A 委托的律师完成，起草完成后交本律师审核无误后，由股东 B 签署后备用。

第七步：在甲公司分立公告期结束后，向工商机关进行甲公司分立备案和分立新设乙公司备案，取得乙公司的营业执照。

第八步：在取得分立新设乙公司的营业执照后，甲公司向乙公司移交资产、业务和负债，乙公司方面由债权人 A 安排的人士负责接受并保管和运营有关资产和业务。双方进行企业分立的会计确认。

第九步：完成股东 B 向债权人 A 转让乙公司全部股权的工商备案登记工作，债权人 A 作为乙公司的新股东签署公司章程修改案，乙公司股东由自然人 B 变更为自然人 A。自然人 B 和自然人 A 签署股权转让价款和债权债务了结确认书。

该工作流程制定好后，律师首先向委托人股东 B 进行汇报，说明每项工作在整个交易中的功能、意义，各项工作之间的内在因果关系以及如此安排的必要性。在得到委托人股东 B 首肯后，律师又与债权人 A 及 A 委托的律师见面，经过讨论略作文字调整后，股东 B 和债权人 A 签署了一份《公司分立股权偿债工作流程备忘录》。

甲公司分割给乙公司的资产、负债明细表

在工作流程备忘录签署后，律师组织双方开展第一项工作，协商确定甲公司分割给乙公司的资产、业务和负债的明细表，并对分割给乙公司的各项资产和负债（估值）作价。这项工作是整个项目商务工作的核心，因为它直接关系到股东 B 向债权人 A 转让乙公司股权的作价，好在双方在此前已经有过几轮谈判，已经达成初步意向。为此，律师建议在双方以前已经达成共识的基础上，最终明确各项资产和负债的价格，并进行形式上的固定，由股东 B 和债权人 A 签署《分割资产、业务、负债及价格明细表》，该明细表将作为《公司分立股权偿债协议》的附件，以支撑双方交易的公允性。明细表如下：

甲公司分割给乙公司的资产（净值为甲公司 2017 年 12 月 31 日财务账面）：

固定资产

2 号展厅：房屋建筑面积××（m^2），宗地面积××（m^2）原值 2500 万元，净值 2200 万元，作价 3200 万元；

3 号车间：房屋建筑面积××（m^2），宗地面积××（m^2）原值 2000 万元，净值 1800 万元，作价 2500 万元；

机器设备：原值 1100 万元，净值 700 万元，作价 700 万元。

预付账款

与 2 号展厅经营业务有关的甲公司对××公司的预付账款为 400 万元，

作价400万元。

长期待摊费用

2号展厅装修费余额300万元，作价300万元。

存货资产

与2号展厅、3号车间有关的存货资产总值1600万元，作价1600万元。

资产总额

以上合计：甲公司分立拟分割给新设乙公司的全部资产，分立资产计价基准日（2017年12月31日）账面资产净值总额7000万元，分立作价总额8700万元。

甲公司分割给乙公司的业务：甲公司对××汽车制造厂品牌汽车经营权，不作价。

甲公司分立给乙公司的负债：

银行贷款

邮储银行支行流动资金贷款4000万元，作价4000万元。

往来欠款

甲公司欠××公司和××公司合计1700元，作价1700万元。

以上合计：截至分立资产计价基准日（2017年12月31日），甲公司分立拟分割给新设乙公司的负债总额5700万元。

上述资产的净值如果甲公司分立在本明细表签署后8个月之内完成，不作调整。

股东B和债权人A签字。

第六部分　纳税义务论证

在确定了甲公司分割给乙公司的资产、业务和负债及作价后，律师在此前工作的基础上向委托人提交了《纳税义务论证及对比分析》。其主要内容如下：

1. 增值税

如果直接以资产抵债会被认定为转让资产，根据《增值税暂行条例》《营业税改征增值税试点实施办法》及有关附件的规定，转让房屋建筑物和土地使用权等不动产的税率为11%，用于抵债的作价5700万元的房屋建筑物和土地使用权会发生增值税销项税额828万元［含税价5700万元÷（1+17%）=不含税价4872万元，不含税价4872万元×17%=增值税额828万元］。转让货物类资产的税率为17%，用于抵债的作价700万元的机器设备会发生增值税销项税额102万元［含税价700万元÷（1+17%）=不含税价598万元，不含税价598万元×17%=增值税额102万元］。用于抵债的作价1600万元存货资产会发生增值税销项税额232万元［含税价1600万元÷（1+17%）=不含税价1368万元，不含税价1368万元×17%=增值税额232万元］。以上三项甲公司合计发生增值税销项税额1162万元。

在采取公司分立股权偿债方案的情况下，股权转让过程不会发生增值税，而公司分立过程，根据国家税务总局2011年13号公告和《营业税改征增值税试点实施办法》附件2的规定，上述1162万元增值税销项税额也不会发生。

2. 附加税

根据城市建设维护费和教育费附加的有关规定，发生增值税的就会发生这两个附加税，根据公司所在位置，这两项税负的税率合计为12%，故如果采用资产抵债的方法，甲公司在缴纳增值税的同时需要缴纳附加税合计约139万元。

在采取公司分立股权偿债方案的情况下，股权转让过程不会发生附加税，而公司分立过程，由于不会发生增值税的纳税义务，故甲公司上述约139万元的附加税也不会发生。

3. 土地增值税

如果直接以资产作价偿还债务，会被认定为转让房屋建筑物和土地使用权，根据《土地增值税暂行条例》的规定，转让国有土地使用权、地上的建筑物及其附着物并取得收入的单位和个人，为土地增值税的纳税义务人，应依照规定缴纳土地增值税。根据前述关于房屋建筑和土地使用权原值和估值的情况，甲公司外购2号展厅的价格为2500万元，使用3年，估值3200万元，计得增值额为325万元，适用最低档30%的税率，计得土地增值税税额约97.5万元。3号车间房屋建筑和土地使用权原值2000万元，使用3年，估值2500万元，计得增值额为200万元，适用最低档30%的税率，计得土地增值税税额约60万元。甲公司合计发生土地增值税额约157.5万元。

在采取公司分立股权偿债方案的情况下，股权转让过程不会发生土地增值税，而公司分立过程，根据财政部、国家税务总局《关于改制重组有关土地增值税政策的通知》（财税〔2015〕5号）文件的规定，一个企业分设为两个或两个以上与原企业投资主体相同的企业，对原企业将国有土地、房屋权属转移、变更到分立后的企业，暂不征土地增值税。故此，采取公司分立股权偿债方式，甲公司不会发生上述157.5万元的土地增值税。

4. 企业所得税和个人所得税

上述甲公司分割给乙公司的各项资产的账面净值合计7000万元，估值8700万元，扣除增值税以外的税负296.5万元，重组收益1403.5万元。如果采取资产抵债的方法，不计其他因素甲公司可能会发生企业所得税纳税义务350万元，形成税收利润约1050万元，如果向股东进行分配，还会发生个人所得税约210万元，合计560万元。

在先分立一年以后以股权抵债的情况下，根据此前双方签署的《股权偿还债务意向性协议》约定的交易条件，在甲公司分立过程中企业所得税适用特殊性处理规则，即按照分割资产的账面净值将资产划转到新设公司名下，如此，在分立过程中甲公司无须根据资产的估值确认所得，甲公司无须因此缴纳企业所得税，股东也不用因为从公司分配税后利润缴纳个人所得税（两层综合税率40%）。在一年以后转让股权（股权抵债）时，资产的估值会反映到股权的价格上，股东B会发生个人所得税的纳税义务，但这时是一层税，税率为20%，比以资抵债减少了一半，而且纳税时间也推迟了一年。

5. 契税

根据《契税暂行条例》的规定，在中华人民共和国境内转移土地、房屋权属，承受的单位和个人为契税的纳税人，应当依照规定缴纳契税。如果甲公司以资产抵债，债权人 A 会被认定为房屋建筑物和土地使用权的买方，需要按照交易价格以 4% 的税率缴纳契税。两处不动产的估值为 5700 万元，债权人 A 或其设立的公司会发生 228 万元的契税。

在采取公司分立股权偿债方案的情况下，股权转让过程不会发生契税，而公司分立过程，根据财政部、国家税务总局《关于进一步支持企业事业单位改制重组有关契税政策的通知》（财税〔2015〕37 号）文件的规定，一个公司分立为两个或两个以上与原公司投资主体相同的公司，对分立后公司承受原公司土地、房屋权属，免征契税。如此，债权人 A 或其设立的公司将不会发生 228 万元契税的纳税义务。

综上，公司分立股权偿债比资产作价抵债甲公司节税：

增值税约 1162 万元；附加税约 139 万元；土地增值税约 157.5 万元；

所得税不仅推迟一年，而且变两层综合税率 40% 为一层税率 20%；

债权人 A 或者设立的公司节约契税约 228 万元。

纳税义务论证和对比分析更加坚定了股东 B 和债权人 A 采取公司分立股权偿债方案的决心，更加信任律师，支持律师的工作，律师在项目中的权威性和价值感更高了。

第七部分　公司分立股权偿债协议

《公司分立股权偿债协议》是项目的核心文件，在《分割资产、业务、负债及价格明细表》《公司分立股权偿债工作流程备忘录》的基础上，在纳税义务论证及对比分析完成后，律师开始起草《公司分立股权偿债协议》。

该协议由律师起草完成后提交委托人股东 B 审核，经过与 B 沟通后提交债权人 A 审议，经过两轮协商最终定稿。其核心条款的内容如下：

第××条　A 对 B 的债权

债权人 A 对债务人 B 债权的本金为人民币 3000 万元，有 2014 年×月×日由债权人 A 和债务人 B 签订的《借款协议》为凭，债权人 A 和债务人 B 对此没有任何异议。

根据《借款协议》的约定，借款利率为年 20%，每半年债务人 B 向债权人 A 支付一次；

双方在此确认截至 2017 年 12 月 31 日的全部利息债务人已经全部支付完毕。

第××条　股权偿债

经债权人 A 和债务人 B 协商一致同意，债务人 B 将其全资持有的甲公司分立，以分立之后新设公司的股权作价偿还其对债权人 A 的负债。

第××条　甲公司分立

甲公司分立。采取存续分立方式，甲公司存续，新设乙公司，新设乙公司由债务人持有 100% 的股权和一切股东权力，甲公司将本协议附件《分割资产、业务、负债及价格明细表》列明的资产、业务和负债分割给乙公司，由乙公司享有所有权、占有权、使用权、收益权和处分权。

第××条　甲公司分立过程的财税处理

本协议双方同意甲公司分立时，适用企业所得税特殊性处理规则，按照分割给乙公司的资产和负债在甲公司财务账册上登记的净值（计税基础）进行原值划转，甲公司不确认收益，乙公司按照资产、负债在甲公司财务账册上记载的净值（计税基础）进行财务确认。

第××条　甲公司分立员工处理

股东 B 和债权人 A 一致同意，在甲公司分立过程中，甲公司的员工按照员工跟岗位走，岗位跟资产走，劳动合同跟员工走，工资待遇和社会保险在本协议签订后 12 月之内原则上不作调整的原则处理。根据此原则股东 B 和债权人 A 签署了《甲公司分立员工安置协议》。

第××条　抵债股权的价格

本协议双方一致同意债务人用其持有的乙公司的全部股权抵债（转让给债权人）时，股权转让的价格为人民币 3000 万元。该价格为按照《分割资产、业务、负债及价格明细表》中列明的分割给乙公司的各项资产的作价额之和 8700 万元，减分割给乙公司的各项负债作价额之和 5700 万元的差，是经双方反复协商最终确定的。

第××条　股权抵债的前提条件

双方一致同意遵守或发行如下各项：

1. 债务人B应当在本协议签署后6个月之内完成甲公司的分立；

2. 甲公司必须将《分割资产、业务、负债及价格明细表》上列明的各项资产、业务、负债分割给乙公司，将土地使用权和房屋建筑物的证照过户到乙公司名下；

3. 在乙公司取得营业执照后立即将乙公司的执照、公章、银行账户及一切经营管理事务交给债权人全权处理；

4. 乙公司自成立之日起的全部盈亏归属债权人；

5. 在乙公司成立12个月后的3个月之内将乙公司的全部股权过户到债权人名下；

6. 债权人同意债务人以分立新设的乙公司股权作价偿还全部借款的本金3000万元，并全部免除债务人支付2018年1月1日之后的利息的义务；

7. 如果债务人及甲公司未能完成上述约定或者违反上述约定及本协议，债权人有权不接受本协议约定的偿债方式，并有权要求债务人按照借款合同的约定支付2018年1月1日以后的全部利息。

第××条　对乙公司权利的限制

在自乙公司取得营业执照至乙公司股权过户到债权人A名下止，乙公司只可以从事甲公司分割给其的业务，其他业务包括投资、并购、贷款、抵押、质押、担保、非商品转让、合并、分立、改制、重组等一切非日常性经营业务，由债权人A向股东B提交书面承诺及申请书，得到股东B的书面授权后方可实施。

第××条　连带责任损失的赔偿

根据《公司法》的有关规定，甲公司分立前的债权人有权要求分立后的公司（甲公司和乙公司），对分立前的债务承担连带责任，对此，双方约定：

如果分立之后甲公司的债权人向乙公司主张权利使乙公司承担了甲公司的义务，甲公司必须如实赔偿乙公司的损失；如果分割给乙公司的负债的债权人向甲公司主张权利使甲公司承担了乙公司的义务，乙公司必须如实赔偿甲公司的损失。该约定自甲公司分立开始执行，不受股权是否过户到债权人名下的影响。

第××条　生效和履行

本协议自签订之日起生效。

本协议约定的甲公司分立的内容由股东 B 负责，自本协议生效之日起开始按照本协议及有关附件的约定履行，对此，债权人 A 或债权人 A 委托的人享有知情权和监督权。

本协议约定的股东 B 向债权人转让股权及以股抵债的内容，在甲公司分立、甲公司将《分割资产、业务、负债及价格明细表》列明的资产、业务和负债转移到新设乙公司名下（包括将土地使用权证、房屋产权证过户到乙公司名下）后开始履行，并自此时开始乙公司的全部股权归属债权人 A 所有，股东 B 欠债权人 A 的负债归于消灭；但是乙公司的全部股权归属债权人 A 所有，股东 B 欠债权人 A 的负债归于消灭两项的最终完成，还需在乙公司取得营业执照 12 个月后的 3 个月之内，完成乙公司股权从股东 B 名下过户到债权人 A 名下及乙公司章程的修改工作等，如不能完成双方将根据原因、情形、过错协商进行处理。

上述是《公司分立股权偿债协议》的核心条款。

第八部分　甲公司分立工作

1. 在《在公司分立股权偿债协议》签订后，项目进入股东 B 签署甲公司分立决定书和甲公司就分立事项通知债权人并公告工作阶段。由于甲公司是股东 B 的独资公司，没有股东会，甲公司分立只需要股东作出决定，律师为股东 B 起草了《甲公司分立股东决定书》，交由股东签署备存。在此之后，公司向各主要债权人发出了有公司盖章的《甲公司分立给债权人的通知书》，由于公司分立公司只负通知债权人义务，债权人没有要求偿债或者提供担保的权利，公司没有为债权人准备回执，只是告知。然后公司又在省级报纸上刊登了分立公告。

2. 公告完成后公司分立进入读表期。根据事先约定债权人 A 提交了乙公司的三个备份名称，甲公司将其制作成企业名称核准申请书，由股东 A 签署后提交所在地工商局，一周后取得企业名称核准通知书。

3. 由于事先已经做好了沟通工作，甲公司很快就与邮储银行支行达成了协议，协议的核心内容就是双方之间什么时间签订了编号为××××的《贷款合同》，借贷金额 4000 万元；什么时间签订了编号为××××的《抵押合同》，为贷款提供担保。抵押资产为黑（2016）哈不动产权第××号，房屋建筑面积××（m^2），宗地面积××（m^2）；黑（2016）哈不动产权第××号，房屋建筑面积××（m^2），宗地面积××（m^2）。现甲公司股东决定对甲公司实施分立，拟将甲公司对邮储银行支行的 4000 万元借款及抵押物分割给新设的乙公司。邮储银行支行同意甲公司的资产分割方案，甲公司保证乙公司继续履行《贷款合同》和《抵押合同》。律师为甲公司拟了一份给汽车制造厂的函，附一份确认书，内容为同意在甲公司分立后与乙公司继续履行此前与甲公司签订的品牌汽车授权合同。

4. 在公告期满前律师为甲公司修改了公司章程，以章程修正案的方式将公司的注册资本由原来的 5000 万元减少至 3700 万元，实收资本从原来的 5000 万元减少至 3700 万元，其他条款没进行修改。与此同时债权人 A 方面起草了分立后新设乙公司的章程，并提交律师审核，分立后新设乙公司的股东仍然是股东 B，但董事长和法定代表人由债权人 A 出任，其他某些高管的职位也由债权人 A 委派的人士出任，公司注册资本和实收资本均为 1300 万元。

5. 在甲公司分立公告期结束后，甲公司工作人员持股东 B 签署的《甲公司分立股东决定书》《甲公司章程》《乙公司章程》《职工安置方案》《工商备案委托书》等文件向工商机关申请甲公司分立备案和分立新设乙公司备案，经过一番周转终于完成备案，存续的甲公司和分立新设的乙公司分别取得了新的营业执照。

6. 在取得分立新设乙公司的营业执照后，甲公司向乙公司移交资产、业务和负债。资产移交采取实地盘查的方式进行，由股东 B 及甲公司委托的负责人和债权人 A 及乙公司的负责人完成，并签署了《分立资产移交备忘录》。业务的移交除与汽车制造厂有书面协议外，主要采用由甲公司业务人员和乙公司业务人员（原来都是甲公司的业务人员）与相关方沟通的方式进行。负债的移交除对银行债务有有关书面协议外，其他负债采用财务和业务人员与相对方沟通的方式完成。

在资产、负债移交的同时，双方财务人员在律师的领导下，对甲公司分立、乙公司开账进行了研商和确定。根据股东 B 和债权人 A 关于本次分立适用所得税特殊性处理的规则，及《分割资产、业务、负债及价格明细表》，甲公司和乙公司会计分录如下：

甲公司　　借：实收资本　　　　1300 万元

　　　　　　　银行贷款　　　　4000 万元

　　　　　　　应付账款　　　　1700 万元

　　　　　贷：固定资产　　　　4700 万元

　　　　　　　预付账款　　　　400 万元

　　　　　　　长期待摊费用　　300 万元

　　　　　　　存货资产：1600 万元

乙公司　　借：固定资产　　　　4700 万元

　　　　　　　预付账款　　　　400 万元

　　　　　　　长期待摊费用　　300 万元

　　　　　　　存货资产：1600 万元

　　　　　贷：实收资本　　　　1300 万元

　　　　　　　银行贷款　　　　4000 万元

　　　　　　　应付账款　　　　1700 万元

7. 按照《公司分立股权抵债协议》的约定，自乙公司取得营业执照时起，乙公司的一切事务全部将由债权人 A 及债权人 A 委托的人管理。股东 B 虽仍登记为股东，但不再参与乙公司的事务。乙公司有需要股东批准和签署的事务，由债权人 A 按照约定出具书面承诺书，股东 B 收到承诺书给予签署。甲公司在分立后继续使用保留的资产经营保留的业务；乙公司使用从甲公司分割的资产运营从甲公司分割的业务，并且逐渐步入正常经营。

8. 在律师疏理本案例时，乙公司股权过户的期限尚未届满，但甲公司分立、乙公司交由债权人 A 管理、2018 年 1 月 1 日后债权人 A 不再向股东收息等约定均已完成或正在执行中，双方已经在律师的安排下着手准备股权过户事宜。

本项目在律师的操盘下，股东 B 不仅合法合规地实现了以公司资产偿还自己债务的目标，债权人 A 也实现了独立经营偿债资产的目标，而且为双方节税如下：

如果资产偿债甲公司需负担增值税约 1162 万元；附加税约 139 万元；土地增值税约 1575000 元；企业所得税 968000 元。

如果资产偿债债权人 A 需负担契税 228 万元。

而采取先分立公司然后股权转让以股权转让价款抵债方式，仅股东 B 在乙公司股权向债权人 A 过户时发生个人所得税 340 万元，甲公司和债权人除少量印花税外，不发生纳税义务。

通过重组方法为企业搭建统一持股平台

——某国企集团内部重组节税案例

承办律师：齐琦、施俊英

齐琦：上海对外经贸大学法律硕士（金融法方向），张远堂律师团队核心律师。曾具体负责中国投资者在马来西亚投资权利确认项目、国内某煤矿企业几组合同纠纷诉讼项目、国内某矿企并购重组项目、国内某国企集团内部重组整合项目等，并担任多家公司常年法律顾问。在企业投融资、并购、重组、公司诉讼和国际投融资领域积累了丰富的实践经验。

施俊英：中共党员，法律硕士，律师执业15年，四川鼎立律师事务所合伙人，中共四川鼎立律师事务所党支部书记。

四川省律师协会行政法专业委员会委员，成都市律师协会惩戒委员会委员，成都市律师协会房地产专业委员会委员。

获得四川省优秀律师、四川省律师行业优秀党员、四川省三八红旗手、四川省同心律师服务团先进个人称号。

个人专长：政府法律事务、公司法律事务。

◎ 项目背景

1. 上级要求

根据企业集团内部文件要求，为进一步完善管理模式，明晰管理界面，健全决策流程，要求就规范企业经营平台法人治理结构事宜进行重组整合。重组整合要以国家有关政策为指导，就现在同级企业数量过多、管理机构冗余的现状进行整改，严格按照法律法规加快平台公司搭建，实现以一家平台公司为主导，带领其他公司共同发展，健全法人治理结构，达到业务集中运营和人财物集中化管理，提高运营效率。

2. 公司股权结构现状

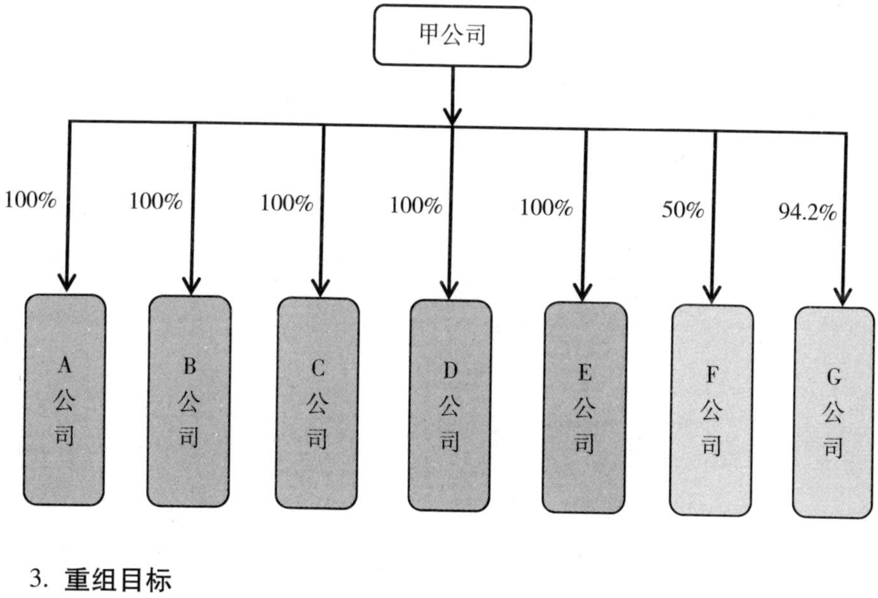

3. 重组目标

根据上级文件要求需要在A、B、C、D、E、F、G七家子公司中选择一家子公司作为持股平台公司，然后将其他六家子公司置于平台公司名下，作为持股平台的子公司。最终形成“顶层股东—平台持股公司—子公司”的三级股权架构。

◎ 尽职调查

根据专项法律服务合同，在本项目中，律师的主要工作包括为当事人制定股权重组方案、纳税义务论证、参加相关商务谈判、起草相关法律文件、指导工商变更、为当事人提供法律咨询。而为了充分了解项目所涉各家公司的情况，摸清各家公司间的法律关系，结合实际情况制定出一套既合法可行，又能实现重组目标，并且最节税的重组方案，律师首先对进入整合项目的甲母公司和7家子公司进行了法律尽职调查。

甲公司

设立于1995年12月24日，注册资本为人民币5000万元，类型为有限责任公司。经营范围为电力及电力建设工程调试技术的技术开发、技术咨询、技术服务、技术培训；销售自行开发后的产品；租赁建筑工程机械、建筑工程设备；出租商业用房；出租办公用房；劳务分包；合同能源管理；电力供应（企业依法自主选择经营项目，开展经营活动；电力供应以及依法须经批准的项目，经相关部门批准后依批准的内容开展经营活动；不得从事本市产业政策禁止和限制类项目的经营活动）。截至2016年12月31日，其资产总计113395.89万元，负债总计5894.3万元，所有者权益合计107501.59元。

甲公司对外投资情况如下：

子公司名称	出资额（单位：万元）	持股比例
A公司	500	100%
B公司	200	100%
C公司	200	100%
D公司	200	100%
E公司	50	100%
F公司	1000	50%
G公司	4333.2	94.2%

A 公司

设立于2001年5月5日，注册资本为人民币500万元，类型为有限责任公司。经营范围为技术开发、技术咨询、技术转让、技术服务；软件开发；计算机系统服务；销售仪器仪表、电子产品、机械设备、计算机、软件及辅助设备（依法须经批准的项目，经相关部门批准后以批准的内容开展经营活动）。截至2016年12月31日，其资产总计12073.66万元，负债总计2759.03万元，所有者权益合计9314.63万元。没有对外投资。

B 公司

设立于1999年8月15日，注册资本为人民币200万元，类型为有限责任公司。经营范围为技术开发、技术咨询、技术转让、技术服务；软件开发；计算机系统服务；销售仪器仪表、电子产品、机械设备、计算机、软件及辅助设备（依法须经批准的项目，经相关部门批准后以批准的内容开展经营活动）。截至2016年12月31日，其资产总计24472.26万元，负债总计11160.5万元，所有者权益合计13311.76万元。没有对外投资。

C 公司

设立于2005年8月31日，注册资本为人民币200万元，类型为有限责任公司。经营范围为工业热控系统、自动化控制系统、电力电子现代化管理系统集成技术开发、技术咨询、技术转让、技术服务；销售仪器仪表（依法须经批准的项目，经相关部门批准后依批准的内容开展经营活动）。截至2016年12月31日，其资产总计22774.53万元，负债总计11754.47万元，所有者权益合计11020.06万元。

D 公司

设立于2005年8月31日，注册资本为人民币200万元，类型为有限责任公司。经营范围为电力工程调试、电力试验、监测仪器设备的技术开发、技术咨询、技术服务；销售仪器仪表、五金交电、计算机、软件及辅助设备、文化用品（企业依法自主选择经营项目，开展经营活动；依法须经批准的项目，经相关部门批准后依批准的内容开展经营活动；不得从事本市产业政策禁止和限制类项目的经营活动)。截至 2016 年 12 月 31 日，其资产总计 33492.23 万元，负债总计 11271.25 万元，所有者权益合计 22220.98 万元。没有对外投资。

E 公司

设立于 2002 年 8 月 31 日，注册资本为人民币 50 万元，类型为有限责任公司。经营范围为物业管理；电力电子测控、计算机软硬件、通信设备、机械电器设备的技术开发、技术服务、技术咨询、技术培训；住宿、餐饮服务(只限分支机构经营)。(领取本执照后，应到市住房城乡建设委取得行政许可，依法须经批准的项目，经相关部门批准后依批准的内容开展经营活动)截至 2016 年 12 月 31 日，其资产总计 568.58 万元，负债总计 87.55 万元，所有者权益合计 481.03 万元。没有对外投资。

F 公司

设立于 2004 年 6 月 18 日，注册资本为人民币 2000 万元，其中甲公司出资人民币 1000 万元，持有 50% 的股权，类型为有限责任公司。经营范围为施工总承包；信息咨询服务（不含中介服务)；技术开发、技术服务、技术转让(企业依法自主选择经营项目，开展经营活动；依法须经批准的项目，经相关部门批准后依批准的内容开展及经营活动；不得从事本市产业政策禁止和限制类项目的经营活动)。截至 2016 年 12 月 31 日，其资产总计 5700.68 万元，负债总计 1343.1 万元，所有者权益合计 4357.58 万元。

G 公司

设立于 2004 年 6 月 18 日，注册资本为人民币 4600 万元，其中甲公司出资 4333.2 万元，类型为有限责任公司。经营范围为技术开发、技术转让、技术咨询、技术服务、技术推广；投资管理、资产管理；计算机系统服务；数据处理［数据处理中的银行卡中心、PUE（评价数据中心能源效率的指标，是数据中心消耗的所有能源与 IT 负载使用的能源之比）值在 1.5 以上的云计算数据中心除外］；计算机技术培训（不得面向全国招生）；企业管理咨询；机械设备租赁（不含汽车租赁）；旅游信息咨询；会议服务；承办展览展示活动；销售金属材料、建筑材料、化工产品（不含危险化学品及一类易制毒化学品）、机械设备、电子产品、通信设备、计算机、软件及辅助设备；软件开发；工程勘察设计；技术进出口、代理进出口；物业管理；施工总承包；电力供应；销售食品（企业依法自主选择经营项目，开展经营活动；销售食品以及依法须经批准的项目，经相关部门批准后依批准的内容开展经营活动；不得从事本市产业政策禁止和限制类项目的经营活动）。截至 2016 年 12 月 31 日，其资产总计 62207.63 万元，负债总计 30413.31 万元，所有者权益合计 31794.32 万元。没有对外投资。

◎ 确定持股平台

经过初步尽调，我们发现上述 7 家子公司中，G 公司的历史沿革脉络最为清晰、资产规模最大，且公司治理结构、组织架构、各项规章制度最为规范、全面，是作为持股平台公司的首选。律师团队前后 3 次参加该集团关于平台企业选定事宜专题讨论会，并在会上提出了自己的建议，获得集团相关领导的一致赞同。持股平台公司最终确定为 G 公司。

◎ 设计重组方案

在尽职调查完成，持股平台公司确定后，律师团队开始为当事人设计重组方案。

根据企业资本项目可行性、节约性、安全性“三性”的要求，律师团队为本项目设计了 3 套方案，并对各方案进行了对比分析。方案设计完成后律师团队向甲公司及各子公司有关方面的领导进行了全面的汇报，并一起对方案进行了分析讨论。

一、货币支付转股价款方案

货币支付转股价款方案即由选定为持股平台的 G 公司收购甲公司持有的其他六家公司的股权，通过股权转让实现股权结构重组。这种方案的实施过程和结果如下：

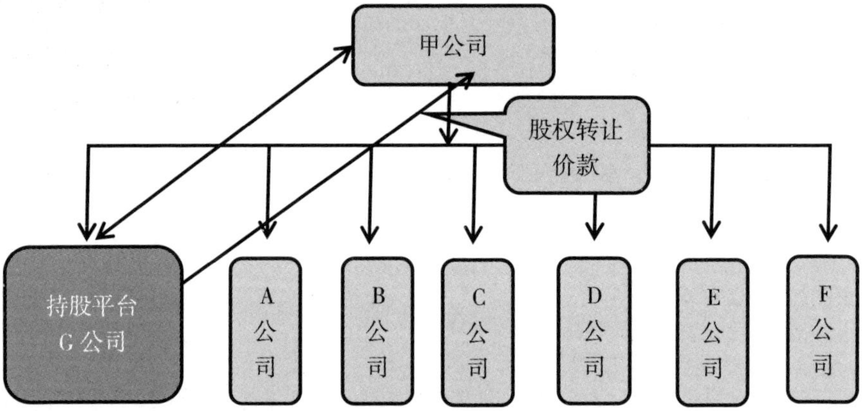

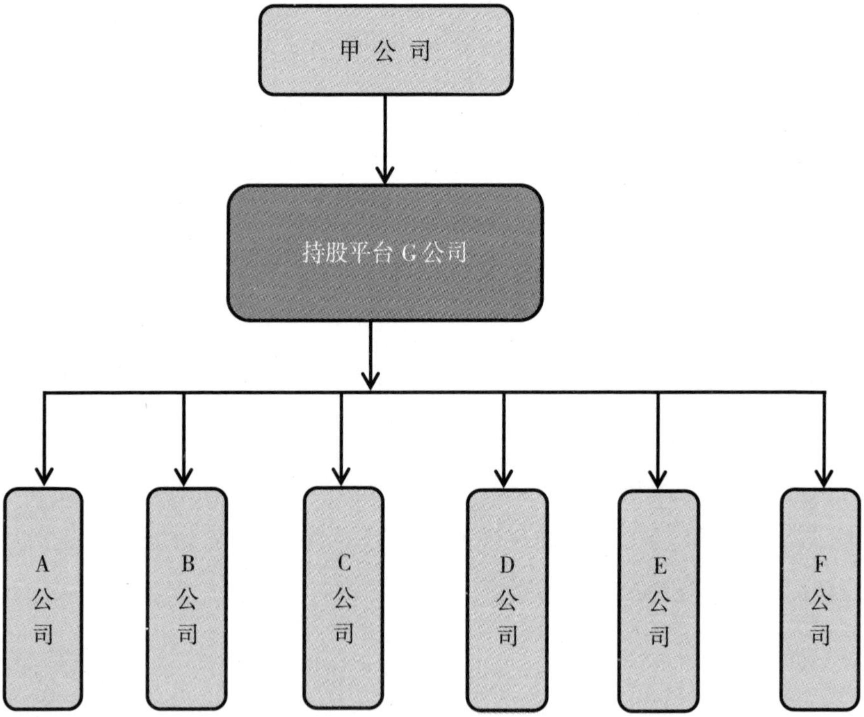

（一）方案的优点

1. 操作过程简单

该方案虽然涉及国有企业股权转让，但是根据《企业国有资产交易监督管理办法》第三十一条的规定，以下情形的产权转让可以采取非公开协议转让方式：

（1）涉及主业处于关系国家安全、国民经济命脉的重要行业和关键领域企业的重组整合，对受让方有特殊要求，企业产权需要在国有及国有控股企业之间转让的，经国资监管机构批准，可以采取非公开协议转让方式；

（2）同一国家出资企业及其各级控股企业或实际控制企业之间因实施内部重组整合进行产权转让的，经该国家出资企业审议决策，可以采取非公开协议转让方式。

根据《企业国有资产交易监督管理办法》第三十二条的规定，采取非公开协议转让方式转让企业产权，转让价格不得低于经核准或备案的评估结果。

以下情形按照《中华人民共和国公司法》、企业章程履行决策程序后，转让价格可以资产评估报告或最近一期审计报告确认的净资产值为基础确定，且不得低于经评估或审计的净资产值：

（1）同一国家出资企业内部实施重组整合，转让方和受让方为该国家出资企业及其直接或间接全资拥有的子企业；

（2）同一国有控股企业或国有实际控制企业内部实施重组整合，转让方和受让方为该国有控股企业或国有实际控制企业及其直接、间接全资拥有的子企业。

G 公司受让甲公司六家子公司的股权，可以评估价格或者净资产作价通过非公开协议方式进行股权转让。

2. 用时较短

通过股权转让实现股权重组，不像通过合并、分立、减资需要通知债权人并公告，不仅用时短，而且债权人不享有要求偿还债务或者提供相应担保的权利。而且这种同一国有投资企业集团内部的股权重组，不需要通过产权交易所对外公示和选择竞买者，通过竞价进行转让交易，只要经一级企业批准按照有关法规的规定签订股权转让协议即可，最快可在一个月之内完成。

（二）方案存在的问题

1. 会给 G 公司造成巨大的流动性压力

通过尽调查证 6 家公司的净资产总额为 58525 万元（甲公司拥有的股东权益），如果通过现金支付股价，即使按照各公司经审计的净资产作价，G 公司也需要向甲公司支付股权转让价款 58525 万元，这不仅会给 G 公司造成巨大的现金压力，也会使甲公司持有大量的闲置资金（这再一次证明了以现金为支付方式进行企业内部重组是最笨拙的方法）。

2. 甲公司会产生巨额税负

股权转让虽然只发生所得税和万分之五的印花税，但根据尽职调查获得的甲公司的信息，甲公司对六家子公司的长期股权投资的计税成本仅为 2150 万元，而 6 家子公司中属于甲公司的股东权益却高达 58525 万元，如此一来，以股权转让方式完成股权重组，甲公司需要确认投资收益 56375 万元，会发生 14093 万元的企业所得税纳税义务。这无疑是一笔既不值得又不应当发生的成本，不符合重组方案节约性的要求。

3. G 公司的小股东会获得“不当得利”

通过尽职调查我们已经获知，G 公司还有一个小股东，拥有 G 公司 5.8% 的股权。如果按照前述以净资产作价由 G 公司收购六家公司的股权，G 公司的小股东就会获得“不当得利”，而如果不按照净资产作价，按照公允价值作价，虽然 G 公司的小股东可能不会再获得“不当得利”，但由于转让股权的价格增高，甲公司的纳税义务就会增加，且 G 公司的付款义务也会增加。

综上，律师团队认为这个方案只具有理论意义，不具备实操性，不建议采纳本方案。

二、股权增资方案

股权增资方案就是甲公司用其持有的六家子公司的股权作价向 G 公司增

资，从而使 G 公司成为原来六家兄弟公司的母公司。这个方案的实施过程和结果如下。

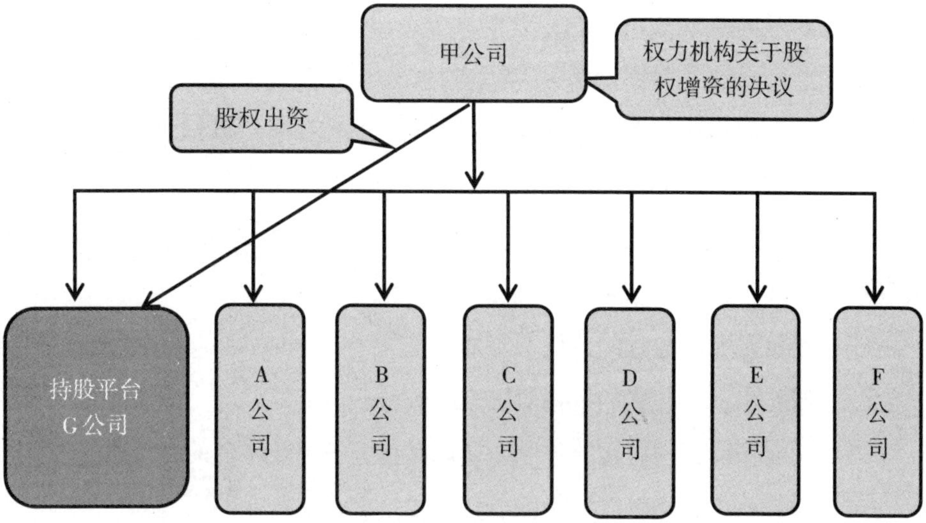

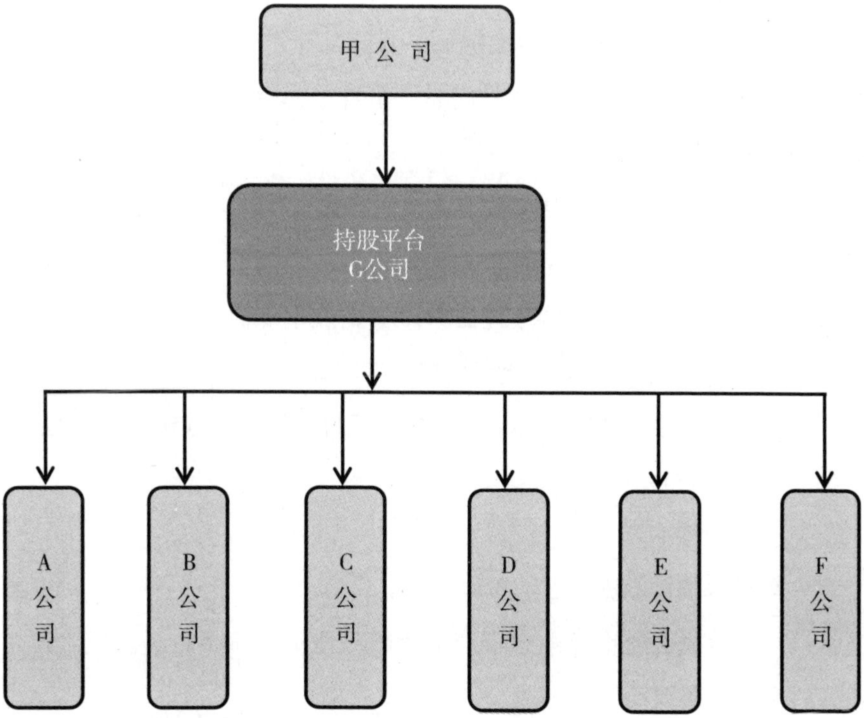

（一）方案的优点

1. 简便可行

这个方案虽然也是国有资产出资形成的股权用于出资，但是根据《企业国有资产交易监督管理办法》第三十八条的规定，企业增资在完成决策批准程序后，应当由增资企业委托具有相应资质的中介机构开展审计和资产评估。

以下情形按照《公司法》、企业章程履行决策程序后，可以依据评估报告或最近一期审计报告确定企业资本及股权比例：

（1）增资企业原股东同比例增资的；

（2）履行出资人职责的机构对国家出资企业增资的；

（3）国有控股或国有实际控制企业对其独资子企业增资的；

（4）增资企业和投资方均为国有独资或国有全资企业的。

根据《企业国有资产交易监督管理办法》第四十五条的规定，以下情形经同级国资监管机构批准，可以采取非公开协议方式进行增资：

（1）因国有资本布局结构调整需要，由特定的国有及国有控股企业或国有实际控制企业参与增资；

（2）因国家出资企业与特定投资方建立战略合作伙伴或利益共同体需要，由该投资方参与国家出资企业或其子企业增资。

第四十六条规定，以下情形经国家出资企业审议决策，可以采取非公开协议方式进行增资：

（1）国家出资企业直接或指定其控股、实际控制的其他子企业参与增资；

（2）企业债权转为股权；

（3）企业原股东增资。

该方案下的股权增资可以不履行产权交易所公开竞价选择增资者的程序，而直接以评估价或者经审计的净资产值为股权增资的价格，经国家出资企业批准通过非公开协议的方式完成。

2. 可以享受国家的税收优惠政策

股权出资属于非货币出资的一种形式，根据企业所得税法的有关规定，企业以股权对外出资，应当视同转让股权，需要确认转让股权的损益。但是根据财政部、国家税务总局《关于非货币性资产投资企业所得税政策问题的通知》（财税〔2014〕116号）第一条的规定，居民企业（以下简称企业）以非货币性资产对外投资确认的非货币性资产转让所得，可在不超过5年期限内，分期均匀计入相应年度的应纳税所得额，按规定计算缴纳企业所得税。因此，采取股权增资方式进行重组，甲公司也需要确认投资收益56375万元，也会发生14093万元的企业所得税纳税义务，不过可以享受分五年纳税的优惠政策。如果要完全递延这14093万元的纳税义务，就需要享受财政部、国家税务总局《关于促进企业重组有关企业所得税处理问题的通知》（财税〔2014〕109号）和国家税务总局《关于资产（股权）划转企业所得税征管问题的公告》（国税〔2015〕40号）的税收优惠政策，但是适用这两个文件的前提条件是全资母子公司之间的非货币出资（即母公司向其全资子公司非货币出资），本项目由于G公司除甲公司外还有一个小股东，显然不具备条件。

3. 用时比较短

本方案虽是通过股权增资方式实施重组，但是就其程序的复杂性和需要的时间来讲与股权转让并没有大的区别。所以这个方案也有用时较短的优点。

（二）方案存在的问题

1. 税负重

虽然采取股权增资方案可以适用财税2014年116号文的税收优惠政策，甲公司分五年缴纳14093万元的企业所得税，但是对甲公司而言也是难以承受的负担。因此，在讨论股权增资方案时自然而然地就讨论到了能否适用前文提到的财税〔2014〕109号文和国税〔2015〕40号文的问题，进而讨论了能否让G公司的小股东退出，使G公司变更为甲公司的全资子公司的问题。经过讨论，G公司的领导认为可以说服小股东退出G公司，并愿意承担说服小股东的工作。

2. 小股东会取得“不当得利”

在股权增资方案项下，为了减轻甲公司的税收负担，需要在法律允许的范围内尽量趋低作价（以净资产值为增资价格），如此，G公司的小股东就会取得不应当得到的利益。而如果公允作价（出资作价额高于净资产），虽然小股东不能取得“不当得利”，但甲公司的税收负担就会加重。

根据上述推演和分析，律师团队提出如果能够使G公司变更为甲公司的全资子公司，股权增资方案将是最好的方案。

三、合并重组方案

合并重组方案就是G公司存续，G公司吸收合并6家兄弟公司，并在6家兄弟公司资产的所在地设立G公司的分公司，由分公司运营合并中解散的六家兄弟公司的资产和业务。这种结构也符合上级文件的要求。这种方案的实施过程和结果如下：

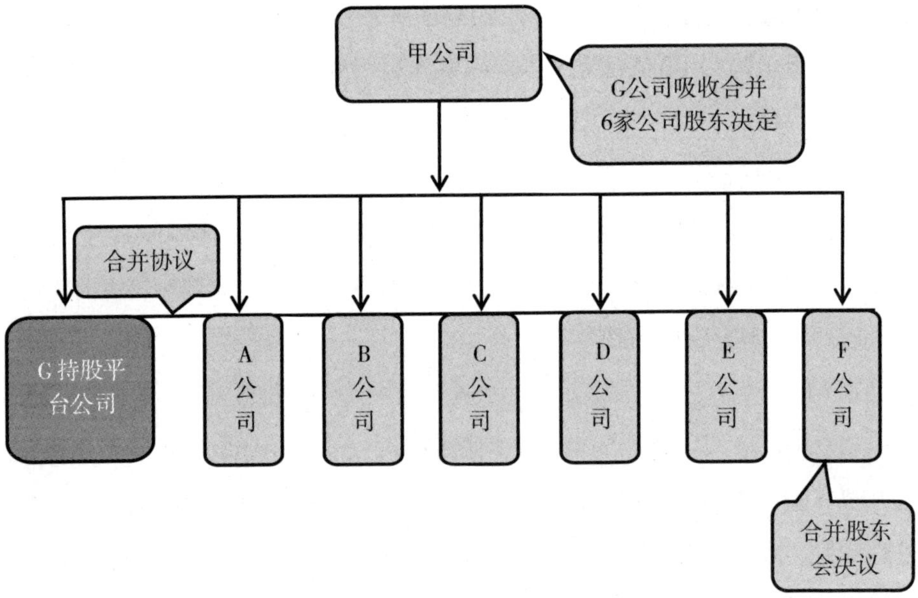

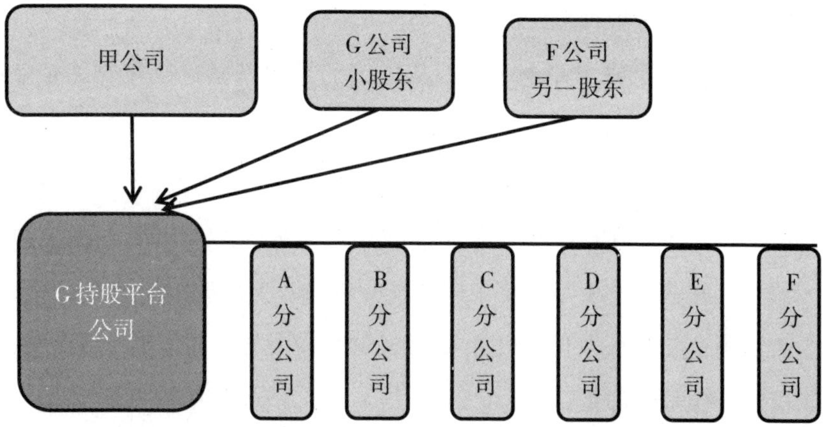

（一）方案的优点

1. 税收负担低

这是本方案最大的优点。根据财政部、国家税务总局《关于企业重组业务企业所得税处理若干问题的通知》（财税〔2009〕59 号）的规定，企业重组同时符合下列条件的，适用特殊性税务处理规定：

（1）具有合理的商业目的，且不以减少、免除或者推迟缴纳税款为主要目的。

（2）被收购、合并或分立部分的资产或股权比例符合本通知规定的比例。

（3）企业重组后的连续 12 个月内不改变重组资产原来的实质性经营活动。

（4）重组交易对价中涉及股权支付金额符合本通知规定比例。

（5）企业重组中取得股权支付的原主要股东，在重组后连续 12 个月内，不得转让所取得的股权。

企业重组符合本通知第五条规定条件的，交易各方对其交易中的股权支付部分，可以按以下规定进行特殊性税务处理：

……

（4）企业合并，企业股东在该企业合并发生时取得的股权支付金额不低于其交易支付总额的 85%，以及同一控制下且不需要支付对价的企业合并，可以选择按以下规定处理：

①合并企业接受被合并企业资产和负债的计税基础，以被合并企业的原有计税基础确定。

②被合并企业合并前的相关所得税事项由合并企业承继。

③可由合并企业弥补的被合并企业亏损的限额 = 被合并企业净资产公允价值 × 截至合并业务发生当年年末国家发行的最长期限的国债利率。

④被合并企业股东取得合并企业股权的计税基础，以其原持有的被合并企业股权的计税基础确定。

据上，在合并方案项下，只要甲公司在股权以外不要求 G 公司以其他方式支付合并对价，其除印花税以外的全部所得税纳税义务都可以递延。并且根据国税总局〔2011〕13 号公告《关于纳税人资产重组有关增值税问题的公告》和财政部、国家税务总局《关于全面推开营业税改增值税试点的通知》附件 2 的规定，不会产生增值税纳税义务；根据财政部、国家税务总局《关于企业改制重组有关土地增值税政策的通知》（财税〔2015〕5 号）的规定，不会产生土地增值税的纳税义务；根据财税〔2014〕37 号文的规定，不会产生契税的纳税义务。

2. 合并后 G 公司的小股东不再取得“不当得利”

虽然为了节税，合并企业接受被合并企业资产和负债的计税基础，以被合并企业的原有计税基础确定，被合并企业股东取得合并企业股权的计税基础，以其原持有的被合并企业股权的计税基础确定。但税收优惠政策并不能突破合并中公允作价、等价交换的原则，仍需要对参加合并的各公司进行公允估值，进而确定各公司股东在合并后公司的持股比例。而公允作价、等价交换就消除了其他方案小股东坐收渔利的弊端。

（二）方案存在的问题

1. 属于复杂合并，需要公允作价

由于参加合并的各公司的股东及持股比例与合并后公司的股东及持股比例不完全一致，故要想公平合理地确定甲公司、G 公司小股东及持有 F 公司

50%股权的股东在合并后G公司的股权比例，就需要对G公司及其他六家在合并中解散的公司进行公允估值，以便确定合并后三个股东对G公司持有的股权比例。这个过程虽然消除了小股东“不当得利”的弊端，但实操过程不仅艰巨，而且充满了变数。

2. 用时长，难度大

复杂合并不仅在实体上由于关系到各方的利益，复杂艰巨，而且在程序上也复杂漫长。不仅需要通知债权人，还需要公告，如果债权人要求公司偿还债务或者提供相应担保，公司需要满足债权人的要求。另外还需要设立分公司，制定员工安置方案，解散在合并中注销的公司，等等。

综上，律师团队也不建议当事人选择实施该方案。

◎ G公司股东单一化方案

通过对三个重组方案的推演和反复论证，当事人决定采纳律师团队的建议，采取股权增资（第二方案）进行重组，并同意首先实现G公司股东的单一化。为此，律师团队为当事人设计了实现G公司股东单一化的三套方案。

一、股权转让方案

股权转让方案就是由G公司的控股股东甲公司收购G公司小股东持有的G公司5.8%的股权，从而实现持股平台企业G公司为甲公司的全资子公司，进而符合财政部、国家税务总局《关于促进企业重组有关企业所得税处理问题的通知》（财税〔2014〕109号）和国家税务总局《关于资产（股权）划转企业所得税征管问题的公告》（国税〔2015〕40号）规定的税收优惠政策的前提条件。股权收购交易过程相对简单，并且用时短。由于小股东仅持有G公司5.8%的股权，根据G公司的体量，股权收购的对价金额不会特别大，而且由于甲公司是股权的收购方，甲公司除印花税也不会发生其他纳税义务。

二、G 公司减资方案

G 公司减资方案就是安排小股东从 G 公司减资，使小股东从 G 公司取得减资对价退出 G 公司，实现 G 公司股东的单一化。由于小股东的持股比例较少，减资对价额不会太高，对 G 公司的现金流影响也不会太大。且由于 G 公司用货币向小股东支付减资对价，故除印花税外也不会发生其他纳税义务。

根据公司法的规定，公司减资需要通知债权人并公告，债权人有权要求公司偿还债务或者提供相应的担保。因此，采取减资方案实现 G 公司股东单一化，无疑在时间成本和可控性上存在缺欠。

三、G 公司分立方案

G 公司分立方案就是将 G 公司一分为二，其中甲公司持有存续 G 公司 100% 的股权，新设 G1 公司由小股东持有 100% 的股权。由于小股东持有的股份比例太少，分立后新设的 G1 公司没有经营的价值，因此这个方案没有实操价值。

四、G 公司股东单一化方案的确定

通过对上述 3 个方案的对比分析，律师团队向当事人推荐了第一个方案，并将第二个方案作为备选方案推荐。结果甲公司因不愿意付钱的原因不同意第一个方案，倒是 G 公司同意采取第二个方案，愿意支付减资价款。经过 G 公司的领导与小股东沟通，小股东同意以减资的方式退出 G 公司。最终 G 公司股东单一化的方案得以初步确定。

◎ 重组方案报上级公司批准

至此，重组方案制定过程完成。重组方案分为两大步：第一步，通过减资实现 G 公司股东单一化，目的是使第二步能够享受国家的有关税收优惠政策；第二步，甲公司用六家子公司的股权向 G 公司出资，目的是建立以 G 公司为中枢的企业集团，完成上级安排的重组任务。

重组方案初步确定后，甲公司和 G 公司联合向上级公司行文报告了方案。

律师事务所就方案出具了法律意见书，对方案的产生过程、各方案的利弊分析及建议等进行了阐释。

方案获得了上级公司的批准。

◎ G 公司股东单一化的实施过程

方案在获得上级公司批准后，进入了实施阶段。首先进行 G 公司股东单一化工作。

一、确定减资价格

G 公司小股东退出 G 公司的方式确定之后，甲公司代表、小股东代表、G 公司主要领导、律师团队在 G 公司会议室就小股东减资退出问题进行了一次谈判。因为是出于执行上级文件的需要，双方没有过多的纠缠，谈判进行得比较顺利，经过几轮协商最终双方一致同意以 2016 年 12 月 31 日 G 公司经审计确认的财务账面净资产值乘 5.8% 确定小股东减资的对价，计得减资价格为人民币 1844 万元（31794.32 万元 ×5.8% =1844 万元）。律师当场为当事人起草了会谈纪要，各方代表在会谈纪要上签了字。

二、G 公司股东会通过减资决议

会谈之后 G 公司就减资问题通过股东会决议，同意小股东从 G 公司减资。股东会决议明确：同意小股东以减资方式退出 G 公司；公司注册资本由 4600 万元减至 4333.2 万元；减资完成后甲公司持有 G 公司 100% 的股权；减资对价为人民币 1844 万元；相应修改公司章程。

三、通知债权人并公告

根据公司法的规定公司减资要通知债权人，债权人有权要求公司偿债或者提供相应的担保。为此，律师为 G 公司起草了给债权人的关于公司减资的通知及债权人回执的模板。要求 G 公司按照公司负债明细表通知债权人，并登报公告公司债权人（由于公司事先已经与主要债权人进行了沟通，并没有债权人提出反制要求）。

四、签订减资协议

在公告期间律师为当事人起草了《减资协议》。《减资协议》的主要内容如下：

1. 前言
2. 词语定义
3. 减资公司的名称，减资前公司的注册资本、实收资本、股东及持股比例
4. 减资作价基准日
5. 减资作价基准日G公司经审计确认的资产总额、负债总额、净资产总额
6. 减资股东的名称及减少的注册资本额、实收资本额和持股比例
7. 减资对价
8. 减资对价的支付方式和支付期限
9. 减资后G公司的注册资本、实收资本、股东及持股比例
10. 违约责任
11. 适用法律和争议的解决
12. 协议生效、终止、履行
13. 成本和费用
14. 税收
15. 其他

在公告期结束时，甲公司、G公司的小股东及G公司签署了减资协议（G公司不是减资交易的主体，本不应当在减资协议上签字，但考虑到工商局的要求，便安排其在减资协议上也签字盖章），同时甲公司以重述方式对G公司的章程进行了修改。

五、工商变更登记

在公告期结束后G公司将关于减资的股东会决议、修改后的G公司章程、减资协议、减资公告报样、债权人回执等向工商机关备案，并取得了新的营业执照。

自此，G公司股东单一化工作完成，G公司成为甲公司的全资子公司。

◎ 甲公司用其6家子公司的股权向G公司增资

甲公司用其六家子公司的股权向G公司增资，是本重组项目最重要的一步，能否顺利完成决定着项目的成败。当持股平台G公司股东单一化完成后，重组工作进入了第二步——甲公司用其持有的六家子公司的股权向甲公司增资。

一、对6家子公司的股权进行评估作价

根据《公司法》第二十七条的规定，股东可以用货币出资，也可以用实物、知识产权、土地使用权等可以用货币估价并可以依法转让的非货币财产作价出资；但是，法律、行政法规规定不得作为出资的财产除外。对作为出资的非货币财产应当评估作价，核实财产，不得高估或者低估作价。法律、行政法规对评估作价有规定的，从其规定。据此，首先安排对甲公司用于出资的6家子公司的股权进行了评估。经评估确认6家子公司股权的公允价值均大于甲公司对其的出资额。

二、F公司的另一股东放弃优先购买权

由于F公司并非甲公司的全资子公司（另一股东持有F公司50%的股权），并鉴于F公司章程没有关于股东所属集团重组，股东变更不视为股权转让，另一方股东不享有优先权的规定，且出于稳妥考虑，甲公司就落实上级文件精神进行股权重组事宜与F公司的另一股东进行了沟通，取得了另一股东的理解，为甲公司出具了放弃优先购买权的书面声明。

三、甲公司出具股东决定

在完成评估并取得F公司另一股东出具的关于放弃优先购买权声明后，甲公司做出了关于用6家子公司的股权向G公司增资的股东决定，同意G公司的注册资本（实收资本）由4333.2万元增加至6483.2万元，并相应修改G公司章程。

四、甲公司与G公司签订增资协议

甲公司与G公司就甲公司用其持有的6家子公司的股权向G公司增资签

订了增资协议，协议主要明确如下内容：

1. 双方股权关系

2. 本次增资出资额

3. 本次增资出资方式和期限

4. 出资股权指向的各公司及其资产、负债及股东权益的情况

5. 增资完成后G公司注册资本及实收资本的情况

6. 出资股权指向的各公司章程修改和工商备案的安排

7. 双方均采取所得税特殊处理的约定

五、G公司和六家子公司修改章程

G公司修改公司章程增加公司的注册资本和实收资本，六家子公司修改公司章程，将公司股东由甲公司变更为G公司（其中F公司由G公司和另一股东签署了公司章程修正案，并签署了修改公司章程的股东会决议）。

六、工商备案

在完成上述工作后，G公司和其他六家公司分别将股东决定、评估报告、章程修正案等资料向各自登记的工商局进行了备案，并取得了新的营业执照。

七、关于重组的财税处理

本项目在方案设计时就以适用前文提到的财税〔2014〕109号文和国税〔2015〕40号公告为目标。根据财税〔2014〕109号文的规定，对100%直接控制的居民企业之间，以及受同一或相同多家居民企业100%直接控制的居民企业之间按账面净值划转股权或资产，凡具有合理商业目的、不以减少、免除或者推迟缴纳税款为主要目的，股权或资产划转后连续12个月内不改变被划转股权或资产原来实质性经营活动，且划出方企业和划入方企业均未在会计上确认损益的，可以选择按以下规定进行特殊性税务处理：

1. 划出方企业和划入方企业均不确认所得。

2. 划入方企业取得被划转股权或资产的计税基础，以被划转股权或资产的原账面净值确定。

3. 划入方企业取得的被划转资产，应按其原账面净值计算折旧扣除。

国税〔2015〕40号公告明确规定，《通知》第三条所称“100%直接控制的居民企业之间，以及受同一或相同多家居民企业100%直接控制的居民企业之间按账面净值划转股权或资产”，限于以下情形：

1. 100%直接控制的母子公司之间，母公司向子公司按账面净值划转其持有的股权或资产，母公司获得子公司100%的股权支付。母公司按增加长期股权投资处理，子公司按接受投资（包括资本公积，下同）处理。母公司获得子公司股权的计税基础以划转股权或资产的原计税基础确定……。

据此，在重组完成时甲公司和G公司的财务处理如下：

甲公司

借：长期股权投资（G公司）——2150万元

贷：长期股权投资（A公司）——500万元

长期股权投资（B公司）——200万元

长期股权投资（C公司）——200万元

长期股权投资（D公司）——200万元

长期股权投资（E公司）——50万元

长期股权投资（F公司）——1000万元

G公司

借：长期股权投资（A公司）——500万元

长期股权投资（B公司）——200万元

长期股权投资（C公司）——200万元

长期股权投资（D公司）——200万元

长期股权投资（E公司）——50万元

长期股权投资（F公司）——1000万元

贷：实收资本——2150万元

如此，在以股权转让方式完成重组情况下，甲公司需要确认的投资收益56375万元，不需要确认了，14093万元的纳税义务得以全部递延。

根据国税〔2015〕40号公告的要求，凡是采取所得税特殊性处理的，交易双方应在企业所得税年度汇算清缴时，分别向各自主管税务机关报送《居民企业资产（股权）划转特殊性税务处理申报表》和相关资料（一式两份）。

相关资料包括：

1. 股权或资产划转总体情况说明，包括基本情况、划转方案等，并详细说明划转的商业目的；

2. 交易双方或多方签订的股权或资产划转合同（协议），需有权部门（包括内部和外部）批准的，应提供批准文件；

3. 被划转股权或资产账面净值和计税基础说明；

4. 交易双方按账面净值划转股权或资产的说明（需附会计处理资料）；

5. 交易双方均未在会计上确认损益的说明（需附会计处理资料）；

6. 12 个月内不改变被划转股权或资产原来实质性经营活动的承诺书。

律师团队针对国税〔2015〕40 号公告的上述要求及其他有关问题对甲公司和 G 公司的有关财务人员进行了培训，并帮助他们与主管税务机关进行了沟通。

◎ 小结

重组是公司成长的过程，应当由专业律师操作；重组应当以目标和节税为导向；重组的关键在于制定可行、节约、安全的方案；方案是实操的灵魂和纲领。

分立重组是解决资源类企业僵局的好方法

——中外合资煤业有限责任公司分立案例

承办律师：王典清

王典清：广西万通律师事务所主任，资深公司法、合同法专家，曾任第十届广西政协委员、广西区政府立法顾问。获“广西优秀律师”称号。现任广西区律协财税法专委会主任，多家仲裁机构仲裁员。主持和参与多家企业的并购重组及节税事务。部分诉讼项目成经典案例，出版著作有《合同纠纷防范策略》《2013版建筑施工合同范本精解》等。

◎ 项目背景

甲公司是一家中外合资煤业公司，由A公司和B公司两个股东设立。投资总额24亿元人民币；注册资本8亿元人民币；实收资本8亿元人民币。A公司是内资公司，持有甲公司51%的股权，B公司是香港公司，持有甲公司49%的股权。甲公司处于基本建设期。

由于煤炭行业是压减行业，银行贷款困难，加之股东失去共同投资的积极性，甲公司资金断流，员工遣散，处于停建状态。实际已经构成股东“僵局”。

A、B两股东已经就“拆除”合资，打破“僵局”，使股东双方能够各施其能，使公司走出目前的“困局”达成初步共识。本项目的目的就是通过既合法合规，又成本最低的方法“拆除”合资。

律师团队受聘为B公司提供专项法律服务。服务项目包括：法律尽调；方案设计和论证；纳税义务论证；风险识别和防险措施建议；谈判支持；法律文件起草和全过程的咨询服务。

◎ 法律尽职调查

甲公司虽为中外合资企业，但股东双方均为国资背景，故此类重大重组项目需要对公司进行审计并对公司的资产和负债进行评估。一般情况下，公司重组并不一定需要对公司进行法律尽职调查，但鉴于股东B公司并不实际参加甲公司的日常管理，所以在委托事项中包括对甲公司的法律尽职调查（下附）。

第一部分　公司基本情况及历史沿革

一、基本情况

名称：甲有限公司

住所：×××××

法定代表人：×××

投资总额：人民币24亿元

注册资本：人民币8亿元

实收资本：人民币8亿元

股东情况：

A公司持股51%

B公司持股49%

经营范围：法律、法规、国务院决定规定禁止的不得经营；法律、法规、国务院决定规定应当许可（审批）的，经审批机关批准后凭许可（审批）文件经营；法律、法规、国务院决定规定无须许可（审批）的，市场主体自主选择经营。

登记机关：×××市工商行政管理局

成立日期：2007年×月×日

营业期限：2007年×月×日—××年×月×日

注册号：

公司类型：有限责任公司（台、港、澳与境内合资）

二、分支机构

（一）甲1分公司

名称：甲公司甲1分公司

住所：

负责人：

经营范围：煤炭及煤炭伴生资源勘查勘探（需审批或许可的，凭审批或许可从事生产经营活动）

登记机关：×××市工商行政管理局

成立日期：2012年×月×日

注册号：

（二）甲2分公司

名称：甲公司甲2分公司

住所：

负责人：

经营范围：煤炭及煤炭伴生资源勘查勘探（需审批或许可的，凭审批或许可从事生产经营活动）

登记机关：×××市工商行政管理局

成立日期：2012年×月×日

注册号：

三、公司股东

截至2015年12月31日，公司股东及持股情况如下：

表1　公司股东及持股情况

序号	股东姓名	出资额（人民币，亿元）	出资方式	出资比例（%）
1	A公司	4.08	货币	51%
2	B公司	3.92	货币	49%
合计		8		100%

四、公司人员

（一）人员情况

根据公司提供的职工情况说明及职工名册，截至2015年12月31日，甲公司及两个分公司职工总数667人，其中公司本部11人，甲2分公司286人，甲1分公司370人。公司本部高管3人，人力资源行政部4人（其中司机3人），财务部3人，经营策划部1人。

（二）劳动合同

根据公司提供的《劳动合同》格式文本及律师核查，未发现内容有违反现行法律、法规规定的情形。

五、公司历史沿革及股权演变

（一）公司设立

国家发改委于2006年某月某日批复同意××矿区总体规划。××省商务厅于2007年某月某日以《批复》同意A公司和B公司以合资方式设立甲公司。甲公司于2007年某月某日在××省×××市工商行政管理局注册设立，住所为××省×××市××路××号，法定代表人为×××，经营范围：法律、法规、国务院决定规定禁止的不得经营；法律、法规、国务院决定规定应当许可（审批）的，经审批机关批准后凭许可（审批）文件经营；法律、法规、国务院决定规定无须许可（审批）的，市场主体自主选择经营。公司设立时投资总额为5亿元人民币、注册资本为1.75亿元人民币，均采用货币方式出资。

表2　设立时股东出资额及方式

序号	股东姓名	出资额（人民币，万元）	出资方式	出资比例（%）
1	A公司	8925	货币	51%
2	B公司	8575	货币	49%
合计		17500	—	100

（二）股权演变

1. 2010年3月，公司注册资本增加至人民币4亿元

公司2009年12月25日召开一届四次董事会，决议通过将公司注册资本金追加至4亿元，追加金额为2.25亿元。其中：A公司注资11475万元人民币（占增加注册资本金的51%），B公司注资11025万元人民币或等值港币（占增加注册资本金的49%）。根据××省商务厅有关增加总投资和注册资本的批复，甲公司投资总额由原来的5亿元人民币增加至11.43亿元人民币，注册资本由原来的17500万元人民币增加至4亿元人民币。增资后，A公司出资总额为2.04亿元人民币，占注册资本的51%；B公司出资总额为1.96亿元人民币的等值外汇，占注册资本的49%。（甲公司未提供本次增资的验资报告，但在下一次增资的验资报告中反映了本次增资已经实际到位。）

本次变更完成后，公司股本构成情况如下：

序号	股东姓名	出资额（人民币，亿元）	出资方式	出资比例（%）
1	A公司	2.04	货币	51%
2	B公司	1.96	货币	49%
合计		4	—	100%

2. 2010年12月，公司注册资本增加至人民币8亿元

公司2010年12月30日召开一届七次董事会，通过决议将公司注册资本金追加至8亿元，追加金额为4亿元。第一期到位时间2011年3月底前；第二期注入时间2011年6月底前。根据×××市商务《关于中外合资经营企业甲公司增加投资总额和注册资本金的批复》，公司的投资总额由原来的11.43亿元人民币增加至24亿元人民币，注册资本由原来的4亿元人民币增加至8亿元人民币。增资后，A公司出资总额为4.08亿元人民币，占注册资本的

51%；B 公司出资总额为 3.92 亿元人民币等值港币，占注册资本的 49%。根据××××会计师事务所出具的《甲公司验资报告》，公司变更后的累计注册资本为人民币 8 亿元，实收资本为人民币 8 亿元。

本次变更完成后，公司股本构成情况如下：

序号	股东姓名	出资额（人民币，亿元）	出资方式	出资比例（%）
1	A 公司	4.08	货币	51%
2	B 公司	3.92	货币	49%
合计		8	—	100%

上述两次增资都相应办理了工商变更登记，公司现行有效的工商《营业执照》中载明公司注册资本为 8 亿元人民币。

（三）公司法定代表人变更

截至 2015 年 12 月 31 日，公司合法有效的法定代表人变更仅有 1 次。

根据历届董事会决议，公司有 3 次法定代表人的变更，但其中前两次未申请商务变更审批及工商变更登记。

根据工商变更信息，2015 年 1 月 17 日，公司法定代表人由×××变更为×××。

六、公司资产总额、负债总额及股东权益情况

通过本次法律尽职调查，稽核企业资产负债如下（详见本报告第二至第四部分）：

表 3　甲公司资产、负债汇总表①　　单位：元

	资产总额	资产总额（包含应交税金）	负债总额	净资产
甲公司本部	25025161.83（不包括甲 3 煤矿）	32709819.07	1232452834.27	800000000

① 注：1. 上表的计算依据数值均来自甲公司本部、甲 2 分公司、甲 1 分公司 2015 年 12 月 31 日的资产负债表。

2. 甲公司本部来自政府补贴 5980000 元，此表中计入负债总额。

3. 本表数值根据事项的法律实质列示，非财务科目。

续 表

	资产总额	资产总额（包含应交税金）	负债总额	净资产
甲3煤矿	49444977.84	49444977.84	—	—
甲2分公司	1271871841	1290765711.17	227558582.52	0
甲1分公司	1241038267.67	1249791283.84	362700274.78	0
合计	2587380248.34	2622711791.92	1822711691.57	800000000

综上，经核查后律师认为：

1. 甲公司及两个分公司的设立过程符合中华人民共和国有关法律、行政法规和规范性文件的规定；

2. 甲公司首次出资及历次增资的程序符合中华人民共和国有关法律、行政法规和规范性文件的规定，且全部实际缴付；

3. 甲公司及两个分公司取得的资质合法有效，产权权属清晰、明确。

依据现行有效的《公司法》《外商投资法》及相关行政法规和规范性文件的规定，甲公司不存在分拆的法律障碍。

第二部分　甲公司本部的资产及负债情况

鉴于本次法律尽职调查的目的在于为甲公司的分拆提供决策依据及设计方案，并防范分拆中可能发生的风险，律师对甲公司本部的主要资产及负债进行了核查。本部分尽职调查主要采用实地查看、与负责人沟通、核查相关合同、审批流程文件、查看甲公司2015年12月31日的财务报表及以前的财务报表、参照其他中介机构出具的审计报告等方法，对甲公司本部资产和负债的金额进行核查，以求为甲公司分割资产和负债提供依据。

一、甲公司本部资产情况

（一）固定资产

经律师核查，截至2015年12月31日，甲公司尚在建设期，并未正式运营，故公司本部的主要固定资产仅为运输设备及电子设备。据甲公司本部固定资产明细表，固定资产共计38项，账面原值合计1692314.96元，账面净值合计 504447.59 元。其中，电子设备 35 项，账面净值 29187.38 元，包括笔记本电脑、台式电脑、复印机、打印机、传真机、数码相机等办公用品；运输设备 3 辆，账面净值 475260.21 元，包括丰田牌、华泰圣达菲牌、奥迪牌客车各一辆。

（二）无形资产

经律师核查，并据甲公司本部无形资产明细表显示，截至 2015 年 12 月 31 日，甲公司本部的无形资产主要为办公软件一套、煤炭造价软件一套，账面原值 33450 元（包括已经摊销完毕的一个财务软件），账面净值 937.5 元。

（三）在建工程

经律师核查及甲公司财务负责人说明，甲公司本部尚未进行任何工程建设，又因甲 3 煤矿并未设分公司，故甲 3 煤矿的前期投资记在本部资产——在建工程——中，累计金额 4944.4977 万元。据运营策划负责人的情况说明，甲 3 煤矿投资构成如下：

1. 实际支付的勘探费用 3120.085435 万元；

2. 支付监理费用 47.110191 万元；

3. 捆绑在甲 1 矿区部分 1777.277194 万元。

以上共计 4944.47282 万元，与本部在建工程账面数额相差约 0.025 万元。

（四）预付账款（债权资产）

据律师与甲公司本部财务负责人确认及查看甲公司本部 2015 年 12 月 31 日资产负债表、预付账款明细表，甲公司享有对 A 公司物资供应分公司的债权 2436 万元，系通过物资分公司代购设备而预付的合同款。截至 2015 年 12 月 31 日，尚未执行完毕。

（五）其他应收款

据甲公司本部 2015 年 12 月 31 日的资产负债表，甲公司本部截至 2015 年 12 月 31 日的其他应收款为 40038.58 元，其中应收××差旅费 20128.7 元，应收××差旅费及购油款 19909.88 元。

（六）长期待摊费用

据甲公司本部2015年12月31日的资产负债表，甲公司本部截至2015年12月31日的长期待摊费用为90100元。参照专项审计报告，该部分资产系甲公司本部办公楼装修费用累计摊销后的余额。

（七）货币资金

据甲公司本部2015年12月31日的资产负债表，甲公司本部截至2015年12月31日的货币资金为29638.16元。

资产总额：

以上7项合计，甲公司本部截至2015年12月31日资产账面价值总额为74470139.67元。

律师特别提示：

甲公司本部截至2015年12月31日未抵扣的进项税7684657.24元，在给企业估值时，应按资产考虑。［请参见本报告第二部分“二、甲公司本部负债情况（八）应交税费”］

律师认为：

除上述提示的问题外，甲公司本部其他资产的权属、资产形成原因等均比较清晰，公司分拆分割资产具有可行性。

二、甲公司本部负债情况

（一）银行借款部分

据律师收集到的甲公司与中国工商银行股份有限公司××支行（以下简称工商银行支行）、中国建设银行有限公司×××市分行（以下简称建设银行×××分行）、中国农业银行股份有限公司×××区支行（以下简称农业银行××支行）签订的借款合同、担保合同，甲公司2015年12月31日的财务报表短期借款总账余额表、长期借款总账余额表，参考××会计师事务所出具的审计报告。附截至2015年12月31日，甲公司与银行间的借款合同、担保合同具体情况：

1.《固定资产借款合同》[编号：2012 年（ ）字×号]

1.1 合同内容

（1）签订时间：2012 年 9 月 12 日

（2）合同主体：甲公司与工商银行××支行

（3）借款用途：投资建设“甲 2 煤矿”及配套项目工程所形成的资金

（4）借款金额：人民币 2 亿元（贰亿元整）

（5）借款期限：96 个月，自实际提款日起算

（6）借款利率：以基准利率加浮动幅度确定

（7）担保方式：保证担保（详见 1.2 担保合同相关内容）

（8）还款计划：2014 年 7 月 10 日、12 月 10 日应分别还款 500 万元；2015 年 7 月 10 日、12 月 10 日应分别还款 1125 万元；2016 年 7 月 10 日、12 月 10 日应分别还款 1500 万元；自 2017 年起至 2019 年止，于每年 7 月 10 日、12 月 10 日应分别还款 1718 万元；2020 年 7 月 10 日应还款 1718 万元，2020 年 12 月 10 日应还款 1724 万元

1.2 担保合同内容（上述借款合同的从合同）

为上述借款，股东双方与贷款银行签订了《最高额保证合同》，如下：

1.2.1《最高额保证合同》[编号：2012 年××（保）字×号]

（1）签订时间：2012 年 9 月 12 日

（2）保证人：A 公司

（3）担保主债权：自 2012 年 8 月 13 日至 2020 年 8 月 12 日期间，在人民币贰亿元的最高余额内，因签订本、外币借款合同等协议以及其他文件工商银行××支行享有的对甲公司的债权

（4）担保方式：连带责任保证

1.2.2《最高额保证合同》[编号：2012 年××（保）字×号]

（1）签订时间：2012 年 9 月 12 日

（2）保证人：B 公司

（3）担保主债权：自 2012 年 8 月 13 日至 2020 年 8 月 12 日期间，在人民

币贰亿元的最高余额内，因签订本、外币借款合同等协议以及其他文件工商银行××支行享有的对甲公司的债权

（4）担保方式：连带责任保证

2.《固定资产借款合同》[编号：2012年（××）字×号]

2.1 合同内容

（1）签订时间：2012年12月26日

（2）合同主体：甲公司与工商银行××支行

（3）借款用途：投资建设“甲2煤矿”及配套项目工程所形成的资金

（4）借款金额：人民币3亿元（叁亿元整）

（5）借款期限：96个月，自实际提款日起算

（6）借款利率：以基准利率加浮动幅度确定

（7）担保方式：保证担保

（8）还款计划：2014年7月10日、12月10日应分别还款800万元；2015年7月10日、12月10日应分别还款1800万元；2016年7月10日、12月10日应分别还款2400万元；自2017年起至2019年止，于每年7月10日、12月10日应分别还款2757万元；2020年7月10日、12月10日应分别还款1729万元

2.2 担保合同内容（上述借款合同的从合同）

为上述借款，股东双方与贷款银行签订了《最高额保证合同》，如下：

2.2.1《最高额保证合同》[编号：2012年××（保）字×号]

（1）签订时间：2012年9月12日

（2）保证人：A公司

（3）担保主债权：自2012年12月21日至2020年12月20日期间，在人民币叁亿元的最高余额内，因签订本、外币借款合同等协议以及其他文件工商银行××支行享有的对甲公司的债权

（4）担保方式：连带责任保证

2.2.2《最高额保证合同》[编号：2012年××（保）字×号]

（1）签订时间：2012年12月26日

（2）保证人：B 公司

（3）担保主债权：自 2012 年 12 月 21 日至 2020 年 12 月 20 日期间，在人民币叁亿元的最高余额内，因签订本、外币借款合同等协议以及其他文件工商银行××支行享有的对甲公司的债权

（4）担保方式：连带责任保证

3.《固定资产贷款合同》[编号：建×××固贷（2012）第 24 号]

3.1 合同内容

（1）签订时间：2012 年 12 月

（2）合同主体：甲公司与建设银行×××分行

（3）借款用途：满足“甲 2 煤矿”项目建设有固定资产贷款的需求

（4）借款金额：人民币 3 亿元（叁亿元整）

（5）借款期限：11 年，从 2012 年 12 月至 2023 年 12 月

（6）借款利率：浮动利率

（7）担保方式：保证担保

（8）还款计划：2015 年 6 月 10 日、12 月 10 日应分别偿还人民币 300 万元；2016 年 6 月 10 日、12 月 10 日应分别偿还人民币 600 万元；2017 年 6 月 10 日、12 月 10 日应分别偿还人民币 1200 万元；自 2018 年起至 2022 年止，于每年 6 月 10 日、12 月 10 日应分别偿还人民币 2100 万元；2023 年 6 月 10 日、12 月 10 日应分别偿还人民币 2400 万元

3.2 担保合同内容（上述借款合同的从合同）

为上述借款，股东双方与贷款银行签订了《保证合同》，如下：

3.2.1《保证合同》[编号：建××××固贷保证（2012）第×号]

（1）保证人：A 公司

（2）担保债权：主合同项下本金人民币壹亿伍仟叁佰万元整（15300 万元）及利息（包括复利和罚息）、违约金、赔偿金、甲公司应向建设银行×××市分行支付的其他款项等

（3）保证期间：合同生效之日起至主合同项下债务履行期限届满之日后

两年止

3.2.2《保证合同》[编号：建××××固贷保证（2012）第×号]

（1）保证人：B公司

（2）担保债权：主合同项下本金人民币壹亿肆仟柒佰万元整（14700万元）及利息（包括复利和罚息）、违约金、赔偿金、甲公司应向建设银行×××市分行支付的其他款项等

（3）保证期间：合同生效之日起至主合同项下债务履行期限届满之日后两年止

上述对建行的《保证合同》不存在上述1.2和2.2对工行《最高额保证合同》存在的问题。

4.《中国农业银行股份有限公司固定资产借款合同》（编号：________）

4.1 合同内容

（1）签订时间：2014年1月7日

（2）合同主体：甲公司与农业银行××支行

（3）借款用途：甲2煤矿项目建设

（4）借款金额：人民币3亿元（叁亿元整）

（5）借款期限：8年

（6）借款利率：浮动利率

（7）担保方式：保证担保

（8）还款计划：2016年前归还人民币贰仟万元整，2017年前归还人民币肆仟万元整，2018年前归还人民币陆仟伍佰万元整，2019年前归还人民币捌仟伍佰万元整，2020年12月10日前归还人民币玖仟万元整

4.2 担保合同内容（上述借款合同的从合同）

为上述借款，股东双方与贷款银行签订了《保证合同》，如下：

4.2.1《保证合同》（编号：________）

（1）保证人：A公司、B公司

（2）担保债权：被担保的本金数额为人民币叁亿元整；保证范围为主合

同项下借款本金、利息、罚息、复利、违约金、损害赔偿金、按《民事诉讼法》有关规定确定的由借款人和担保人承担的迟延履行债务利息和迟延履行金以及贷款人实现债权的一切费用

（3）保证方式：连带责任保证，A公司按照51%（金额为人民币壹亿伍仟叁佰万元整）、B公司按照49%（金额为人民币壹亿肆仟柒佰万元整）

（4）保证期间：主合同约定的债务履行期限届满之日起两年

上述四笔银行借款，累计借款本金11亿元，其中向工商银行借款2笔，共计借款金额本金5亿元；向建设银行借款1笔，借款金额本金3亿元；向农业银行借款1笔，借款金额本金3亿元。据甲公司本部财务负责人的说明及甲公司2015年12月31日的短期借款总账余额表、长期借款总账余额表，甲公司于2014年偿还工商银行××支行1300万元，于2015年偿还建设银行×××分行300万元（律师请求财务负责人提供相关还款凭证，但由于与银行往来明细较多，财务方暂时未能提供）。

截至2015年12月31日，向工商银行××支行借款本金余额4.87亿元，向建设银行×××分行借款本金余额2.97亿元，向农业银行××支行借款本金余额3亿元，共计借款本金余额10.84亿元（2015年12月31日的短期借款余额与长期借款余额合计为10.83亿元，差额100万元）。经过与甲公司财务人员电话沟通，农业银行借款到账金额并非3亿元整，而是2.99亿元。

另，根据银行借款合同的约定，每年按照银行确定的利率支付利息费用（根据财务负责人的说明，2015年的计息利率为6.15%），截至2015年12月31日的应付利息为48013286.73元。

律师特别提示：

甲公司对银行的上述四笔贷款均由股东双方担保，虽为按份保证担保，但对工行的5亿元担保、农行的3亿元担保的按份性质不够明确，如何处理直接关系到分立后B公司的风险。此问题应当作为分立中的一个特殊问题进行处理。

（二）向股东借款

据律师与甲公司财务负责人等沟通、收集借款合同、查证内部借款审批流程以及查看甲公司 2015 年 12 月 31 日的资产负债表，其他应付款明细表，参照审计报告，截至 2015 年 12 月 31 日，甲公司共计向股东借款 82143125.83 元，其中向六枝工矿公司借款 82143125.83 元（此为甲公司 2015 年 12 月 31 日其他应付款明细表账面数值），未发现向电力公司借款。

为了核查上述借款，律师向甲公司本部索要有关合同，甲公司本部向律师提供了自 2015 年 9 月至 2016 年 1 月甲公司与股东 A 公司签署的借款合同共计 7 份。

律师认为：

虽然上述关联借款由甲 1 的项目资产抵押担保，但如果在分拆中将甲 1 分公司的资产（抵押资产）和上述债务（主债务）一并分割给 A 公司，就会消除对 B 公司的风险。

（三）与股东间业务往来欠款

经律师与甲公司本部财务人员沟通及查看 2015 年 12 月 31 日的甲公司的债权债务明细表，甲公司本部与 A 公司之间除上述股东借款外的往来事项只有代扣个人部分四金，账面金额 75722.7 元。据财务负责人的情况说明，该部分往来是因为甲公司本部为公司员工缴纳的四金是交给 A 公司并由其对外缴纳。但因甲公司本部的特殊情况，并未向 A 公司缴纳该部分资金。

经律师核查，未发现甲公司与 B 公司有业务往来。

（四）与其他方的往来欠款

据甲公司本部 2015 年 12 月 31 日的资产负债表，债权债务明细表，律师与财务人员的沟通及参照专项审计报告，以甲公司名义对外的往来共计 16 笔，欠款合计 12892793.1 元。

（五）应付职工薪酬部分

据公司提供的职工情况说明及职工名册，截至 2015 年 12 月 31 日，公司本部 11 人，其中高管 3 人，人力资源行政部 4 人（其中司机 3 人），财务部 3 人，经营策划部 1 人，欠上述职工的薪酬合计 347905.91 元。

（六）专项应付款

据甲公司本部2015年12月31日的资产负债表，甲公司本部截至2015年12月31日的专项应付款为598万元。

该专项应付款均为财政补贴收入，其中外经贸区域协调发展促进资金94万元，财政拨甲3煤矿地质补充勘探费504万元。

就上述598万元政府专项补贴是否需要归还，律师通过贵司发函要求甲公司本部书面确认，甲公司本部回函称“不需要返还。”

律师认为，上述598万元政府专项补贴款不需要返还，应当确认为公司资产。

（七）一年内到期的非流动负债

据甲公司本部2015年12月31日的资产负债表，甲公司本部截至2015年12月31日的一年内到期的非流动负债为－1950298037.36元。经过与财务负责人电话沟通，并与两个分公司的财务报表核对，该部分债务（债权）为本部拨付给甲2分公司、甲1分公司的款项。

律师理解认为，上述一年内到期的非流动负债－1950298037.36元并非甲公司本部的债务，而是甲公司本部拨付给两个分公司的款项，经核查其中拨付给甲1分公司为887091009元，拨付给甲2分公司为1063207028元。

（八）应交税费

据甲公司本部2015年12月31日的资产负债表，甲公司本部截至2015年12月31日的应缴税费为－7684657.24元。因甲公司尚处在建设期，并未正式运营，应交税费金额主要为购置设备的可抵扣的进项税，另有小部分需代缴的个人所得税等。

据甲公司本部2015年12月31日的资产负债表，截至2015年12月31日，甲公司本部的负债累计为1232452834.27元，其中不含一年内到期的非流动负债（－1950298037.36元）和应缴税费（－7684657.24元）。

律师认为：

甲公司对外较大数额的借款包括向银行借款、向股东借款等均记在本部的财务账面上，银行借款的担保均为两股东按照出资比例提供保证担保，债务关系明确；与其他方的欠款原因基本上为投标的保证金；上述债务分割具有可行性。但是在确定具体分割方案前应当对上述提示的政府专项补贴款和应缴税金两项进行确认和相应的财务处理。同时应当特别注意股东对甲公司银行借款担保可能给 B 公司带来的风险。

经过律师对甲公司本部主要资产、负债状况的核查，因甲公司尚在建设期，并未正式运营，其本部资产价值较小，且产权清晰。其对甲 2 分公司、甲 1 分公司矿区投资的资金除股东投入 8 亿元外，均来自以甲公司名义的银行借款、股东借款和往来欠款。该等资产及债权债务关系比较明确，该部分资产、负债具有分割的可行性。

第三部分　甲 2 分公司（煤矿）

律师通过调取甲 2 煤矿的营业执照，甲 2 煤矿的基本信息如下：

一、基本情况

名称：甲公司甲 2 分公司

营业场所：

负责人：

经营范围：煤炭及煤炭伴生资源勘查勘探（需审批或许可的，凭审批或许可从事生产经营活动）

登记机关：

成立日期：2012 年 × ×月 × ×日

营业期限：2012 年 × ×月 × ×日— × × × ×年 × ×月 × ×日

注册号：

企业类型：分公司

隶属企业：甲公司

经核查，律师认为，甲2分公司是甲公司依法设立并有效存续的分支机构，设立过程符合《公司法》《中外合资经营企业法》的规定，不影响甲公司的分拆。

二、甲2煤矿资产情况

（一）货币资金

经核查，截至2015年12月31日，甲2煤矿货币资金账面余额合计为379264.46元。

（二）固定资产

甲2煤矿尚处在建设期，大部分在建工程还未通过验收，未形成固定资产。律师到达甲2煤矿后，根据甲2煤矿提供的《固定资产折旧明细表》，并通过与甲2煤矿负责人面谈，了解到截至2015年12月31日，甲2煤矿的固定资产主要包括办公设备、电子设备、车辆及其他资产，具体情况如下：

1. 办公设备

2. 电子设备

3. 车辆

4. 其他资产

经核查，截至2015年12月31日，甲2煤矿固定资产的账面原值合计为10635186.09元，净值为5644159.29元。律师查看了《评估申报表》，甲2煤矿的固定资产账面原值为10635186.09元。

（三）在建工程

律师在甲2煤矿取得了甲2煤矿的建设施工、采购、装饰、委托设计合同，《总账余额表》等文件和资料。经律师核查，甲2煤矿在建工程情况如下：

1. 承包商情况

经核查，自开工建设到2015年12月31日，甲2煤矿各建设项目承包商情况如下：

（1）井巷工程

（2）土建工程

（3）设备安装工程

2. 甲 2 煤矿在建工程已完成投资情况

（1）矿建工程

截至 2015 年 12 月 31 日，甲 2 煤矿已完成井筒：主平峒、主平峒轨道井、主平峒 1－3 交叉点、主平峒铺轨、中央进风斜井建设、中央回风斜井建设、二采区进风斜井建设、二采区回风斜井建设、一采区措施井、二采回风上山、主平峒溶洞治水工程、主平峒溶洞治理、中央风井风硐、主平硐铺轨工程、地面铺轨工程、挡土墙及排水管、101 瓦斯巷、102 瓦斯巷、清煤斜井、102 行人通道、材料斜井、运煤斜井；井底车场巷道及硐室：井底联络巷、井底煤仓、主平峒轨道石门；主要运输道及回风道：进风石门、回风石门、进风石门联络巷、1601 回风顺槽联络巷、1601 回风顺槽联络石门；供电系统：井下变电所、中央变电所砌碹、中央变电所铺底等建设。

经核查，截至 2015 年 12 月 31 日，甲 2 煤矿井巷工程投资为 313137607.13 元（详见《甲 2 煤矿总账余额表》）。

（2）土建工程

截至 2015 年 12 月 31 日，甲 2 煤矿已完成供电系统的 35KV 变电所建设；地面运输的风井公路、进场公路等建设；取水工程的主井、风井高位水池等建设；辅助厂房及仓库的机电设备库、炸药库、油库等建设；办公生活设施如办公楼、食堂、宿舍楼、综合楼、篮球场、停车场、矿井水处理、净化水、生活污水处理等建设；其他各种场地设施的建设等，并已投入使用。

经核查，截至 2015 年 12 月 31 日，甲 2 煤矿土建工程投资为 144430476.22 元（详见《甲 2 煤矿总账余额表》）。

（3）安装工程

截至 2015 年 12 月 31 日，甲 2 煤矿主要包括地面安装工程和井下安装工程，地面安装如炸药库避雷系统的安装；室外给排水及供热系统的取水工程、冷热水系统、供水管路安装、炸药管道安装；供电系统的风井变压器安装、

10KV 供电系统的安装、工业广场至高位水池线路、二采区箱式变电站、电力变压器、高压线路安装、中央风井通风机室电气设备安装；安全技术及控制系统的瓦斯管安装、瓦斯监测监控、各井口出入点视频监控、民爆物品存储仓库视频监控、培训楼视频监控、主平峒瓦斯管安装、矿区消防管道安装；通信调度和计算中心的网络及通信系统、1—2 号宿舍楼安装、井口联合建筑门窗安装；职教楼、办公楼、食堂、宿舍楼、机修车间的安装。

井下安装工程主要有主要运输道及回风道的运输系统安装、主平硐双层皮带机安装；通风系统的中央风井通风机安装、局部通风机安装；压风系统的井下管路系统安装、压风自救安装等；安全技术及控制系统的瓦斯抽放系统、主平峒瓦斯管安装、101 瓦斯管路安装、中央风井瓦斯抽放管道系统、监控系统安装、KJ106 定位系统安装；供电系统的井下电缆敷设、35KV 变电站安装；通信、监控、管道系统的材料；自营工程的安装。

经核查，截至 2015 年 12 月 31 日，甲 2 煤矿设备安装工程投资为 137300965. 78 元（详见《甲 2 煤矿总账余额表》）。

（4）待摊投资

甲 2 煤矿待摊投资主要包括建设管理费、土地征用及拆迁补偿费、勘查设计费、研究设计费、可行性研究费、临时设施费、设备检验费、负荷联合试运转费、工程质量监理费、工程招标费等。

经核查，截至 2015 年 12 月 31 日，甲 2 煤矿待摊投资为 404265888. 58 元（详见《甲 2 煤矿总账余额表》）。

综上，截至 2015 年 12 月 31 日，甲 2 煤矿在建工程投资合计为 1034280531. 98 元（其中包含无形资产投资在内），实际在建工程投资合计为 999134937. 71 元（详见《甲 2 煤矿总账余额表》）。律师查看了《评估申报表》，截至 2015 年 5 月 31 日，在不含无形资产投资的情况下，甲 2 煤矿在建工程的账面价值合计为 962904130. 16 元。

（四）工程物资

根据《甲公司 2015 年物资清单明细表》，甲 2 煤矿的工程物资如下：

截至2015年12月31日，甲2煤矿的工程物资主要分为9个类别，分别是钢材、支护用品、化建产品、橡胶制品、设备、配件、五金交化、办公用品和原辅材料，近百项。截至2015年12月31日，甲2煤矿工程物资的账面价值合计为14624089.47元。

（五）无形资产

经核查，甲2煤矿的无形资产包括土地使用权、探矿权、采矿权和财务软件、预算软件、工程造价软件、电力工程软件。具体情况如下：

1. 土地使用权

律师查看了甲2煤矿土地使用权证，甲2煤矿共有甲2乡五个区域的土地使用权，均是在2013年1月10日和11日取得，使用权人为甲公司甲2分公司，用途为工业用地，使用类型为“（行政）划拨”，使用面积总计289917㎡。

经查，截至2015年12与31日，甲2煤矿《总账余额表》列示，无形资产投资（土地使用权）为35145594.27元。

甲2煤矿取得土地使用权支付了出让金，应当为出让取得国有土地使用权，为什么在土地证上却标明为“（行政）划拨”，对此律师通过贵司发函向甲2煤矿求证，甲2煤矿回函称，甲2煤矿为国有煤矿，甲2煤矿所在土地的取得方式为（行政）划拨，经咨询×××区国土资源局用地股股长，答复：甲2已交的费用为划拨土地的相关费用，如公司分立变更，土地使用权证在不改变土地用途的情况下，只需缴纳办证费。

2. 探矿权及采矿权

3. 其他无形资产

经核查，截至2015年12月31日，甲2煤矿全部无形资产的账面原值合计为251086774.8元，净值为251044697.66元（其中包括上述第1点所述的土地使用权价值35145594.27元），扣除土地使用权原值后，无形资产的账面净值为215899103.39元。

（六）债权资产

经核查，甲2煤矿的债权资产如下：

1. 预付账款

经核查，截至2015年12月31日，甲2煤矿预付账款的账面余额为1056191.2元，坏账准备为615400元，年末账面净额为440791.2元（详见《甲2债权债务清理明细表—预付账款》）。

2. 其他应收款

经核查，截至2015年12月31日，甲2煤矿的其他应收款净额为603800.86元，其中外部（指A公司及所属公司以外）（其他应收款）净额为115181.92元，内部（指A公司及所属公司）（其他应收款）净额为488618.94元（详见《甲2债权债务清理明细表—其他应收款》）。

截至2015年12月31日，甲2煤矿预付账款净值和其他应收款净值合计为1044592.06元（详见《甲2债权债务清理明细表—其他应收款》）。律师同时查看了《评估申报表》，甲2煤矿预付账款和其他应付款净值合计为16695783.41元。自2015年5月31日至2015年12月31日七个月的时间，甲2煤矿的债权减少了15651191.35元。

以上6项合计，甲2煤矿截至2015年12月31日资产账面价值总额为1271871741元。

律师认为，虽然有几个问题需要进一步核查，但仍可以认定甲2煤矿资产权属明确，数额基本清晰，不会构成公司分拆的实质性障碍。

三、甲2煤矿债务情况

经查，甲2煤矿的债务主要由应付账款、应付职工薪酬、其他应付款及应交税费构成。

（一）应付账款

甲2煤矿的应付账款主要由外部（指A公司及所属公司以外债权人的债务）和内部（指欠A公司及所属公司的债务）组成。外部应付账款主要是欠各承包商、监理公司、设计院、设备和材料供应商的工程款、保留金、监理费、设计费、设备款、材料款；其他欠款包括××省国土资源厅的采矿权价款；个人的土地租赁费、矸石转运费和材料款；会计事务所的工程审核费、工具书图书款等。

内部应付款主要是欠A公司所属××工程公司、物资供应分公司、打钻队、发电分公司、救护大队、假日酒店的工程款、材料款、瓦斯治理费用、仪表校验费、救护服务费和“611”事故费用。

经核查，截至2015年12月31日，甲2煤矿的应付账款账面余额合计为212500840.57元（不含甲公司本部投入的款项），其中外部为146943138.87元，内部为65557701.7元（详见《债权债务清理明细表—应付账款》）。

（二）应付职工薪酬

律师从甲2煤矿取得甲2煤矿《资产负债表—应付职工薪酬组成明细表》。

经核查，截至2015年12月31日，甲2煤矿应付职工薪酬合计为4162841.06元。其中应付工资为1091515.1元，社会保险费为1094289.5元，工会经费为615038.95元，职教经费为360377.01元，住房公积金为1001620.5元（详见《甲2应付职工薪酬表》）。

（三）其他应付款

甲2煤矿的外部债务（指欠A公司及所属公司以外债权人的债务）（其他应付款）主要是质保金、安全风险抵押金、代扣代缴工程税金、个人所得税、安全保证金、野外补助及值班费、交通费、押金、通信费、安家费、各种保险及公积金费用、互助金、医药费、工伤赔付款等；内部债务（指欠A公司及所属公司的债务）（其他应付款）是履约及安全保证金。

经核查，截至2015年12月31日，其他应付款账面余额合计为10894900.89元，其中外部债务（其他应付款）的账面余额为10594900.89元，内部债务（其他应付款）的账面余额为30万元（《债权债务清理明细表—其他应付款》）。

（四）应交税费

由于甲2煤矿目前还处于建设过程中，应缴税金主要是购买设备应抵扣的进项税、印花税及代扣代缴的个人所得税。

经核查，截至2015年12月31日，甲2煤矿应交税费为－18893870.17元（详见《甲2资产负债表》）。

律师提示：上述应缴税金18893870.17元实际应为甲2分公司的资产。

据甲2煤矿2015年12月31日的资产负债表，截至2015年12月31日，甲2煤矿的负债累计为227558582.52元，其中不含一年内到期的非流动负债（1063207028元）和应缴税费（－18893870.17元）。律师同时查看了《评估申报表》，显示截至2015年12月31日，甲2煤矿的负债合计为218611285.51元，其中不含一年内到期的非流动负债（1050158972.13元）和应交税费（－17928618.93元）。甲2煤矿自2015年5月31日起至2015年12月31日至的7个月内，债务增加8947297.01元。

律师认为：

总体上说甲2分公司（煤矿）的负债法律关系清晰，数额基本确定，不会构成公司分立的实质性障碍。

四、甲2煤矿员工情况

通过与甲2煤矿人力资源部门负责人的沟通得知，截至2015年12月31日，甲2煤矿在册员工总数为286人，其中内退人员为36人，长病伤为43人，目前值班人员约为51人（详见《在册人员名单》）。

律师认为：

甲2煤矿虽尚处于建设期，但各方面管理比较规范，各项资产权属清晰，债权债务数额基本明确，有关问题的存在也不会对本次公司分拆构成实质性的障碍。

第四部分　甲1分公司（煤矿）

一、基本情况

律师查看了甲1分公司的营业执照，基本信息如下：

名称：A 公司甲 1 分公司 经营范围：煤炭及煤炭伴生资源勘查勘探（需审批或许可的，凭审批或许可从事生产经营活动） 登记机关：×××市工商行政管理局 成立日期：2012 年××月××日 营业期限：2012 年××月××日—××××年××月××日 企业类型：分公司 隶属企业：甲有限公司

律师认为：

甲公司甲 1 分公司为依法设立并有效存续的分支机构，对甲公司的分立不构成障碍。

二、甲 1 煤矿资产情况

（一）货币资产

经核查，截至 2015 年 12 月 31 日，甲 1 煤矿共有货币资金为 3320.37 万元。(详见甲 1 分公司《资产负债表》)。

（二）固定资产

甲 1 煤矿目前在建设期内，大部分在建工程还未通过验收，并未形成固定资产。经核查，截至 2015 年 12 月 31 日，甲 1 煤矿的固定资产主要是办公设备、车辆，具体情况如下：

1. 办公设备

2. 车辆

（三）在建工程

1. 承包人情况

2. 设备（材料）供应商情况

3. 在建工程投资情况

①矿建工程

截至2015年12月31日，甲1煤矿已完成约55项矿建工程建设，分别为主斜井、副斜井、回风斜井、三井区管子斜井、回风立井、一井区主回联络巷、一井区躲避硐室、2号井主回联络巷、一井区等候硐室、副斜井永久铺轨（自营）、井底车场巷道及硐室、主要运输道及回风道、一井区1号至3号回风石门、一井区1号至3号轨道石门、一井区1号至3号运输石门、一井区1号至4号轨道石门、一井区3号瓦斯抽放巷、铺轨、二区段专用回风巷、地面生产系统、安全技术及监控系统、供电系统等建设。

经核查，截至2015年12月31日，甲1煤矿矿建工程投资为224305699.18元［详见《甲1在建工程支出明细表（表一）》］。

②土建工程

截至2015年12月31日，甲1煤矿已完成37项土建工程建设，分别为一井区提升机房、一井区通防机房、压风机房、地面生产系统、安全技术及监控系统、一井区35KV变电所、一井区机修车间材料库、一井区炸药库、行政办公楼、联合建筑、食堂综合楼、行政办公楼二楼改造、1号至2号单身宿舍、一井区场平工程、一井区回风斜井场平工程、三井区管子井井口场平工程、一井区主副斜井井口场平工程、三井区回风立井场及进场公路、一井区围墙水沟、一井区猫化河改道工程、一井区彩板房、一井区1号至3号桥、三井区围墙、二井区1号桥、环境保护及“三费”处理等工程建设。

经核查，截至2015年12月31日，甲1煤矿土建工程投资为208854620.51元［详见《甲1在建工程支出明细表（表一）》］。

③安装工程

截至2015年12月31日，甲1煤矿主要包括地面安装工程和井下安装工程，地面安装工程主要有通防系统、地面生产系统、安全技术及监控系统、通信调度和计算机中心、供电系统、室外给排水及供热、行政福利系统。

井下安装工程有主斜井胶带输送机集中控制、井下铺轨及道岔、采掘设备、1号运输石门皮带安装工程、井下压缩空气管网、安全技术及监控系统、供电系统。

需安装设备主要有提升系统、排水系统、通风系统、压风系统、安全技术及监控系统、通信调度和计算机中心、供电系统、行政福利系统。

不需要安装设备主要有井筒、井底车场巷道及硐室、主要运输道及回风道、采区、提升系统、排水系统、通风系统、地面生产系统、安全技术及监控系统等共计 15 项。

经核查，截至 2015 年 12 月 31 日，甲 1 煤矿包括地面安装工程、井下安装工程、需安装的设备工程、不需要安装设备工程及工器具投资在内，投资合计为 111162757.43 元［详见附件 4－3《甲 1 在建工程支出明细表（表一）》］。

④待摊投资方面

截至 2015 年 12 月 31 日，甲 1 煤矿待摊投资主要包括建设管理费、土地征用及拆迁补偿费、勘察设计费、研究设计费、可行性研究费、临时设施费、设备检验费、负荷联合试运转费、工程质量监理费、工程招标费、土地使用税、耕地占用税、车船使用税、生产准备及开办费、环境影响评估费等近 40 项。［以上在建工程承包人、供应商等具体情况详见建设工程施工合同及采购合同（21 份）］。

经核查，截至 2015 年 12 月 31 日，甲 2 煤矿待摊投资为 463537315.89 元［详见《甲 1 待摊投资明细表（表一、表二）》］。

综上，截至 2015 年 12 月 31 日，包含无形资产投资在内，甲 1 煤矿投资合计为 1229441495.71 元，已交付资产为 208758167.16 元（其中含甲 1 采矿权价款 205588000 元），在建工程投资为 1020683328.55 元（详见《甲 1 在建工程支出明细表》）。律师查看了截至 2015 年 5 月 31 日的《评估申报表》，甲 1 煤矿在建工程投资合计为 968532114.12 元。自 2015 年 5 月 31 日起至 2015 年 12 月 31 日止，甲 1 煤矿在建工程投资增加了 52151214.43 元，对此款项律师通过贵司发函要求甲 1 煤矿提供：明细表、产生的原因说明、相关合同的复印件。

（三）甲1煤矿工程物资情况

律师取得了甲1煤矿物资库存明细表，截至2015年12月31日，甲1煤矿工程物资主要是钢材、支护用品、化建产品、橡胶制品、设备、配件、五金交化、办公用品和原辅材料等近千项。2015年的收入为（增加）14873334.71元，2015年的支出为3602911.91元，2015年的期末结存数为11270422.8元（详见甲1公司2015年12月31日《物资库存明细表》）。律师查看了中联资产评估有限公司截至2015年5月31日的《评估申报表》，甲1煤矿的工程物资为11533937.79元。甲1煤矿自2015年5月31日至2015年12月31日，工程物资减少了263514.99元。

（四）甲1煤矿无形资产情况

律师取得了《甲1煤矿无形资产明细表》，甲1煤矿无形资产包括采矿权和财务软件、预算软件、煤矿安全生产软件。具体情况如下：

1. 采矿权

经核查，甲1分公司在《无形资产明细表》中列示采矿权205588000元，另在《债权债务明细表》“应付账款”中列示欠××省国土资源厅采矿权价款205588000元。

2. 其他无形资产

经核查，甲1煤矿其他无形资产包括财务软件、预算软件、煤矿安全生产软件，原值合计为99410元，截至2015年12月31日的账面净值为32526.87元。

3. 无形资产合计

根据《甲1分公司无形资产明细表》，截至2015年12月31日，甲1煤矿全部无形资产的账面原值合计为205687410元，净值合计为205620526.87元（其中含采矿权价款205588000元）（详见《甲1分公司无形资产明细表》）。

（五）甲1煤矿债权资产

经核查，甲1煤矿的债权资产由预付账款和其他应收款两部分构成。

1. 预付账款

截至2015年12月31日，甲1煤矿预付账款的账面余额为3510810元，提取坏账准备为2094486元，年末账面净额为1416324元（详见甲1分公司《债权债务清理明细表——预付账款》）。

2. 其他应收款

截至2015年12月31日，甲1煤矿的其他应收款账面余额合计为649050.19元，提取坏账准备为33018.88元，年末账面净额为616031.31元（详见甲1分公司《债权债务清理明细表——其他应收款》）。

综上，截至2015年12月31日，甲1煤矿的债权账面余额总计为4159860.19元，提取坏账准备2127504.88元，年末账面净值额为2032355.31元（详见《甲1债权债务清理明细表——其他应收款》）。律师查看了截至2015年5月31日的《评估申报表》，甲1煤矿的预付账款和其他应付款账面合计15265630.41元。甲1煤矿自2015年5月31日至2015年12月31日，债权减少了11105770.22元。

以上5项合计，截至2015年12月31日，甲1煤矿资产总额为1241038267.67元。

律师认为，甲1煤矿的资产权属清晰，法律关系明确，虽有些问题需要进一步核查，但不存在影响本次分拆的实质性障碍。

三、甲1煤矿债务情况

经核查，甲1煤矿的债务由应付账款、应付职工薪酬、其他应付款及应付税费构成。

（一）应付账款

经核查，截至2015年12月31日，甲1煤矿的应付账款账面余额合计为352905792.88元，其中外部为335603519.89元，内部为17302272.99元。

（二）应付职工薪酬

经核查，截至2015年12月31日，甲1煤矿欠发工资合计为1344626.1元，五险一金年末未交数为4911896.45元，其中企业欠缴部分为2433674.95

元，个人欠缴部分为2478221.50元。

（三）其他应付款

甲1煤矿的外部债务（指欠A公司及所属公司以外债权人的债务）（其他应付款）主要是代扣社保金、投标保证金、押金、食堂费用、职工药费、征地款、交通费、通信费及独生子女费等，内部债务（指欠A公司及所属公司的债务）（其他应付款）是欠A公司的代垫工伤保险。

经核查，截至2015年12月31日，其他应付款账面余额合计为5706916.67元，其中外部的其他应付款账面余额为5036237.84元，内部的为670678.83元。（详见甲1分公司《债权债务清理明细表（其他应付款）》）。

（四）应交税费

甲1煤矿处于建设期，目前还未投产，涉税事项主要也是购买设备应抵扣的进项税、印花税及代扣代缴的个人所得税。

经核查，截至2015年12月31日，甲1煤矿应交税费为－8753016.17元。

据甲1煤矿2015年12月31日的资产负债表，截至2015年5月31日，甲1煤矿的负债累计为362700274.78元，其中不含一年内到期的非流动负债（887091009.1元）和应缴税费（－8753016.17元）。律师查看了截至2015年12月31日的《评估申报表》，甲1煤矿的负债合计为362763098.29元，其中不含一年内到期的非流动负债（858926303.35元）和应缴税费（－8752451.77元）。甲1煤矿自2015年5月31日至2015年12月31日，债务减少了62823.51元。

律师认为，甲1分公司（煤矿）的负债法律关系清晰，数额确定，不会构成公司分拆的障碍。

四、甲1煤矿员工情况

经核查，甲1在册员工总数370人，但其中内退人员约20人，内部待岗约为22人。（详见甲1分公司《员工花名册》）

律师认为甲1煤矿虽尚处于建设期，但各方面管理比较规范，各项资产权属明确，债权债务确定，权利义务关系清晰，对本次分拆不构成障碍。

第五部分　其他需要说明的问题

一、税务情况

根据甲公司财务人员提供的税务情况说明、2015 年 12 月 31 日的资产负债表等财务资料、税务登记证以及×××审字（2015 年）××号专项审计报告，甲公司的税务情况如下：

税务登记证号码为××。甲公司尚在建设期，涉税事项主要为购入设备应抵扣的进项税、印花税以及代扣代缴的个人所得税等。分公司矿区的主要涉税事项为土地使用税、增值税和契税等。截至 2015 年 12 月 31 日，应交税费共计 -35331543.58 元，其中：甲公司本部 -7684657.24 元；甲 2 分公司 -18893870.17 元；甲 1 分公司 -8753016.17 元（因甲公司并未对外销售，应交税费中多为可抵扣的进项税，为负数）。

甲公司不享有税收优惠，不存在税收延迟、欠缴等违法情形，未曾受到过税务机关的行政处罚。

律师认为，上述甲公司本部和两个分公司的增值税进项税应当作为公司的财产进入企业估值，并且维持在原设备采购单位，在公司分拆后作应交增值税的抵扣。

二、涉诉情况

据律师与甲公司工作人员沟通，甲公司涉诉问题由 A 公司的法律事务部处理，根据该事务部提供的资料，目前尚在诉讼中的案件共 2 起。

另，根据甲公司提供的往来方催款函证，甲公司存在的潜在纠纷共 3 起。

律师认为：

诉讼和纠纷不应当影响甲公司的分拆，应当采取“负债随资产走”“诉讼和纠纷随负债走”的原则处理诉讼和纠纷问题。只有完成公司重组，股东的资金到位并实现复工才能最终消除诉讼给公司带来的风险。

第六部分 风险提示

律师通过尽职调查认为：

甲公司的分拆不存在实质性法律障碍和重大法律风险，方案是完全可行的，但仍有如下法律风险提示该公司，意在提请甲公司加以注意，律师也将在随后分拆方案法律意见书中向甲公司提出防范这些风险的建议。

1. 根据《公司法》第一百七十六条的规定，分立之后的公司对公司分立之前的债务承担连带责任，分立之后 B 公司持有的公司有被分割给 A 公司所持公司的债务的债权人追击的风险。

2. 甲公司向银行借款本金 11 亿元及利息，均由股东双方提供保证担保，分立之后 B 公司有被迫承担担保义务的风险。

3. 由于停产，许多员工离开公司，虽然没有要求公司给予经济补偿，但不能保证以后不向公司提出补偿的要求。

4. 由于甲公司处于“僵局”状态，资金没有来源，结欠各种款项金额较大，甲公司可能遭受大量诉讼，并就此承担违约金。

5. 大量在建设工程停建，如不能尽快恢复建设，会导致维护成本高、恢复建设成本高。

6. 关于限制外商控股“特殊和稀缺煤类勘查、开采”的问题：

（1）根据《外商投资产业指导目录》（2015 年修订）的规定，特殊和稀缺煤类勘查、开采须由中方控股。

（2）根据《特殊和稀缺煤类开发利用管理暂行规定》（国家发改委 2012 年第 16 号令）第三条的规定，本规定所称的特殊和稀缺煤类，是指具有某种煤质特征、特殊性能和重要经济价值，资源储量相对较少的煤炭种类，包括肥煤、焦煤、瘦煤和无烟煤等。国家发展改革委、能源局根据国民经济发展需要，适时公布特殊和稀缺煤类矿区范围。

（3）上述规定附件《特殊和稀缺煤类矿区范围》规定××省×××地区属于特殊和稀缺煤类矿区。

（4）经向甲 2 煤矿发函确认甲公司所属甲 2 煤矿为何种煤类，甲 2 煤矿回函答复，煤矿各煤层以贫煤为主，有少量无烟煤。

（5）经向 A 公司本部及甲 1 煤矿发函确认甲公司所属甲 1 煤矿和甲 3 煤矿为何种煤类，本部及甲 1 煤矿回函答复，甲 1 煤矿各煤层为贫瘦煤及贫煤。甲 3 煤矿主要以贫煤及贫瘦煤为主，有部分瘦煤及少量焦煤。

律师曾向当地的发改委电话咨询上述问题，但没有得到明确的答复，故律师建议，由律师及甲公司共同前往当地国土资源及发改委等相关部门进行咨询。

结论

甲公司处于“僵局”状态，继续按照现状维持下去公司难以摆脱困境，且维护费用逐日增高，对公司不利，对股东双方更不利，分拆是公司必然的求生之路。

B 公司正在××特区投资建设电厂，若甲公司不通过分拆摆脱僵局，甲公司就不能按时向电厂供煤，会对全局产生不利影响，且如果不分拆，即使甲公司投产，向电厂供煤也属于关联交易，难免遭到 A 公司的掣肘。

从律师尽调查明的情况看，甲公司的重组在法律上无实质性障碍，甲公司通过分拆摆脱目前的僵局是完全可行的。

尽调完成后，律师团队向委托方有关领导和参加项目的工作人员做了一次面对面的口头汇报，之后提交了正式书面报告。

尽调工作之后，律师团队依约向委托人提交了《甲公司的问题及解决方法》《分立项目的风险及防范措施建议》和《分立项目的纳税义务论证》三份书面报告，并进行了一次面对面的沟通和一次电话会议。

附：

关于《甲公司的问题及解决方法》的报告

一、关于甲公司的问题

甲公司是B公司与A公司的合资公司，公司注册资本人民币8亿元，已完成投资约25亿元。经营项目是煤矿的勘探和开采，现处于基本建设期。由于煤炭行业不景气，股东双方未能持续向甲公司投资，致使甲公司处于停产待资的状态，实际已经构成股东“僵局”。

本次甲公司重组的目的就是“拆除”合资，打破“僵局”，使股东双方能够各施其能，使公司走出目前的“困局”。

二、关于“拆除”合资，打破“僵局”的方法

根据《公司法》《中外合资经营企业法》《合同法》和有关法规政策，从理论上说甲公司“拆除”合资，打破“僵局”有如下方法可供选择：

1. 清算

甲公司可以通过清算的方法，在清偿全部债务后股东分别从公司分得清算剩余财产，从而“拆除”合资，打破“僵局”。但前提是公司的全部资产变现后足以偿还公司的全部债务，且需要甲公司董事会全体董事一致同意。即使甲公司董事会一致同意公司清算，从目前煤炭行业的情况看，不仅甲公司资产变现的难度大，而且变现的收入也很难“抵债”。

律师认为，清算之路不仅程序长，费用高，而且很难走得通。

2. 破产

如果甲公司资产不能抵偿全部债务，可以通过破产“拆除”合资，打破“僵局”。破产可以由债权人申请，也可以由债务人（甲公司）申请。破产不仅需要的时间长，而且费用高，重要的是贵司的约4亿元投资可能“血本无归”，更重要的是如果甲公司的全部资产变现价格达不到人民币17亿元（担保负债），甲公司就不能全额偿还欠银行的贷款，贵司就不能完全摆脱为甲公司向银行借款的担保责任。

律师认为，如果甲公司通过破产“拆除”合资，打破“僵局”，不仅成本高，时间长，而且贵司很难全部摆脱对银行的担保责任。

3. 先转资后转股

先转资后转股是指先安排甲公司与贵司控制的B2公司签订资产转让合同，甲公司将贵司想要的资产和相关负债及劳动力一并转让给B2公司，然后再由贵司与A公司签订股权转让协议，将贵司持有的甲公司49%的股权转让给A公司，从而实现“拆除”合资，打破“僵局”的目的。

通过这种方式虽可以实现“拆除”合资，打破“僵局”的目的，而且B2公司及贵公司不会遭到甲公司债权人的追及，但需要处理贵司对甲公司银行贷款的担保。这种方法不仅需要的时间长，而且程序复杂（两次转让，两份合同，评估和甲公司内部决策程序不可少，而且受让资产的公司要在接受的煤矿所在地设立分公司或子公司，而且两次转让均需通过产权交易中心，会发生费用）。

律师认为，通过先转资后转股的方式虽也可以实现“拆除”合资，打破“僵局”的目的，并且有阻碍连带责任的优点，但不仅存在成本高、时间长的问题，而且贵司也很难全部摆脱对银行的担保责任。

4. 先转股后分立

先转股后分立即首先将贵司持有的甲公司的49%股权转让给贵司100%持股的B2公司，然后再进行甲公司的分立。此方法要完成转股和分立两个程序，但转股程序简单，如果股权出让方和受让方均为同一投资人100%持股的国有企业，可以按照经审计确定的净资产作价协议转让，甚至原值划转。采此方法不仅可以解决贵司法律部此前提出的在贵司和煤矿之间设立“隔离公司”的设想，而且更重要的是有利于甲公司的分立：（1）甲公司的分立转变为内资公司的分立，勿需报商务部门批准；（2）甲公司的分立不再受外商投资企业分立有关法规规定的条件的限制；（3）甲公司分立后贵司间接所持资产转变为内资公司所持资产，不再受外资准入的限制（肥煤、焦煤、瘦煤、无烟煤外资不得控股，如果不转股直接分立，可能受到外商准入的限制）。

律师认为，通过先转股后分立的方式实现“拆除”合资，打破“僵局”

的目的，虽然存在证照过户的困难，但在诸方案中其可行性、安全性和节约性都是最好的。

5. 先分立后转股

先分立后转股就是先将甲公司分立，然后再将分立后贵司所持公司（贵司100%股权）的股权让给贵司持股的其他公司（比如B2公司）或者贵司新设立的其他公司。这样做的好处是使甲公司尽快完成分立，“拆除”合资，打破“僵局”，但存在的问题是：（1）甲公司分立前为外商投资公司，其分立受到外商投资公司分立有关法规的限制；（2）分立后贵司所持（公司）为外商独资公司，受外资准入的限制，不能持有肥煤、焦煤、瘦煤、无烟煤。而贵司拟持有的甲2煤矿和甲3煤矿是否在限制之列，尚没有最终定论。所以要采此方法必须首先确定甲2煤矿和甲3煤矿可以由外资公司独资持有。

律师认为，先分立后转股虽可以使“拆除”合资，打破“僵局”的目标提前实现，但必须首先确定：（1）甲公司满足外资公司分立的条件；（2）甲2煤矿和甲3煤矿可以由外资公司独资持有。比较而言此方案稍逊于先转股后分立的方案。

6. 减资

通过B公司从甲公司减资，甲公司以拟分割给B公司的资产、负债作价向B公司支付减资对价，从而实现“拆除”合资，打破“僵局”的目的。减资在程序上和时间成本上与分立基本相同。但减资有一个优点就是减资股东对公司的负债不承担连带责任，这有利于防范贵司的风险。但减资比分立更容易受到债权人的反制，债权人有权要求公司偿还负债或者提供担保。另外采取减资方法也需要贵司在甲公司所在地设立子公司运营减资取得的资产，而这也受到外资准入问题的限制。

律师认为，通过减资“拆除”合资，打破“僵局”，是值得重点考虑的方法之一。

综上，律师认为，在上述六个方案中，只有“先转股后分立”和“减资”两个方案的可行性最高。建议贵司从这两个方案中择其一。

三、关于资产负债分割的规则

无论最终选择分立还是选择减资，都需要将甲公司的资产和负债在A公司和B公司之间进行分割，建议按照如下规则进行分割：

1. 对甲公司资产和负债的分割具有交易的性质，应当公允作价。

2. 分割应当遵循等价交换的原则，具体就是：首先对甲公司进行公允估值，根据企业估值和股东持有的股份比例求出各股东应当取得的净资产额，然后再根据拟分割出去的资产的公允估值额配比适当的负债额，使分割出去的股东分割的净资产额等于其应当取得的净资产额。

3. 鉴于：

（1）原评估报告的评估基准日为2015年5月31日；

（2）原评估报告的资产中不包括甲1二期井田、三期井田和甲3煤矿；

（3）其他。

律师建议：

（1）将评估报告的基准日调整为2015年12月31日；

（2）将甲1二期井田、三期井田和甲3煤矿作为资产纳入评估资产的范围；

（3）将甲公司本部和两个分公司的应缴税金（增值税进项税）作为资产纳入评估；

（4）政府补贴的598万元应当定性为公司的资产并纳入评估。

4. 建议按照如下原则分割资产和负债：

（1）资产随矿走；

（2）负债随资产走；

（3）合同随资产走；

（4）诉讼随合同和负债走；

（5）人员随资产走；

（6）用支付差价的方法调整分配额。

《甲公司的问题及解决方法》的报告提交后，经委托人与律师团队沟通，并与A公司协商，最终确定采取分立方法。至此，“拆除”合资，打破“僵局”的方案得以最终确定。

在分立方法确定之后，律师团队根据法律尽调获得的有关信息，进行了风险分析和防范措施论证，向委托人提交了《分立风险及防范措施建议》的报告。其主要内容如下：

一、需要B公司防范的主要法律风险

1. 根据《公司法》第一百七十六条的规定，分立之后的公司对分立之前的债务承担连带责任，分立之后B公司持有的公司有被分割A公司的债务的债权人要求连带偿还债务的风险；

2. 甲公司向银行借款本金及利息超过11亿元，均由股东双方提供保证担保，分立之后B公司有被迫承担保证人义务的风险；

3. 由于甲公司停产，许多员工离开公司，虽然没有要求公司给予经济补偿，但不能保证以后不向公司提出补偿的要求；

4. 由于甲公司处于“僵局”状态，资金没有来源，结欠各种款项金额较大，甲公司可能遭受大量诉讼，B公司所持公司也有就此承担违约金的风险；

5. 大量正在建设工程停建，不能尽快恢复建设，导致维护成本高、恢复建设成本高。

二、防范风险措施建议

1. 对第1个风险的防范措施建议

这项风险主要来自于分割给A公司的负债，即甲1分公司（分立后A公司持有甲公司总部和甲1分公司）的直接负债362700274.78元和甲公司本部银行以外的直接负债约1.5亿元（关于银行贷款在下边讨论），这大约5个亿的负债全部为分割给A公司的甲公司分立前的负债，依据《公司法》第一百七十六条关于“公司分立前的债务由分立后的公司承担连带责任”的规定，如果分立之后的存续公司（由A公司持有）不能如数按期偿还，其债权人有权依法要求B公司持有的公司（分立后新设公司）承担连带责任。

但是同是根据《公司法》第一百七十六条规定，“公司在分立前与债权人就债务清偿达成的书面协议另有约定的除外”，根据法律尽调获得的信息，上述债务的债权人绝大部分为A公司的下属企业，B公司可以利用这层关系，要求A公司促使这些债权人与分立前的甲公司订立债务清偿协议，明确约定该等负债由A公司持有的公司偿还，债权人放弃向B公司持有的公司追偿的权利，作为防范该项风险的措施。

律师建议：

在公司分立前通过A公司安排甲公司与尽可能多的债权人签订放弃要求B公司所持公司承担连带责任的协议。

2. 对第2个风险的防范措施建议

截至2015年12月31日，甲公司向银行借款本金和利息合计超过11亿多元，均由股东双方按照股份比例提供保证担保。根据本建议书第一部分的分析，B公司持有的公司要分割承担其中的6亿至7亿，分立后A公司持有的公司要分割承担其中的4亿至5亿。对这些银行贷款尽管股东双方按份为其提供了保证担保，但如果A公司所持公司承担的部分不能及时归还，银行作为债权人既可以要求贵司按照保证担保比例承担担保责任，也可以根据《公司法》第一百七十六条的规定，关于分立之后的公司对分立之前公司的债务承担连带责任的规定，要求B公司持有的公司承担连带偿还责任。

对该项风险律师建议贵司采取如下措施进行防范：

与A公司和贷款银行协商并订立协议，将银行对甲公司的贷款按照A公司所持公司和B公司所持公司应当分割承担的数额进行分割，分割给A公司所持公司的部分由A公司独自提供保证担保，分割给B公司所持公司的部分由B公司独自提供保证担保，且银行放弃行使《公司法》第一百七十六条规定的连带追偿权；

3. 对第3个、第4个、第5个风险的防范措施建议

律师建议通过尽快完成甲公司分立，摆脱公司僵局的方法防范。

律师另外提示：

上述风险并非因公司分立而生，即使甲公司不分立这些风险依然存在，并且会因为无法解决公司僵局而日益增加。

在提供前述报告的同时，律师团队还向当事人提交了《纳税义务论证》。其主要内容如下：

一、营业税（增值税）

根据《营业税暂行条例》第四条的规定，纳税人提供应税劳务、转让无形资产或者销售不动产，按照营业额和规定的税率计算应纳税额。根据财政部、国家税务总局《关于转让自然资源使用权营业税政策的通知》（财税〔2012〕6号）第一条的规定，在《国家税务总局关于印发〈营业税税目注释〉（试行稿）的通知》（国税发〔1993〕149号）第八条“转让无形资产”税目注释中增加“转让自然资源使用权”子目。

根据《营业税改征增值税试点实施办法》第一条、第十五条以及《销售服务、无形资产、不动产注释》的规定，从2016年5月1日开始，销售自然资源使用权（包括土地使用权、探矿权、采矿权等）需要缴纳增值税（营改增），其中转让土地使用权和不动产的税率为11%，转让自然资源使用权税率为6%。

甲公司在分立时可能需要对甲2煤矿和甲3煤矿的采矿权、探矿权权属进行变更，可能需要对不动产（包括土地使用权）权属进行变更，按照规定可能会涉及增值税（不再缴纳营业税）。其中，存续公司可能会涉及增值税销项税，接受方可能会涉及增值税进项税。

根据国家税务总局2011年13号公告和《营业税改征增值税试点有关事项的规定》第一条第（二）项的规定：在资产重组过程中，通过合并、分立、出售、置换等方式，将全部或者部分实物资产以及与其相关联的债权、负债和劳动力一并转让给其他单位和个人，不属于增值税的征税范围，对其中涉及的不动产、土地使用权转让行为也不征收增值税。

据上，甲公司本次分立涉及的货物资产、不动产、土地使用权的变更不应当征收增值税。

二、契税

根据《契税暂行条例》第一条的规定，在中华人民共和国境内转移土地、房屋权属，承受的单位和个人为契税的纳税人，应当依照规定缴纳契税。甲公司分立项目如果涉及土地、房屋等权属的变更，按照规定需要缴纳契税。

但财政部、国家税务总局《关于进一步支持企业事业单位改制重组有关契税政策的通知》（财税〔2015〕37号）规定，公司依据法律规定、合同约定分立为两个或两个以上与原公司投资主体相同的公司，对分立后公司承受原公司土地、房屋权属，免征契税。即公司分立只要保持分立前后公司的股东不发生变动，就可以享受免缴契税的优惠。

据上，如果甲公司分立后，A公司全资持有一个公司，B公司全资持有一个公司，新设公司需要对分割给其的土地使用权和不动产缴纳契税。

三、土地增值税

根据《土地增值税暂行条例》第二条的规定，转让国有土地使用权、地上的建筑物及其附着物并取得收入的单位和个人，为土地增值税的纳税义务人，应依照规定缴纳土地增值税。甲公司分立项目涉及的土地使用权、建筑物权属的变更，在对相关分立资产进行估值时，一旦出现评估值高于原（净）值的情况，就会产生土地增值税的纳税义务。

但财政部、国家税务总局《关于企业改制重组有关土地增值税政策的通知》（财税〔2015〕5号）文中规定，按照法律规定或者合同约定，企业分设为两个或者两个以上与原企业投资主体相同的企业，对原企业将国有土地、房产权属转移、变更到分立后的企业，暂不征收土地增值税。即公司分立中只要保持分立前后的出资人主体不发生变动，即使出现土地使用权、建筑物等的增值也可以享受免缴土地增值税的优惠。

据上，如果甲公司分立后，存续公司和新设公司由两家股东分别持有，且出现土地、建筑物等增值的情形，则原甲公司需缴纳土地增值税。

四、附加税

附加税是以营业税、增值税、消费税的纳税金额为基础，由缴纳该等税的义务人承担附加的纳税义务。

据上，甲公司本次分立是否会发生附加税的纳税义务视是否发生主税的纳税义务而定。

五、印花税

印花税是对书立、领受具有法律效力的凭证的行为所征收的一种税，因此甲公司在分立的过程中签署合同和新公司新建账簿的行为均需要缴纳印花税。

六、企业所得税

据《企业所得税法实施条例》等的规定，新设公司从甲公司分割资产的行为，视同转让资产，按照所得额缴纳企业所得税。但如果分立后的存续公司和新设公司均由A公司和B公司持股，按照财政部、国家税务总局《关于企业重组业务企业所得税处理若干问题的通知》（财税〔2009〕59号）的规定，甲公司可以不确认资产转让所得，享受递延纳税的优惠。

据上，如果A公司和B公司各自独资持有一个分立后的公司，且新设公司分割的资产发生评估增值，则将由甲公司承担企业所得税的纳税义务。

综上，律师认为：

如果贵司持有甲2煤矿和甲3煤矿的资产，最好这些资产的估值既不增值，也不贬值，这样处理既可以控制分立的税收成本，也不会增加新设公司以后的税收成本。

当委托人决意通过分立方式“拆除”合资后，律师团队应委托人要求，制作并提交了《关于甲公司分立的程序》的报告。主要内容如下：

第一步，股东双方就甲公司分立进行非正式的沟通，达成意向性的合意，甲公司的分立必须股东双方一致同意，没有初步合意无法开展以后的工作。同时就B公司拟将持有的股权转让给B2公司向A公司作出说明，求得其理解和支持。

第二步，清产核资，确定分立基准日公司的资产总额和负债总额，包括如下工作：

1. 对甲公司进行法律尽职调查（完成）；

2. 对甲公司进行审计（基本完成，需增补 2015 年 5 月 30 日至 2015 年 12 月 31 日部分）；

3. 对甲公司分立基准日的资产和负债进行评估（基本完成，需增补 2015 年 5 月 30 日至 2015 年 12 月 31 日部分）。

第三步，完成 B 公司向 B2 公司的股权转让，包括如下工作：

1. 报经上级公司批准；

2. 签订股权转让协议（因 B2 公司是 B 公司的全资子公司，故股权转让可以通过协议完成）；

3. 修改甲公司章程（鉴于 B 公司和 B2 公司的关系及为了工作的连续性不更换 B 公司向甲公司委派的董事）；

4. 缴销外商投资企业批准证书；

5. 工商备案并取得新的营业执照。

第四步，拟订分立方案，包括如下工作：

1. B 公司（涵盖转股后的 B2 公司，下同）和 A 公司根据清产核资的情况，协商拟订甲公司的分立方案，包括分立方式的确定，甲公司资产在评估基础上的最终定价，负债的定价，资产和负债的分割方案，职工安置方案，正在履行的合同和未决诉讼的处理方案，等等。执行资产随矿走；负债随资产走；诉讼随合同和负债走；员工随资产走的原则。

2. 与银行和其他主要债权人进行协商，目的是取得这些债权人对甲公司分立的理解和支持，签订有关协议处理好贵司对甲公司负债的担保责任和分立后贵司所持公司对甲公司负债的连带责任，以防范贵司的风险。

第五步，分立决策，需要完成以下工作：

1. 股东双方分别向上级公司或主管部门申报甲公司分立项目，包括分立目的、分立方案和法律尽调报告、审计报告和评估报告；

2. 在取得批准之后股东双方签署附条件生效的分立协议；

3. 甲公司召开董事会会议，批准公司分立和分立方案；

4. 甲公司召开职工代表大会通过职工安置方案；

5. 分立新设公司申请名称预核准，取得企业名称核准证书。

第六步，签订法律文件，需要完成以下工作：

1. 签署分立协议；

2. 贵司起草分立新设公司章程并由授权代表签署；

3. A 公司修改其持有的存续公司的章程；

4. 签署职工安置协议。

第七步，通知和公告，需要完成以下工作：

1. 甲公司在公司董事会通过分立决议后 10 日内向债权人发出公司分立的通知；

2. 甲公司在公司董事会通过分立决议后 30 日内在省级以上报纸上公告公司分立。

第八步，工商备案，需要完成以下工作：

1. 持董事会关于分立的决议、上级批文、分立协议、甲公司资产和负债明细表、职工安置协议、存续公司章程修正案等文件向工商机关进行存续公司变更备案，取得新的营业执照；

2. 持董事会的分立决议、上级批文、分立协议、甲公司资产和负债明细表、职工安置协议、分立新设公司章程、名称预核准证书等文件向工商机关进行分立新设公司登记，取得营业执照。

第九步，分割资产和负债：

1. 甲公司按照分立协议的约定向 B 公司持有的分立新设公司移交资产和负债，包括转移占有及产权过户；

2. 新公司财务建账，按照分立协议约定的价格借各类资产，贷各类负债和实收资本，以后新公司按照分割资产的作价额计提折旧和摊销成本。

第十步，与贷款银行达成协议：

与贷款银行达成协议是本次分立中 B 公司的一项重点工作，在律师的帮助下，几经周折终于与三家贷款银行达成协议，不仅使分立可行，而且也防范了 B 公司的风险。下面是一份与贷款银行签订的协议的主要内容：

本协议由以下各方签署：

甲方：中国工商银行股份有限公司 × × 支行

法定代表人或授权代表：

地址：

乙方：B2 有限公司

法定代表人：

地址：

统一社会信用代码：

丙方：B 公司

授权代表：

地址：

丁方：A 公司

法定代表人：

地址：

统一社会信用代码：

戊方：甲公司

法定代表人：

地址：

统一社会信用代码：

鉴于：

1. 丙方与丁方于2007年____月____日共同签订了《中外合资经营甲公司合同》《中外合资经营甲公司章程》，并于同年9月13日登记成立了中外合资的甲公司（即本协议的戊方）。

2. 丙方已将其持有的戊方49%的股权转让给乙方，并于2017年____月____日之前完成了股权转让的全部手续，现戊方的股东为乙、丁两方，其中丁方持股51%，乙方持股49%。

3. 2012年____月____日，戊方与甲方签署《固定资产借款合同》[编号：2012年（××）____号]，约定借款本金人民币2亿元（贰亿元整），戊方已于2014年7月10日归还甲方借款本金0.13亿元，截至目前尚余借款本金1.87亿元。为担保该借款合同的履行，丙方、丁方分别与甲方签署了《最高额保证合同》[编号：2012年××（保）字____号]、《最高额保证合同》[编号：2012年××（保）字____号]。

4. 2012年12月26日，戊方与甲方签署《固定资产借款合同》[编号：2012年（××）字____号]，约定借款本金人民币3亿元（叁亿元整）。为担保该借款合同的履行，丙方、丁方分别与甲方签署了《最高额保证合同》[编号：2012年××（保）字____号]、《最高额保证合同》[编号：2012年××（保）字____号]。

5. 乙方、丁方拟分立戊方；分立后，本协议的乙方持有戊方分立后新设立的公司（以下简称新设公司）100%的股权，丁方持有分立后存续的公司（以下简称存续公司）100%的股权。

现各方就新设公司偿还其欠甲方借款本息事项及相关问题，在协商一致的基础上，签订本协议。

第1条　定义

第2条　负债分割

甲方同意，分立前戊方欠甲方借款本息（含罚息和滞纳金）的51%分割给存续公司，由存续公司偿还，甲方放弃根据合同法、公司法及其他法律、法规、规章的规定要求“新设公司”对上述债务承担连带责任的权利，亦不对持有“新设公司”股权的乙方或者丙方主张任何权利；分立前戊方欠甲方借款本息（含罚息和滞纳金）的49%分割给新设公司，由新设公司偿还，甲方放弃根据合同法、公司法及其他法律、法规、规章规定要求“存续公司”对上述债务承担连带责任的权利，亦不对持有“存续公司”股权的丁方主张任何权利。

第3条　借款本息及偿还主体

3.1 各方确定，截至2016年【】月【】日，甲方与戊方签署的借款合同项下戊方欠甲方借款本息合计____________元（大写：____________），其中本金____________元，利息________元，罚息和滞纳金____元。

3.2 甲方同意免除乙方及其持有的新设公司因上述贷款逾期归还而产生的罚息和滞纳金。

3.3 由乙方持有的新设公司承担偿还上述借款本息49%的义务，甲方同意对新设公司承担的正常计息部分减免______万元，即新设公司需向甲方偿还借款本息合计____________。

3.4 由丁方持有的存续公司承担偿还上述借款本息（含罚息和滞纳金）51%的义务。

3.5 甲方同意解除丙方对戊方在甲方处贷款本息的连带责任担保义务。

分立协议定稿

在分立方案确定后，在与贷款银行沟通的同时，股东双方及双方的律师结合分立协议进行了一次面对面的协商，之后进行了多次电话协商和邮件沟通，最后分立协议定稿。分立协议的主要内容如下。

本协议由以下各方签署：

甲方：A公司

法定代表人：

地址：

统一社会信用代码：

乙方：B2 公司

法定代表人：

地址：

统一社会信用代码：

第一条　定义

第二条　被分立公司概况

2.1 公司名称：甲公司；

2.2 公司住所：

2.3 法定代表人：

2.4 注册资本：人民币 8 亿元；

2.5 实收资本：人民币 8 亿元；

2.6 股东及出资情况：

序号	股东姓名	出资额（人民币，亿元）	出资方式	出资比例（%）
1	六枝工矿	4.08	货币	51%
2	贵州天润	3.92	货币	49%
合计		8	—	100%

2.7 经营范围：法律、法规、国务院决定规定禁止的不得经营；法律、法规、国务院决定规定应当许可（审批）的，经审批机关批准后凭许可（审批）文件经营；法律、法规、国务院决定规定无须许可（审批）的，市场主体自主选择经营；

2.8 登记机关：×××市工商行政管理局；

2.9 成立日期：2007 年____月____日；

2.10 营业期限：2007 年____月____日至____年____月____日；

2.11 统一社会信用代码：

2.12 公司类型：有限责任公司；

2.13 企业状况：合法存续。

第三条 分立方式

本次甲公司分立采用存续分立的方式，被分立公司存续（以下简称存续公司），新设一家公司（以下简称新设公司），被分立公司按照本协议的约定将其部分资产和部分负债分割给新设公司。

第四条 存续公司工商登记（变更）情况

4.1 名称：甲公司；

4.2 注册资本：人民币4.08亿元；

4.3 股东和持股比例：甲方持有存续公司100%的股权；

4.4 住所：

4.5 法定代表人：

4.6 经营范围：法律、法规、国务院决定规定禁止的不得经营；法律、法规、国务院决定规定应当许可（审批）的，经审批机关批准后凭许可（审批）文件经营；法律、法规、国务院决定规定无须许可（审批）的，市场主体自主选择经营。

第五条 新设公司工商登记情况

5.1 名称：暂定为B2公司×××有限公司（以工商机关核准的名称为准）；

5.2 注册资本：人民币39200万元；

5.3 股东和持股比例：乙方持有新设公司100%的股权。

第六条 分立评估基准日

分立评估基准日：2015年12月31日。

第七条 资产、负债分割原则

根据公平交易的原则，本着有利于分立后各公司生产经营的宗旨，经甲乙双方协商一致同意，按照如下原则对被分立公司的资产和负债进行分割：

7.1 净资产分割：依据丙方于2015年____月____日召开的二届董事会第六次会议审议通过的×××公司出具的［〔2016〕第____号］评估报告。截至2015年12月31日丙方账面资产总额261648.61万元，评估值238194.41

万元；负债总额 181648.61 万元；账面净资产合计 8 亿元，评估后净资产 56545.8 万元。双方按持股比例分配净资产，即甲方分得 28838.36 万元，乙方分得 27707.44 万元。

7.2 资产分割：双方按约定对资产包进行分割，即存续公司分得甲公司本部和甲 1 分公司组成的资产包；新设公司分得甲 2 分公司和甲 3 煤矿组成的资产包。

7.2.1 分立前甲公司本部、甲 1 分公司的全部资产，包括但不限于甲 1 分公司的探矿权、采矿权、土地使用权、房屋建筑物、在建工程、工程物资和应收账款、预付账款等全部留存在存续公司。

7.2.2 分立前被分立公司的甲 2 分公司、甲 3 煤矿的全部资产，包括但不限于探矿权、采矿权、土地使用权、房屋建筑物、在建工程、工程物资、应收账款、预付账款等全部分割给新设公司。

7.3 负债分割。

7.3.1 银行债务分割：被分立公司全部银行贷款的本息（含罚息和滞纳金）按照股东双方对被分立公司的持股比例分割给存续公司和新设公司，截至 2015 年 12 月 31 日，被分立公司银行贷款本息合计 116219.76 万元，其中存续公司分担 51%（59272.08 万元），新设公司分担 49%（56947.68 万元），2015 年 12 月 31 日以后发生的利息按照存续公司 51%，新设公司 49% 的比例分割。

7.3.2 经营负债（除银行贷款以外的都归属于经营负债）随资产项目走，即是哪块资产项目产生的债由它对应的资产项目承担，并由甲乙双方与主要债权人签订债务承担协议。

7.3.3 根据××律师所为丙方分立所制定的分立方案，甲 2 分公司申报但未报进度或未终审的工程 26 项，金额 4014.23 万元；甲 1 分公司申报但未报进度或未终审的工程 27 项，合计 5861.17 万元，上述工程因未进行工程结算审计，无法确认工程量和金额，丙方暂未入账但属于丙方已披露的可能产生的负债。甲 2 分公司和甲 1 分公司不超过前述金额的可能产生的负债，按照随资产项目走的原则，即是哪块资产项目产生的债由它对应的资产项目承担。前述申报但未报进度或未终审的工程产生的负债超过前述金额的，超过部分的金额按照本协议第九条的约定处理。

第八条 净资产差额补偿

8.1 依据丙方于2015年____月____日召开的二届董事会第六次会议审议通过的××律师所为丙方分立所制定的分立方案。截至基准日新设公司分得甲2资产包多取得了净资产18168.05万元。鉴于存续公司比新设公司多取得具有探矿权的资源储量3.8亿吨等情况，各方协商同意，新设公司向存续公司补偿净资产差价17168.05万元（人民币大写壹亿柒仟壹佰陆拾捌万零伍佰元整）。

8.2 支付净资产差价的时间：甲2采矿权过户至乙方名下之日起15个工作日内新设公司向存续公司支付净资产差价的50%；甲2煤矿管理权移交之日（双方签署资产交接清单日）起15个工作日内，新设公司向存续公司支付净资产差价的40%；甲3煤矿探矿权过户至新设公司或其指定的其他公司名下后15个工作日内，新设公司向存续公司支付净资产差价的10%。

8.3 该净资产差价在超过约定时间支付的，由新设公司向存续公司按照中国人民银行一年期贷款利率支付逾期付款利息。

8.4 甲方和存续公司保证按照本协议的约定向新设公司移交的资产或与其相关的任何权利和利益，不存在任何抵押权、质押权或第三人对于移交资产的权利主张；若存续公司无法向新设公司移交资产，或者移交的资产存在抵押、质押或第三人主张权利的瑕疵，则新设公司有权从任意一次付款中扣除与相应资产评估价相等的金额。

8.5 B公司为新设公司向存续公司支付净资产差价提供保证，若新设公司在超过前述约定的任何一期支付时间30个工作日仍不向存续公司支付净资产差价的，存续公司有权向B公司索要。

第九条 或有负债的处理方法

被分立公司发生账外负债、丙方未披露的负债、未进入本次分立评估明细表的负债、未列于协议附件的负债（以下统称或有负债），按债随资产项目走的原则由分得资产的一方承担。当该等或有负债的金额累计超过500万元后，该超过部分由分立后的存续公司和新设公司按照51%和49%的比例分担。但新设公司不承担与主营业务无关（如为第三方担保等事宜）的或有负债，如新设公司承担了该等负债，新设公司有权向存续公司追偿。

第十条　诉讼的处理方法

股东双方一致同意截至本协议签署日所有未完诉讼和仲裁，包括已经立案的诉讼和仲裁，处于二审或再审中的诉讼，处于执行中的诉讼和仲裁，一律按照诉讼或仲裁随资产和负债走的原则，由分得该资产或负债的公司继续主张权利和履行义务。

第十一条　期后事项处理

对被分立公司自评估基准日至分立完成日期间所产生影响存续公司和新设公司应当分得净资产额的资产、权益、负债和义务等变化进行专项审计，进而确定评估基准日至分立完成日丙方净资产损益，其损益由甲乙双方按持股比例承担。相应的金额应在审计报告出具后15个工作日内支付。

第十二条　职工安置方案

12.1 截至分立基准日，被分立公司全部在册职工人数为609人，其中甲公司本部7人，甲2分公司256人，甲1分公司346人。

12.2 根据人员随着资产走的原则，属于甲公司本部和甲1分公司的职工由存续公司接收安置；属于甲2分公司的职工，应当由新设公司接收安置。

12.3 B公司、A公司已就员工安置方案签署《甲公司分立职工安置专项协议》，乙方予以认可并与甲方共同承诺认真履行该专项协议。

第十三条　分立工作

13.1 本协议经甲乙双方协商一致后，甲乙双方根据各自应当遵守的法规和管理制度，分别将本协议连同审计报告、评估报告、分立方案等一并报上级企业或有权机关。

13.2 待甲乙双方的上级企业或有权机关批准分立事项后，华隆公司召开董事会/股东会，作出同意分立的决议。

13.3 分立公司自作出分立决议之日起10日内通知债权人，并于30日内在报纸上公告。

13.4 甲公司召开职工代表会通过分立方案和职工安置方案。

13.5 新设公司向工商机关申请核准公司名称，取得公司名称核准书。

13.6 存续公司修改公司章程，新设公司制定公司章程。

13.7 公告满45天后向工商机关申请存续公司变更登记和新设公司设立登记。

13.8 在新设公司设立完成后，根据本协议附件1和附件2的规定对被分立公司的资产和负债进行分割。分割行为包括但不限于变更所有权、转移占有、财务账目处理和证照过户等。

13.9 由分立后的存续公司和新设公司分别向自己的债务人、债权人和协议相对人发出关于公司分立和有关权利义务主体变更的通知。

13.10 本协议签订且被分立公司持有的甲2煤矿采矿权过户至乙方名下5个工作日内，双方开始交接工作，乙方应着手安排有资格的主体接管甲2煤矿，清点资产，接收管理。

第十四条　甲方和丙方的承诺与保证

就本协议约定的分立事项，甲方、丙方并代表存续公司向乙方及乙方持有的新设公司承诺并保证如下：

14.1 签署本协议已经履行了内部和外部的全部审批程序并获得了有效的批准和同意，是有效的行为；

14.2 不折不扣地履行本协议，并尽自己的所能帮助乙方和新设公司完成资产和负债的分割，包括但不限于探矿证、采矿证、土地证的过户和有关复工手续的办理等事项，并在分割资产和负债的同时向新设公司移交与新设公司相关的档案，包括但不限于基建档案、设备档案、会计档案、经营管理档案、生产技术管理档案等；

14.3 安排被分立公司尽量与所有被分立公司的债权人签署协议，约定凡是分割给存续公司的被分立公司的债务及利息、债权人的损失和费用概不向新设公司和乙方及原股B公司主张；

14.4 如期偿还分割给存续公司的各种负债，不使乙方和新设公司对该等负债承担连带责任和担保责任，否则赔偿乙方及新设公司因此而产生的损失；

14.5 甲方控股或能够控制的分割给存续公司的负债的债权人，在任何情况下不得要求乙方和新设公司对该等负债承担连带责任。

第十五条　乙方的承诺与保证

就本协议约定的分立事项，乙方及乙方持有的新设公司向甲方及甲方持有的存续公司承诺并保证如下：

15.1 签署本协议已经履行了内部和外部的全部审批程序并获得了有效的批准和同意，是有效的行为；

15.2 不折不扣地履行本协议；

15.3 如期偿还分割给新设公司的各种负债，不使甲方和存续公司对该等负债承担连带责任，否则赔偿甲方及存续公司因此而产生的损失。

……

第十九条　税费承担

分立过程中发生的税费，根据有关税法的规定由甲方、乙方、存续公司和新设公司分别缴纳。分立完成后，存续公司和新设公司就分立过程中发生的税费，按照存续公司 51%、新设公司 49% 的比例与本协议约定的期后事项对应价款同时进行结算。

第二十条　其他

工商登记工作

分立协议签订后，在律师的协助下，甲公司完成了分立变更登记，B2 公司完成了分立新设公司的登记工作。工商登记完成后甲公司、A 公司、B2 公司按照分立协议的约定完成了资产和负债的移交，并签署了移交纪要。至此，甲公司的分立工作完成。

股权并购主要资产为厂房的公司如何课税

——律师和税务局关于能否穿透课税的较量

承办律师：梁晶、何均岚

梁晶：四川天润华邦律师事务所高级合伙人。目前担任四川省律师协会监事会业务监督委员会秘书长，具有证券业从业人员资格，深圳证券交易所上市公司独立董事资格。主要业务领域为金融证券类商事诉讼、政府法律顾问。

商事诉讼代表业绩：代表某集团公司，代理某资产管理公司诉某集团公司因履行差额补足协议引发的合同纠纷案（诉讼标的额：2亿元；一审法院：四川省高级人民法院；二审法院：最高人民法院）；代表某集团公司，代理某投资管理公司诉某集团公司因履行差额补足协议引发的合同纠纷案（诉讼标的额：5600万元；裁决机构：中国国际经济贸易仲裁委员会）。

在非诉讼领域，作为主办律师为电力公司主辅分离（包括主业资产收购、集体企业收购、股权转让、清算关闭等）项目、某上市公司发行认股权和债券分离交易的可转换公司债券并上市项目、申请股票在全国中小企业股份转让系统挂牌并公开转让项目、专项债券发行项目提供专项法律服务。

何均岚：四川天润华邦律师事务所执行主任，合伙人律师。

从业10年以来，一直致力于建筑房地产类法律实务操作，专注于建筑工程专项法律事务、房地产企业并购法律事务等，拥有哈佛大学谈判与调停诊所项目培训证书、香港大学法律学院研修班结业证书、深圳证券交易所上市公司独立董事资格等专业资格。

何均岚律师也致力服务于金融领域，曾代表某集团公司，代理某资产管理公司诉某集团公司因履行差额补足协议引发的合同纠纷案（诉讼标的额2亿元；一审法院：四川省高级人民法院）；代表某集团公司，代理某投资管理公司诉某集团公司因履行差额补足协议引发的合同纠纷案（诉讼标的额5600万元；裁决机构：中国国际经济贸易仲裁委员会）。

主要荣誉：

2013年获四川省律师协会颁发的“2010—2012年度四川省优秀青年律师”。

2017年获四川省成都市青羊区司法局颁发的“成都市青羊区2016年度十大优秀公益律师”。

2018年获中国民主同盟会成都市委员会颁发的“2018年度成都民盟社会服务工作先进个人”。

◎ 一拍即合——基于市场需要而进行的资产重组

一、项目背景：内资B股份公司因环评问题挂牌新三板受阻，外资A有限公司决定停止继续投资页岩气项目

A有限公司（以下简称A公司或卖方）是依照《外资企业法》在中国境内设立的全部资本由外国投资者投资的企业，依法具有中国法人资格。其依据《关于外商投资企业境内投资的暂行规定》在中国境内投资设立了目标公

司（外商投资企业投资），A 公司持有目标公司 100% 股权。

B 股份公司（以下简称 B 公司或买方）是一家股份有限公司，为挂牌新三板刚完成改制工作，但因环评问题项目被暂时搁置。

目标公司（以下简称目标公司）是一家外商独资有限责任公司，在买卖双方磋商之时注册资本为 1800 万美元。

由于 A 公司市场战略调整之需要准备撤离相关市场，目标公司名下的土地、厂房、机器设备以及完善的生产线成为撤离时需要解决的一大问题。同时，目标公司还有一批持证上岗作业的员工尚处于劳动合同期限内，且目标公司环评检测均符合国家相关规定，环评手续齐全。如此一来，A 公司与 B 公司出售和购买目标公司 100% 股权事项被正式提上谈判日程。

二、重组目标

如何能够在短期通过并购满足环评需要，实现 B 公司挂牌新三板的目的，是首要考虑因素。另外，B 公司如何以较低的成本实际控制或者说享有目标公司名下的相关资产是交易双方都关心的问题。

◎ 审慎调查——法律尽调

在本次交易中，律师作为 B 公司的专项法律顾问，其工作内容主要包括：协助 B 公司与 A 公司、目标公司进行磋商洽谈，完成对目标公司以及其股东 A 公司、实际控制人的法律尽职调查工作，特别是对目标公司名下的资产、人员、知识产权、生产线、环保事务进行充分的调查与论证，在最节税和降低法律风险的前提下完成委托人 B 公司的诉求。下面是法律尽调获得的基本信息：

1. A 公司

A 公司成立于 1994 年，注册资本为 1.2 亿美元，类型为外国法人独资的有限责任公司，经营范围为从事和促进国家鼓励和允许的石油、燃气、化学、煤炭、电力等基础设施工业及其他相关行业内的投资。

2. 目标公司

目标公司成立于2003年，注册资本为1800万美元，类型为外商独资有限责任公司，经营范围为生产加工沥青产品；销售沥青产品、沥青生产原辅材料及其他石油化工产品（危险化学品除外）；从事上述产品的进出口业务、仓储和相关技术咨询服务；提供沥青生产设备和沥青道路工程设备的租赁服务。(依法须经批准的项目，经相关部门批准后方可开展经营活动)

目标公司名下的主要资产包括土地使用权及房屋：

<table>
<tr><th>序号</th><th>名称</th><th>用途</th><th>面积（m²）</th><th>权利性质</th></tr>
<tr><td>1</td><td>土地使用权证书</td><td>工业</td><td>2000</td><td>出让</td></tr>
<tr><td>2</td><td rowspan="6">房屋所有权证书</td><td>办公用房</td><td>600</td><td rowspan="6">市场化商品房</td></tr>
<tr><td>3</td><td rowspan="5">生产用房</td><td>700</td></tr>
<tr><td>4</td><td>400</td></tr>
<tr><td>5</td><td>700</td></tr>
<tr><td>6</td><td>200</td></tr>
<tr><td>7</td><td>300</td></tr>
</table>

考虑到目标公司的现有情况是已经完全停止生产作业且不存在正在履行或尚未履行的合同，公司印鉴章均处于封存状态，此时的法律尽职调查重点包括：

一、目标公司股东是否存在未履行或未全面履行出资义务的情况

《最高人民法院关于适用〈中华人民共和国公司法〉若干问题的规定(三)》第十八条第一款规定："有限责任公司的股东未履行或者未全面履行出资义务即转让股权，受让人对此知道或者应当知道，公司请求该股东履行出资义务、受让人对此承担连带责任的，人民法院应予支持；公司债权人依照本规定第十三条第二款向该股东提起诉讼，同时请求前述受让人对此承担连带责任的，人民法院应予支持。"

基于此规定，B公司作为买方应当对目标公司股东即A公司的出资情况进行尽调，并要求A公司对全面履行出资义务进行承诺与保证，以保证B公司在承担责任后追偿权的实现。特别需要提醒的是，追偿权的对象是未履行或者未全面履行出资义务的股东，约定争议解决方式及管辖应当作为考虑因素。经过律师调查并与负责财务尽调的人士沟通，确定A公司已经完成对目标公司的出资义务，其出资方式、金额、期限符合公司章程的规定，且没有发现出资后抽逃的问题。

二、股权是否明晰

A公司应当保证，所出让的股权没有设立任何质押和第三人权利，其对所出让的股权拥有完全的所有权并可以合法转让。这句话的含义是交易股权的权属必须明晰。

股权明晰是指公司的股权结构清晰，权属分明，真实确定，合法合规，股东、实际控制人及其关联股东或实际支配的股东持有公司的股权不存在权属争议或潜在纠纷。在本次交易中，我们不仅需要了解工商登记股东的股权权属，亦应当对实际控制人是否对权属存在争议或潜在纠纷进行尽职调查。了解实际控制人，是基于在《公司法》的法律概念中，实际控制人不是目标公司的股东，但通过投资关系或其他安排能够实际支配公司。所以除了取得A公司的承诺与保证，目标公司实际控制人基于此交易的保证也非常重要。经过对A公司和目标公司的设立过程，包括外商投资企业批准证书、公司章程、外汇登记证书、出资手续及验资报告的核查，并实际查阅两个公司的工商档案，确定目标公司、A公司的股权清晰、明确，A公司享有出让目标公司全部股权的权利。

三、或有负债的陈述与保证

目标公司的负债情况可以通过资产负债表体现，但并非所有的负债都会在交易前被浮出水面。隐形负债或者是或有负债的产生一是基于卖方在交易前的恶意隐瞒，也可能是债权人的权利主张还未到达目标公司。解决此类问题除了卖方的陈述与保证外，加入担保物及保证人条款是主要途径。通过尽调发现由于目标公司建成后基本没有投入生产，除基本建设期间的合同及往来账目外，基本没有其他负债，负债总额较小，且目标公司的合同管理、财务管理比较规范，经过对几笔债权债务的核证，认定账实相符。律师明确股权并购后并购方遭受目标公司或有负债损失的风险可控。

四、人员

目标公司提出进行股权收购的条件之一就是要保证在不低于现有薪资福利待遇的情况下保证全体雇员的连续性就业。尽调发现，目标公司与其员工按照劳动法和劳动合同法的规定签订劳动合同，并为员工缴纳各项社会保险和住房公积金，没有发现目标公司在用工方面违反法律、侵犯员工利益的情况。尽调也发现，目标公司作为外商独资企业，对其雇员在薪资福利、休息休假、劳动保障等方面确实高于同岗位社会平均水平。如果把员工的福利折算成金额的话，其在员工薪酬总额中的平均比重高达30%。这无疑成为B公司在收购时考虑的重要成本因素。

总之，通过尽职调查，律师认为目标公司股权清晰、明确，股东依法履行了出资义务，股权没有设定质押和其他他项权利。目标公司对其各项资产享有完整的权利，资产没有设定抵押和其他他项权利，债权债务关系明确，且账实相符。律师据实起草并向B公司提交了法律尽职调查报告，之后又向B公司的主要领导和项目负责人当面汇报了尽调的实际情况和风险应对建议。

◎ 架构初探——交易模式的选择

在法律尽调的基础上，律师首先为当事人设计了如下几套交易方案：

方案一：股权并购

一、法律可行性分析

B公司可以通过与A公司签订股权转让协议的方式，取得目标公司的全部股权，从而间接取得目标公司的全部资产。由于目标公司是外商投资企业，A公司出让目标公司的股权，不同于并购内资公司的股权，需要报经商务部门批准，但总体上可行性较高，受到绝对阻碍的可能性很小。在B公司收购目标公司股权的过程中，目标公司需要缴销外商投资企业批准证书和营业执照，变更登记为内资有限公司。

《公司法》规定股东向股东以外的人转让股权，应当经其他股东过半数同意。A公司为目标公司唯一股东，该交易中不存在涉及其他股东优先购买权的问题，节约了谈判的时间成本，实现并购目标的可能性较高。

二、财务考虑

如果选择A公司作为卖方向作为买方的B公司出售目标公司100%股权，根据《企业会计准则第33号——合并财务报表》，B公司作为投资方拥有对被投资方即目标公司的权利，通过参与被投资方的相关活动而享有可变回报，并且有能力运用对被投资方的权力影响其回报金额，100%股权收购后母子公司合并财务报表。

合并财务报表至少应当包括合并资产负债表、合并利润表、合并现金流量表、合并所有者权益（或股东权益）变动表及附注。股权转让后子公司的运行情况、经营情况是B公司应当考虑的重要因素，需要判断合并财务报表是否会对企业财务状况造成不良影响。

三、税务负担

（一）股权转让中涉及的税种

1. 印花税

根据《印花税暂行条例》所附《印花税税目税率表》规定，产权转移书据包括财产所有权和版权、商标专用、专利权、专有技术使用权等转移书据，由立据人按所载金额万分之五来贴花。根据国家税务总局《关于印花税若干具体问题的解释和规定的通知》（国税发〔1991〕155号）第十条的规定，财产所有权转移书据的征收范围是：经政府管理机关登记注册的动产、不动产的所有权转移所立的书据，以及企业股权转让所立的书据。转让企业股权应按上述规定缴纳印花税。

2. 企业所得税

国家税务总局《关于贯彻落实企业所得税法若干税收问题的通知》（国税函〔2010〕79号）第三条关于股权转让所得确认和计算问题规定：“企业转

让股权收入，应于转让协议生效、且完成股权变更手续时，确认收入的实现。转让股权收入扣除为取得该股权所发生的成本后，为股权转让所得。企业在计算股权转让所得时，不得扣除被投资企业未分配利润等股东留存收益中按该项股权所可能分配的金额。”在采取股权并购的交易模式下，A公司需要确认股权转让的损益，并并入主营业务计算缴纳企业所得税，但是B公司作为股权的购买方在本次交易中不会发生所得税的纳税义务。

（二）股权转让不涉及的税种

1. 公司股权转让中不缴纳契税

根据当时现行有效的财政部、国家税务总局《关于进一步支持企业事业单位改制重组有关契税政策的通知》（财税〔2015〕37号）第九条规定：“在股权（股份）转让中，单位、个人承受公司股权（股份），公司土地、房屋权属不发生转移，不征收契税。”

2. 股权转让不涉及增值税

在股权转让中，被转让企业的各项资产并未发生所有权转移，故不需要缴纳增值税。

3. 股权转让不涉及土地增值税

在股权转让中，目标公司的土地使用权及房屋建筑物所有权并未发生变更，故也不需要缴纳土地增值税。

综上，如果双方选择股权并购方式进行交易，无论对股权出让方A公司讲，还是对股权收购方B公司讲，无论是在法律的可行性上，还是在降低税收负担上，都是比较好的方案。

方案二：资产转让

一、法律可行性

资产转让就是目标公司与B公司签订协议，将目标公司名下的各类资产转让给B公司。在这种情况下，B公司方面或者将自己的登记地址变更到目标公司的地址，从而运营并购资产；或者在目标公司所在地设立自己的全资子公司，以该子公司为平台运营并购资产。在本交易中的资产转让主要是指土地使用权及地上建筑物的权利转让。土地使用权转让是指土地使用者将土地使用权再转移的行为，包括出售、交换和赠与，具体到本次交易中即为土地使用权及地上建筑物的出售。土地使用权及地上建筑物转让受《土地管理法》《城市房地产管理法》《物权法》《土地管理法实施条例》等一系列与土地使用权等转让有关的法律法规所调整。虽然资产并购不存在绝对的法律障碍，但其在程序上比起股权并购要复杂得多，而且在土地使用权和房屋建筑物过户时可能受到阻碍。

在选择资产收购的情况下，不仅作为收购方的B公司要考虑如何运营并购资产的问题，而且作为资产出让方的目标公司及股东A公司，还要考虑目标公司的清算问题，因为当目标公司将资产出让后，将成为一个失去经营能力的壳公司，股东A公司要想取回对目标公司的出资，唯一的出路就是将目标公司清算。而公司清算相比变更公司股东麻烦得多。

二、资产出让方的涉税问题和税收负担

（一）增值税和附加税

土地使用权属于无形资产，企业间直接转让土地使用权属于销售无形资产，应按财政部、国家税务总局《关于全面推开营业税改征增值税试点的通知》（财税〔2016〕36号）规定征收增值税。根据《营业税改征增值税试点实施办法》第十五条的规定，提供建筑、不动产租赁服务，销售不动产，转让土地使用权，税率为11%。国家税务总局《关于纳税人资产重组有关增值税问题的公告》（国家税务总局公告2011年第13号）明确规定："纳税人在资产重组过程中，通过合并、分立、出售、置换等方式，将全部或者部分实物资产以及与其相关联的债权、负债和劳动力一并转让给其他单位和个人，不属于增值税的征税范围，其中涉及的货物转让，不征收增值税。"《营业税改增值税试点有关事项的规定》（财税〔2016〕36号附件2）明确规定，不征收增值税项目包括"在资产重组过程中，通过合并、分立、出售、置换等方式，将全部或者部分实物资产以及与其相关联的债权、负债和劳动力一并

转让给其他单位和个人，其中涉及的不动产、土地使用权转让行为”。据此，如果选择资产收购方式，目标公司作为资产的出让方可以适用增值税的优惠政策，如果不发生增值税，就不会发生附加税。

（二）土地增值税

1. 纳税义务人

由于目标公司的资产主要表现为土地使用权和地上建筑物，根据《土地增值税暂行条例》规定：“转让国有土地使用权、地上的建筑物及其附着物（以下简称转让房地产）并取得收入的单位和个人，为土地增值税的纳税义务人（以下简称纳税人），应当缴纳土地增值税。”

2. 税率

土地增值税实行四级超率累进税率：增值额未超过扣除项目金额50%的部分，税率为30%。增值额超过扣除项目金额50%、未超过扣除项目金额100%的部分，税率为40%。增值额超过扣除项目金额100%、未超过扣除项目金额200%的部分，税率为50%。增值额超过扣除项目金额200%的部分，税率为60%。

应缴税额 = 增值额 × 税率 − 扣除项目金额 × 速算扣除系数，具体如下：

级数	增值额与扣除项目金额的比率	适用税率（%）	速算扣除系数（%）
1	不超过50%的部分	30	0
2	50%—100%的部分	40	5
3	100%—200%部分	50	15
4	超过200%的部分	60	35

财政部、国家税务总局《关于企业改制重组有关土地增值税政策的通知》（财税〔2015〕5号）第二条规定：“按照法律规定或者合同约定，两个或两个以上企业合并为一个企业，且原企业投资主体存续的，对原企业将国有土地、房屋权属转移、变更到合并后的企业，暂不征土地增值税。”在5号文之后，财政部和国家税务总局的有关部门组织答记者问，其中，有记者问：这次出台的政策与以往企业投资、兼并相关的土地增值税政策

相比，有什么变化？负责人答：此次出台的企业改制重组土地增值税政策，主要是对原有企业改制重组土地增值税优惠政策的规范与整合。具体而言，一是延续了企业以房地产作价投资、企业兼并相关土地增值税优惠政策，二是规范了企业兼并相关土地增值税政策表述，将兼并纳入合并，三是增加了享受土地增值税优惠的企业改制重组形式，将企业公司制改造、企业分立两种形式纳入优惠范围。

而此前企业兼并土地增值税执行一直适用财政部、国家税务总局《关于土地增值税一些具体问题规定的通知》（财税〔1995〕48 号文），该文第三条关于企业兼并转让房地产的征免税问题，明确“在企业兼并中，对被兼并企业将房地产转让到兼并企业中的，暂免征收土地增值税”。

据上，如果选择资产收购方式，目标公司也可适用土地增值税的有关优惠政策。

（三）印花税

土地使用权转让合同属产权转移书据，以合同中的金额为计税依据，按5‰的税率征收印花税。

（四）企业所得税

企业为企业所得税的纳税人，按规定缴纳企业所得税，企业每一纳税年度的收入总额，减除不征税收入、免税收入、各项扣除以及允许弥补的以前年度亏损后的余额，为应纳税所得额。企业的收入中就包括转让财产收入。

在选择资产收购的情况下，目标公司作为资产的出让方可能会产生企业所得税的纳税义务。

三、资产受让方的税务考虑

（一）印花税

土地使用权转让合同属于产权转移书据，以合同中的金额为计税依据，按 5‰的税率征收印花税。

（二）契税

《契税暂行条例》规定，在中华人民共和国境内转移土地、房屋权属，承受的单位和个人为契税的纳税人，应当缴纳契税。所称转移土地、房屋权属包括土地使用权转让和房屋买卖。契税税率为3%。

如果选择资产收购方式完成交易，B公司作为收购方会发生契税的纳税义务。

在完成上述功课后，律师将方案做成PPT，并向委托人B公司的主要领导和有关部门的负责人进行了现场汇报。律师提示虽然资产并购也有税收优惠政策，但这些税收优惠政策的表述不规范，不标准，各方理解不一，各地适用不一，且收购方B公司会发生数额不小的契税。而股权转让虽没有税收优惠政策，但只发生印花税和企业所得税，收购方只发生印花税是确定的。

◎ 尘埃落定——方案的确定与执行

一、方案的确定

在选择股权并购还是资产并购的问题上，大家一致认为降低交易成本为第一要务。虽然股权并购B公司作为收购方有遭受目标公司或然负债损失的风险，但通过尽调了解到目标公司成立时间短，没有正式投入生产经营，且财务、合同管理比较规范，风险处于可控的范围。基于此考虑，以资产转让方式取得土地使用权和地上建筑物所有权的方案被彻底舍弃，B公司接受律师的建议，同意采取股权并购方案完成交易。

并购方B公司确定交易方案后，与目标公司股东A公司进行了一次交流式的谈判，双方一致同意通过股权转让完成本次交易。

二、方案确定后的谈判工作

在交易方案确定后双方进入合同谈判过程，经过反复磋商双方对如下问题达成了一致：

（一）交易完成的前提条件——是否取得买卖双方有权机关及审批机构的批准与授权

为完成该交易，买卖双方对目标公司进行的股权转让已经获得交易各方股东会/董事会的批准，并获得相关审批机构的书面批准。

（二）卖方的陈述与保证

卖方的披露内容包括但不限于卖方进行该交易取得的同意、批准和授权，签订相关协议具有充分的授权；所出让的股权没有设立任何质押和第三人权利，卖方对所出让的股权拥有完全的所有权并可以合法转让；资产负债表上所列资产不存在任何形式的抵押、质押且不存在产权争议等。

（三）卖方的披露

买方在尽职调查等过程中获取的由卖方提供的对本次交易有重大影响的信息均是真实的，不存在未披露或未完全披露的情况，亦不存在会对本次交易条件、交易对价产生影响的误导。

（四）过渡期安排

由于协议签订时间和交易完成时间并非同一时点，在此过渡期内对于员工、公司运营管理、合同履行等安排上应当遵守过渡期条款。

（五）名称变更

由于卖方及卖方关联公司、目标公司拥有、控制或获得许可多种知识产权、工业产权，买卖双方约定目标公司的名称应当在交易完成前进行变更，且变更后的公司名称不得包含与卖方、卖方关联公司、目标公司原名称产生混淆的或相关联的词语。

（六）股权转让价格

在评估的基础上，双方就目标公司100%股权的转让价格达成了一致，并就股权转让价款的支付方式、期限、条件、违约责任等达成合意。

（七）员工安排

交易完成后，目标公司应当继续与员工签订劳动合同，且承诺工资福利等不低于现有水平。

三、文件的签署

狭义的交易文件是指交易双方为了进行股权转让而签署的以约束交易双方权利义务为目的的交易性文件，包括保密协议、排他性协议、股权转让协议及附件。除此之外，为了变更登记需要向登记机关工商行政管理局及审批机构即商务厅提交的文件也属于交易文件。由于是收购目标公司100%的股权，故不存在目标公司章程修改的谈判问题，该项工作由股权受让方独立完成。

股权转让协议附件，包括员工花名册、劳动合同、机器设备交接表等。

经目标公司申报文件并申请，某市工商行政管理局出具了××号《准予变更登记通知书》，同意目标公司的法定代表人变更，市场主体类型变更，股东变更，注册资本变更及公司执行董事、监事、经理、财务负责人变更备案登记申请，并于当日颁发了营业执照。

◎ 横生枝节——在税务登记证变更时受阻

一、主管税务机关认为该交易名为股权转让实则为房地产转让

工商登记变更完成后，目标公司在向当地税务机关申请税务登记证书变更时遇到情况，税务局认为根据《土地增值税暂行条例》规定，应当按照转让国有土地使用权、地上的建筑物及其附着物规定，由取得收入的单位和个人作为土地增值税的纳税义务人缴纳土地增值税，并提出了具体理由和依据：

1. 主管税务机关直接引用国税函〔2000〕687号文

687号文内容如下：广西壮族自治区地方税务局，你局《关于以转让股权名义转让房地产行为征收土地增值税问题的请示》（桂地税报〔2000〕32号）收悉。鉴于深圳市能源集团有限公司和深圳能源投资股份有限公司一次性共同转让深圳能源（钦州）实业有限公司100 %的股权，且这些以股权形式表现的资产主要是土地使用权、地上建筑物及附着物，经研究，对此应按土地增值税的规定征税。

2. 参考适用湘地税财行便函〔2015〕3号文

各市州地方税务局财产行为税科：据各地反映，以股权转让名义转让房地产规避税收现象时有发生，严重冲击税收公平原则，影响依法治税，造成

了税收大量流失。总局曾下发三个批复明确“以股权转让名义转让房地产”属于土地增值税应税行为。为了规范我省土地增值税管理，堵塞征管漏洞，对于控股股东以转让股权为名，实质转让房地产并取得了相应经济利益的，应比照国税函〔2000〕687 号、国税函〔2009〕387 号、国税函〔2011〕415 号文件，依法缴纳土地增值税。

税务局认为，由于目标公司进行了名称的变更，所以符合转让国有土地使用权及地上建筑物的特征，即原权利人权属发生了变更。在交易后期面对这突如其来的变故，律师、目标公司、B 公司一起展开了与税务局的“斗智斗勇”。

二、与主管税务机关的“斗智斗勇”

（一）对税务局的意见作出书面回复

既然税务局认为目标公司为纳税义务人，我们协助目标公司向税务局提出书面意见如下：687 号文发文机关是国家税务总局对其下属单位工作请示的回复。根据《全国税务机关公文处理办法》第二十一条规定：“批复，适用于答复下级机关请示事项。批复一般分为政策性批复、问题性批复和事务性批复。批复属下行文。上级机关批复下级机关的请示时，必须明确表态，若予否定，应写明理由。批复一般只送请示单位，若批复的事项需有关单位执行或者周知，可抄送有关单位。若请示的问题具有普遍性，可使用‘通知’或其他文种行文，不再单独批复请示单位。上级税务机关针对下级税务机关有关特定税务行政相对人的特定事项如何适用税收法律、法规、规章或税收规范性文件的答复或者解释，需要普遍执行的，应当按照《税收规范性文件制定管理办法》的规定制定税收规范性文件。”主管税务机关引用该批复违反了《土地增值税暂行条例》第二条的规定，且因该批复只送请示单位，未抄送有关单位，不具有普遍适用性。

除上述原因外，本交易中不存在应当缴纳土地增值税的情况，国家税务总局的批复仅在处理个案上有参考意义，我们不能忽略该批复文件中所涉案件的交易背景信息：

1. 687 号文所涉交易目的违法——双方是以规避缴纳土地增值税为目的而采取股权转让的形式，即以合法形式掩盖非法目的。

2. 687 号文所涉交易中目标公司资产表现形式单一——该次股权转让的股权形式表现的资产主要是土地使用权、地上建筑物及附着物。但是文件却并未就文中所述的“目的”“主要”等用词进行解释。如一味照搬此批复文件进行普遍适用将无限扩大税务机关的解释权和税收征管行为。

3. 回顾本次股权交易背景，由于买方和卖方所属同种行业，买方基于拓展市场的需求和卖方达成收购意向，而卖方正欲撤离相关市场，双方可谓一拍即合。基于拓展市场需求的并购，买方的收购目的不仅仅是收购业务、资产、资源、机器设备，也持续聘用了目标企业所有的员工，与所有员工重新签订了劳动合同，并就保证持续性以不低于现有条件聘用员工双方签订了确认书。我们认为，并购重组目的应当作为区分此案与彼案的标志。

（二）再次谈判

第二轮谈判核心问题为，本次交易中是否存在缴纳土地增值税的纳税义务人。

1. 企业间的并购重组行为包括股权收购和资产收购，本案中 B 公司是以 100% 股权收购的方式全部受让 A 公司所持有的目标公司股权，股权转让的交易主体为 A 公司和 B 公司。根据《土地增值税暂行条例》第二条的规定，转让国有土地使用权、地上的建筑物及其附着物（以下简称转让房地产）并取得收入的单位和个人，为土地增值税的纳税义务人（以下简称纳税人），应当依照本条例缴纳土地增值税。缴纳土地增值税适用前提是房地产的转让行为，实则为资产收购而非股权收购。

2.《土地增值税暂行条例》第三条规定：“土地增值税按照纳税人转让房地产所取得的增值额和本条例第七条规定的税率计算征收。”本次交易中由于双方采取的是股权转让形式，目标企业的主体资格没有发生变化，不存在转让房地产所取得的增值额，不应当缴纳土地增值税。

3. 由于卖方系外商投资企业，在买方进行 100% 股权收购后，目标企业的主体资格并未发生变化，但目标企业因为本次股权转让后成为内资企业进行了企业名称的变更，而税务机关认为只要进行了公司名称变更就发生了房地产的转让行为。《企业法人登记管理条例》第十七条规定："企业法人改变名称、住所、经营场所、法定代表人、经济性质、经营范围、经营方式、注册资金、经营期限，以及增设或者撤销分支机构，应当申请办理变更登记。"企业法人名称变更登记只产生登记备案效果，并不导致目标公司主体资格发生变化。

三、英雄的黎明——以事实与说理赢得了税务机关的认同

我们向税务局发表了最终陈述意见：

1. 股权转让双方进行交易的真实原因系基于市场需求，税务局应当以实质重于形式原则作为判断标准（包括但不限于市场因素、行业因素、资本市场需求等）。

2. 目标公司的资产构成情况是土地使用权等单一资产还是包括其他资产。在本次交易中目标公司资产并非单一资产，其他资产的构成包括机器设备、生产线、员工等，符合股权转让的一般商业特征。

3. 员工人数、福利待遇及安置情况。如果目标公司员工人数较多，人员工龄较长，且留存有完整的用工合同等文件就能证明股权转让的真实目的，排除房地产转让行为或倒卖土地使用权行为。

4. 本次交易的双方属于同种行业，交易双方的行业属性和行业地位可以证明双方进行交易的必要性和选择交易方式的合理性。

总结：目标公司股权转让时因未发生国有土地使用权转让的应税行为，故不需要缴纳土地增值税。

最后，税务机关采纳了我们的观点，认为本次股权转让不存在以股权转让的方式逃避缴纳土地增值税的目的，股权转让合法有效，对公司名称、土地使用权人名称和房产所有人名称均依法予以了变更。

◎ 总结

最终以 A 公司向 B 公司出售目标公司 100% 股权的形式完成了本次交易。在本次交易中，A 公司和 B 公司各自按照万分之五缴纳了印花税，除此之外 A 公司还缴纳了企业所得税。关于股权转让所得确认和计算问题，企业股东在转让股权时，要申报缴纳企业所得税。国家税务总局《关于贯彻落实企业所得税法若干税收问题的通知》（国税函〔2010〕79 号）规定："企业转让股权收入，应于转让协议生效、且完成股权变更手续时，确认收入的实现。转让股权收入扣除为取得该股权所发生的成本后，为股权转让所得。企业在计算股权转让所得时，不得扣除被投资企业未分配利润等股东留存收益中按该项股权所可能分配的金额。"

本次交易未缴纳增值税和土地增值税，达到了节约交易成本的目的。

通过重组转移合伙企业资产合法节税

——将合伙企业的物业装入挂牌企业案例

承办律师：谢华平、林金微

谢华平：执业13年，北京法贤律师事务所主任，长期专注于公司诉讼业务和股权投融资业务，具有处理公司各种诉讼业务以及非诉股权事务丰富的理论基础和实操经验，所带领的团队一直以来在为广大中小企业提供股权架构设计、合伙股权设计、股权激励、股权业务财税筹划、股权诉讼等服务，始终秉持法律服务就是要帮助企业解决实际问题的理念，旨在让广大中小企业用好股权，创造财富。

林金微：执业10年，北京法贤律师事务所合伙人，长期专注于公司诉讼业务和人力资源风险防控业务，具有处理公司各种诉讼业务以及劳动用工管理丰富的理论基础和实操经验。

◎ 当事人及背景情况

1. 富达电子有限公司（拟挂牌公司，以下简称富达电子）：公司在浙江，股东赵总（法定代表人）、黄总（与赵总系夫妻关系）；正常经营状态。

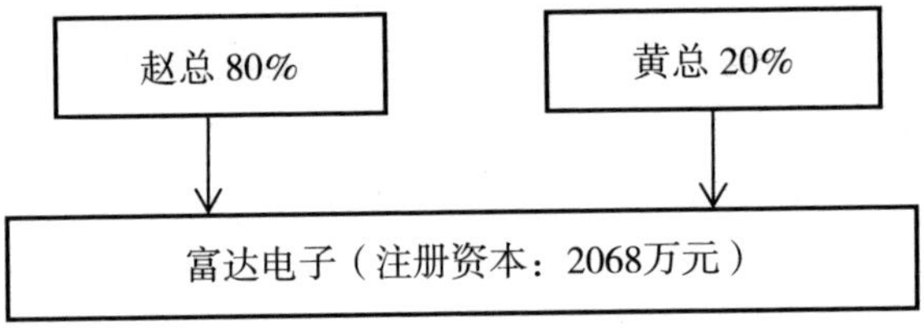

2. 荣兴门窗厂（普通合伙，以下简称门窗厂）：合伙人黄总（执行事务代表人）、赵总；未经营业务。

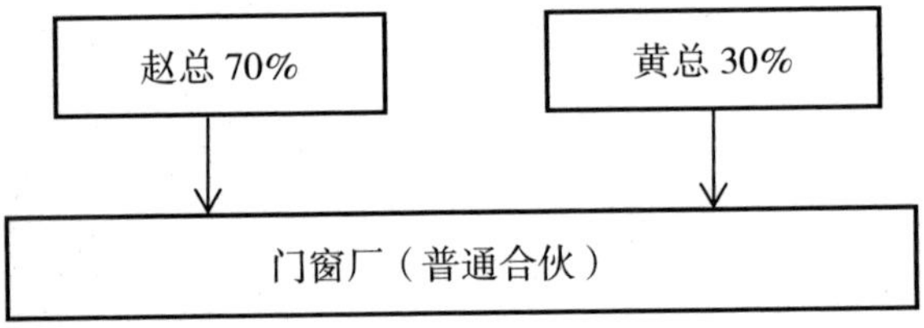

3. 门窗厂于2010年取得的13亩土地以及2013年建设厂房，所有资金全部由富达电子垫付，共计3000万元，富达电子财务账上一直挂其他应收账款3000万元。2016年，富达电子拟新三板挂牌，需解决以下两个问题：

第一，关联股东占用资金问题。而门窗厂一直未经营具体业务，没有偿还能力。

第二，富达电子是生产型企业，未来上市最好有自有厂房，如何将门窗厂土地使用权、房屋资产装入其名下。

◎ 实现路径

1. 富达电子和门窗厂合资——成立富兴科技有限公司（以下简称富兴科技）

2. 富达电子——现金 1000 万元认缴出资

门窗厂——土地和房产评估作价 3000 万元出资（过户至富兴科技）

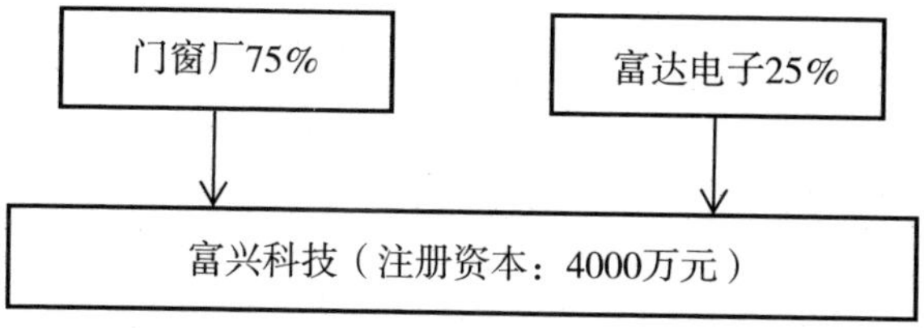

3. 富达电子收购门窗厂在富兴科技所有的股权，使富兴科技成为富达电子的全资子公司。

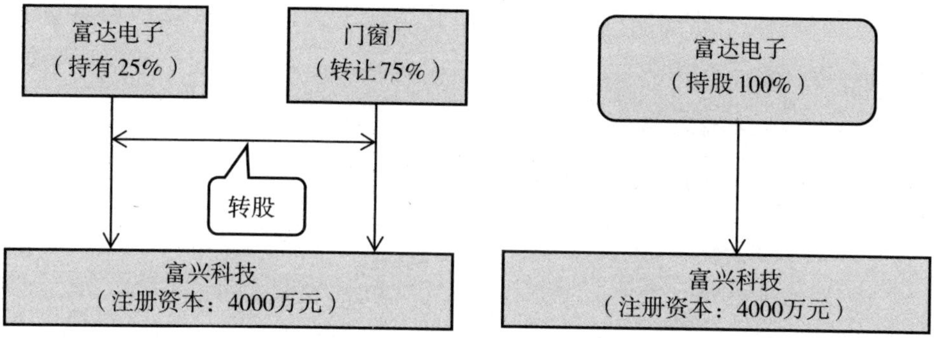

◎ 交易环节税负成本分析

1. 门窗厂以土地和房产评估作价 3000 万元出资富兴科技涉及的税负

（1）土地增值税

财政部、国家税务总局《关于企业改制重组有关土地增值税政策的通知》（财税〔2015〕5 号）第四条规定："单位、个人在改制重组时以国有土地、房屋进行投资，对其将国有土地、房屋权属转移、变更到被投资的企业，暂不征土地增值税。"因此，门窗厂将土地和房产投资到富兴科技并将所有权变更登记到富兴科技名下，暂不缴纳土地增值税。

（2）契税

《契税暂行条例》第一条规定："在中华人民共和国境内转移土地、房屋权属，承受的单位和个人为契税的纳税人，应当依照本条例的规定缴纳契税。”第三条规定：“契税税率为3%—5%。契税的适用税率，由省、自治区、直辖市人民政府在前款规定的幅度内按照本地区的实际情况确定，并报财政部和国家税务总局备案。”

《浙江省实施〈中华人民共和国契税暂行条例〉办法》第三条第（一）项规定：“土地、房屋权属以下列方式转移的，视同土地使用权转让、房屋买卖或者房屋赠与：（一）以土地、房屋权属作价投资、入股；……”第四条规定：“契税适用税率为3%。”第五条规定：“契税的计税依据按如下计算：（一）国有土地使用权出让、土地使用权出售、房屋买卖，为成交价格；……”因此，富兴公司作为土地使用权及房屋的受让人，需缴纳契税为：3000万元×3%＝90万元。

2. 富达电子收购门窗厂75%股权涉及的税负

（1）土地增值税

《土地增值税暂行条例》第二条规定：“转让国有土地使用权、地上的建筑物及其附着物（以下简称转让房地产）并取得收入的单位和个人，为土地增值税的纳税义务人（以下简称纳税人），应当依照本条例缴纳土地增值税。”

《土地增值税暂行条例实施细则》第二条规定：“条例第二条所称的转让国有土地使用权、地上的建筑物及其附着物并取得收入，是指以出售或者其他方式有偿转让房地产的行为。不包括以继承、赠与方式无偿转让房地产的行为。”

通过上述规定可以看出，以出售或者其他方式有偿转让房地产的纳税人，应当依照条例规定缴纳土地增值税。门窗厂转让的对象是股权，不是房产和土地，被投资企业富兴科技在此过程中，名下的房产和土地也没有发生出售或者其他方式有偿转让的行为。因此，原股东门窗厂和被投资企业富兴科技都不需要缴纳土地增值税。

（2）契税

财政部、国家税务总局《关于进一步支持企事业单位改制重组有关契税政策的通知》（财税〔2015〕37 号）第九条规定：“在股权（股份）转让中，单位、个人承受公司股权（股份），公司土地、房屋权属不发生转移，不征收契税。”因此，富达电子作为75%股权的受让方，富兴科技名下的房产和土地没有发生转移，富达电子不需要缴纳契税。

3. 门窗厂一次性转让富兴科技 100%股权涉及的税负

国家税务总局《关于以转让股权名义转让房地产行为征收土地增值税问题的批复》（国税函〔2000〕687 号）中写明：“广西壮族自治区地方税务局：你局《关于以转让股权名义转让房地产行为征收土地增值税问题的请示》（桂地税报〔2000〕32 号）收悉。鉴于深圳市能源集团有限公司和深圳能源投资股份有限公司一次性共同转让深圳能源（钦州）实业有限公司 100%的股权，且这些以股权形式表现的资产主要是土地使用权、地上建筑物及附着物，经研究，对此应按土地增值税的规定征税。国家税务总局，2000 年 9 月 5 日。”按照上述规定，门窗厂本身没有具体的业务，其资产主要体现为土地使用权及厂房，如果此次交易采取一次性 100%股权转让，就会发生土地增值税的应税行为，会涉及缴纳土地增值税。

为了避免缴纳土地增值税，就需要对前述一次性 100%转让股权的交易行为进行方案设计，既然文件提到是一次性 100%转让股权要缴纳土地增值税，那么我们可以采取两次或多次转让该股权的方式，最终实现全部股权的转让，这样就可以合理地避免在转股的时候一并发生土地增值税的应税行为，进而不缴土地增值税。

调整后的股权交易路径如下。

第一步：

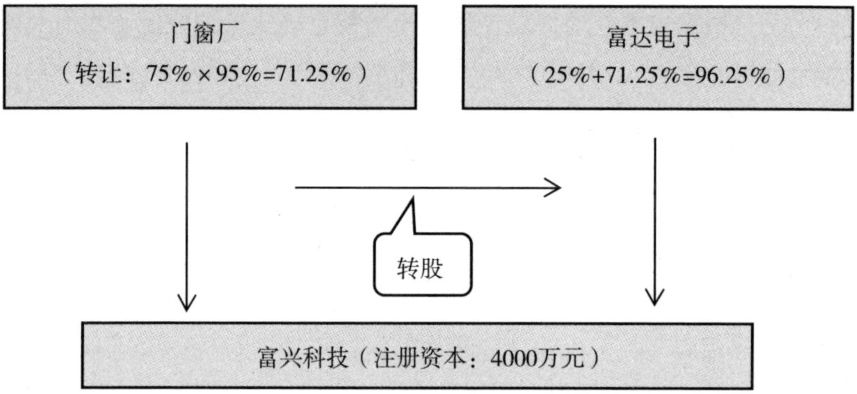

第二步：

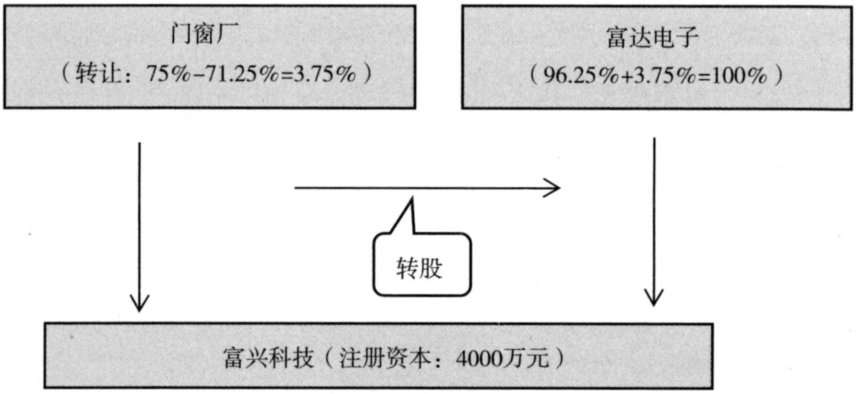

◎ 解决问题的效果

1. 门窗厂将土地房产作价 3000 万元出资成立非房地产企业，适用前述财税〔2015〕5 号文第四条暂不征收土地增值税。

2. 富达电子分两次收购门窗厂 75% 股权不发生土地增值税的应税行为，不用缴纳土地增值税；因该两次股权转让，公司土地、房屋权属不发生转移，适用前述财税〔2015〕37 号文第九条不征收契税。

3. 门窗厂将其持有富兴科技 75% 的股权作价 3000 万元转让给富达电子，

由于出资不久即转让，可以按照出资成本作价，故不会发生转股所得，不会产生纳税义务；股权作价3000万元转让富达电子实现了对门窗厂应付3000万元垫付款的直接抵销，同时也实现了将门窗厂名下的土地和房产这部分资产装入拟挂牌公司富达电子名下控制的目的。

附相关文件：

1. 财税〔2015〕5号对应现行有效的财税〔2018〕57号
2. 财税〔2015〕37号对应现行有效的财税〔2018〕17号

财政部、税务总局关于继续实施企业改制重组有关土地增值税政策的通知

（财税〔2018〕57号）

各省、自治区、直辖市、计划单列市财政厅（局）、地方税务局，西藏、宁夏自治区国家税务局，新疆生产建设兵团财政局：

为支持企业改制重组，优化市场环境，现将继续执行企业在改制重组过程中涉及的土地增值税政策通知如下：

一、按照《中华人民共和国公司法》的规定，非公司制企业整体改制为有限责任公司或者股份有限公司，有限责任公司（股份有限公司）整体改制为股份有限公司（有限责任公司），对改制前的企业将国有土地使用权、地上的建筑物及其附着物（以下称房地产）转移、变更到改制后的企业，暂不征土地增值税。

本通知所称整体改制是指不改变原企业的投资主体，并承继原企业权利、义务的行为。

二、按照法律规定或者合同约定，两个或两个以上企业合并为一个企业，且原企业投资主体存续的，对原企业将房地产转移、变更到合并后的企业，暂不征土地增值税。

三、按照法律规定或者合同约定，企业分设为两个或两个以上与原企业

投资主体相同的企业，对原企业将房地产转移、变更到分立后的企业，暂不征土地增值税。

四、单位、个人在改制重组时以房地产作价入股进行投资，对其将房地产转移、变更到被投资的企业，暂不征土地增值税。

五、上述改制重组有关土地增值税政策不适用于房地产转移任意一方为房地产开发企业的情形。

六、企业改制重组后再转让国有土地使用权并申报缴纳土地增值税时，应以改制前取得该宗国有土地使用权所支付的地价款和按国家统一规定缴纳的有关费用，作为该企业“取得土地使用权所支付的金额”扣除。企业在改制重组过程中经省级以上（含省级）国土管理部门批准，国家以国有土地使用权作价出资入股的，再转让该宗国有土地使用权并申报缴纳土地增值税时，应以该宗土地作价入股时省级以上（含省级）国土管理部门批准的评估价格，作为该企业“取得土地使用权所支付的金额”扣除。办理纳税申报时，企业应提供该宗土地作价入股时省级以上（含省级）国土管理部门的批准文件和批准的评估价格，不能提供批准文件和批准的评估价格的，不得扣除。

七、企业在申请享受上述土地增值税优惠政策时，应向主管税务机关提交房地产转移双方营业执照、改制重组协议或等效文件，相关房地产权属和价值证明、转让方改制重组前取得土地使用权所支付地价款的凭据（复印件）等书面材料。

八、本通知所称不改变原企业投资主体、投资主体相同，是指企业改制重组前后出资人不发生变动，出资人的出资比例可以发生变动；投资主体存续，是指原企业出资人必须存在于改制重组后的企业，出资人的出资比例可以发生变动。

九、本通知执行期限为2018年1月1日至2020年12月31日。

财政部

税务总局

2018年5月16日

财政部、税务总局关于继续支持企业事业单位改制重组有关契税政策的通知

（财税〔2018〕17号）

各省、自治区、直辖市、计划单列市财政厅（局）、地方税务局，西藏、宁夏、青海省（自治区）国家税务局，新疆生产建设兵团财政局：

为贯彻落实《国务院关于进一步优化企业兼并重组市场环境的意见》（国发〔2014〕14号），继续支持企业、事业单位改制重组，现就企业、事业单位改制重组涉及的契税政策通知如下：

一、企业改制

企业按照《中华人民共和国公司法》有关规定整体改制，包括非公司制企业改制为有限责任公司或股份有限公司，有限责任公司变更为股份有限公司，股份有限公司变更为有限责任公司，原企业投资主体存续并在改制（变更）后的公司中所持股权（股份）比例超过75%，且改制（变更）后公司承继原企业权利、义务的，对改制（变更）后公司承受原企业土地、房屋权属，免征契税。

二、事业单位改制

事业单位按照国家有关规定改制为企业，原投资主体存续并在改制后企业中出资（股权、股份）比例超过50%的，对改制后企业承受原事业单位土地、房屋权属，免征契税。

三、公司合并

两个或两个以上的公司，依照法律规定、合同约定，合并为一个公司，且原投资主体存续的，对合并后公司承受原合并各方土地、房屋权属，免征契税。

四、公司分立

公司依照法律规定、合同约定分立为两个或两个以上与原公司投资主体相同的公司，对分立后公司承受原公司土地、房屋权属，免征契税。

五、企业破产

企业依照有关法律法规规定实施破产，债权人（包括破产企业职工）承受破产企业抵偿债务的土地、房屋权属，免征契税；对非债权人承受破产企业土地、房屋权属，凡按照《中华人民共和国劳动法》等国家有关法律法规政策妥善安置原企业全部职工规定，与原企业全部职工签订服务年限不少于三年的劳动用工合同的，对其承受所购企业土地、房屋权属，免征契税；与原企业超过30%的职工签订服务年限不少于三年的劳动用工合同的，减半征收契税。

六、资产划转

对承受县级以上人民政府或国有资产管理部门按规定进行行政性调整、划转国有土地、房屋权属的单位，免征契税。

同一投资主体内部所属企业之间土地、房屋权属的划转，包括母公司与其全资子公司之间，同一公司所属全资子公司之间，同一自然人与其设立的个人独资企业、一人有限公司之间土地、房屋权属的划转，免征契税。

母公司以土地、房屋权属向其全资子公司增资，视同划转，免征契税。

七、债权转股权

经国务院批准实施债权转股权的企业，对债权转股权后新设立的公司承受原企业的土地、房屋权属，免征契税。

八、划拨用地出让或作价出资

以出让方式或国家作价出资（入股）方式承受原改制重组企业、事业单位划拨用地的，不属上述规定的免税范围，对承受方应按规定征收契税。

九、公司股权（股份）转让

在股权（股份）转让中，单位、个人承受公司股权（股份），公司土地、房屋权属不发生转移，不征收契税。

十、有关用语含义

本通知所称企业、公司，是指依照我国有关法律法规设立并在中国境内注册的企业、公司。

本通知所称投资主体存续，是指原企业、事业单位的出资人必须存在于改制重组后的企业，出资人的出资比例可以发生变动；投资主体相同，是指公司分立前后出资人不发生变动，出资人的出资比例可以发生变动。

本通知自2018年1月1日起至2020年12月31日执行。本通知发布前，企业、事业单位改制重组过程中涉及的契税尚未处理的，符合本通知规定的可按本通知执行。

财政部

税务总局

2018年3月2日

通过拆除名股实债挂牌

——新三板挂牌前国有产权退出案例

承办律师：万征

律师助理：刘曼曼*、舒梦**、李雄***

万征：北京大成律师事务所高级合伙人，江西省南昌办公室执行主任，执业20多年，具有丰富的诉讼实战经验，凭着深厚的专业底蕴，精巧的代理策略，良好的沟通能力，代理的案件均取得了较好的效果。万征律师在投融资、企业并购领域有深入的研究，合作出版的专著有《成功并购300问》，领衔负责的项目有新三板挂牌、上市公司定向增发、国有企业剥离上市公司资产、增资并购等。

---

* 刘曼曼：硕士研究生，北京大成（南昌）律师事务所合伙人。具备法律执业、证券、基金从业资格。刘律师专注于企业并购重组、税务筹划、公司法律顾问、公司诉讼等法律服务，曾具体负责大型国有企业剥离上市公司资产、增资并购等项目。

** 舒梦：西南政法大学法学学士，北京大成（南昌）律师事务所律师，舒律师专注于企业日常法律服务、企业诉讼争议解决等相关领域，为多家企业提供了优质的法律服务。

*** 李雄：华东政法大学法学学士、北京大成（南昌）律师事务所实习律师，具备法律职业和证券从业双重资格。李律师专注于从事企业日常法律维护、合同起草审查，资本市场法律服务等工作领域，为多家公司提供了专业的法律顾问服务。

◎ 案例导读

新三板挂牌，是许多企业进入资本市场的重要途径，也是企业发展过程中难得的历史机遇，而国有股权的处置又是非常敏感的，事关国有资产的保值、增值，一旦处置不当，就可能导致国有资产的流失。所以，国有股权的处置往往成为企业进行资本运作、对接资本市场的重大障碍。律师在为企业提供新三板挂牌专项法律服务中，面对国有股权何去何从这一棘手问题，经过深入研究、充分论证、多方协作，运用名股实债这一新型的融资方式，成功地解决了国有股权退出难题，不但顺利通过了监管机构的审核，而且获得了当地政府、相关企业及其他中介机构的高度评价，堪称经典之作。

◎ 项目背景

A公司系一家专业从事光伏产品研发、制造及销售和光伏电站设计、施工及运营的公司，2009年5月6日由甲、乙等8个自然人股东发起设立，A公司注册资本为1亿元，其中甲持有6.5%的股权，乙持有10%的股权。

2013年7月至同年12月期间，由于市场环境恶化、银行抽贷等原因，致使甲、乙经营的B公司陷入金融困境，导致停产。为帮助B公司摆脱金融困境，M市政府召开协调会，要求M市高新技术产业开发区管理委员会（以下简称M市高新区管委会）继续给予B公司金融扶持，帮助企业将甲、乙持有的A公司的股权变现，用于生产经营。

2014年2月17日，M市高新区管委会出资设立的C公司与甲、乙签订《股权转让协议》，甲、乙将持有的A公司的股权作价2400万元转让给C公司，同时约定甲、乙在股权过户后两年内回购股权，并支付财务费用。上述股权转让行为，各方于2014年3月17日在M市工商行政管理局办理了变更登记，C 公司持有 A 公司 16.5% 的股权。

2015 年 12 月，A 公司启动新三板挂牌程序，但对于 C 公司持有的 A 公司股权（以下简称国有股权）的处置，可能存在重大障碍，严重影响 A 公司的股份制改造。北京大成（南昌）律师事务所作为 A 公司新三板挂牌专项法律服务机构，就国有股权的来龙去脉进行了深入细致的法律调查，做了充分翔实的专业论证，经与项目承办券商和会计师事务所沟通，A 公司最后采纳了律师团队提出的解决方案。

2016 年 4 月 27 日，甲、乙与 C 公司签订《股权还原协议书》，在 B 公司归还 C 公司融资借款本金 2400 万元及资金占用费 607 万元（合计金额 3007 万元）后，C 公司将持有的 A 公司 16.5% 的股权还原给甲、乙，并协助办理过户手续。

2017 年 4 月 28 日，A 公司取得了全国中小企业股份转让系统有限责任公司（以下简称股转系统）颁发的《关于同意 A 公司股票在全国中小企业股份转让系统挂牌的函》，北京大成（南昌）律师事务所就国有股权的解决方案，得到了股转系统的认可，律师团队成功解决了国有股权退出问题。

第一部分　相关公司的基本信息

一、A 公司的基本信息

（一）基本情况

M 市工商行政管理局于 2016 年 3 月 9 日核发的《营业执照》显示 A 公司的基本情况如下：

表 1　A 公司基本情况

公司名称	A 公司
住所	M 市国家技术开发区
法定代表人	王某某
注册资本	壹亿元整
公司类型	有限责任公司（自然人投资或控股）

续 表

经营范围	太阳能产品及LED系列灯的研发、制造及销售和售后服务；经营本企业自产产品及技术的出口业务和本企业所需要的机械设备、零配件、原辅材料及技术的进口业务（但国家限定经营或禁止进出口的商品及技术除外）
成立日期	2009年5月6日
营业期限	2009年5月6日至2029年5月6日

（二）股权结构

截至2016年3月9日，根据A公司章程、工商信息等资料，A公司的股权结构表如下：

表2 A公司股权架构

序号	股东姓名	出资额（万元）	股权比例（%）
1	王某某	3275.00	32.75
2	万某某	1200.00	12.00
3	徐某某	600.00	6.00
4	陈某某	1000.00	10.00
5	章某某	250.00	2.50
6	余某某	250.00	2.50
7	赵某某	400.00	4.00
8	江某某	275.00	2.75
9	刘某某	250.00	2.50
10	李某某	200.00	2.00
11	张某某	150.00	1.50
12	C公司	1650.00	16.50
13	熊某某	300.00	3.00
14	魏某某	200.00	2.00
合计		10000.00	100.00

二、B公司的基本信息

（一）基本情况

M市工商行政管理局于2013年10月30日核发的《企业法人营业执照》显示B公司的基本情况如下：

表 3　B 公司的基本情况

公司名称	B 公司
住所	M 市高新技术开发区
法定代表人	汪某某
注册资本	4870 万元
公司类型	有限责任公司（自然人投资或控股）
经营范围	铜材加工、销售，废旧金属回收、进出口经营（国家法律、法规有专项规定的除外）
成立日期	2007 年 5 月 18 日
营业期限	2007 年 5 月 18 日至长期

（二）股权结构

根据 2013 年 10 月 29 日《B 公司章程修正案》显示 B 公司的股权结构表如下：

表 4　B 公司股权架构

序号	股东名称	出资额（万元）	股权比例（%）
1	甲	3652.50	75.00
2	乙	1217.50	25.00
合计		4870.00	100.00

三、C 公司的基本信息

（一）基本情况

根据 M 市工商行政管理局于 2015 年 1 月 8 日核发的《营业执照》显示 C 公司的基本情况如下：

表 5　C 公司的基本情况

公司名称	C 公司
住所	M 市高新技术产业园区
法定代表人	苏某某
注册资本	1000 万元整
公司类型	有限责任公司（非自然人投资或控股的法人独资）
经营范围	节能技术推广服务、管理、开发；节能路灯技术推广、开发、销售；园林绿化工程；项目投资；企业管理服务（以上经营项目国家有专项专营规定的从其规定）
成立日期	2012 年 11 月 30 日
营业期限	2012 年 11 月 30 日至长期

（二）股权结构

2015 年 1 月 8 日，C 公司股权结构发生变化，M 市高新区管委会将其持有的 C 公司的 100% 股权（出资人民币 1000 万元）转让给 D 公司（系 M 市高新区管委会全资子公司），转让后 C 公司股权结构具体如下：

表 6　转让后 C 公司股权结构

序号	股东名称	出资额（万元）	股权比例（%）
1	D 公司	1000.00	100%
合计		1000.00	100%

第二部分　A 公司股改前解决国有股权的论证意见

一、国有股权的进入

2014 年 3 月 6 日，A 公司通过股东会决议，同意甲将其所占 A 公司 6.5% 出资额 650 万元的股权转让给 C 公司，同意乙将其所占 A 公司 10% 出资额 1000 万元的股权转让给 C 公司，并于同年 3 月 7 日修改了 A 公司章程。

2014 年 3 月 17 日，根据 M 市政府会议纪要的精神，C 公司与甲、乙签订《股权转让协议》，甲、乙分别将其持有的 A 公司 6.5%、10% 的股份共计作价 2400 万元转让给 C 公司，C 公司按受让股权的比例分享 A 公司的利润，分担相应的风险及亏损，甲、乙在股权过户后两年内回购已转让股权的 50%，并按年利率 12% 计算财务费用给 C 公司。同日，各方在工商部门办理了股权变更登记。

二、国有股权退出的难度

C 公司作为国有独资企业，其控股股东是 D 公司，实际控制人是 M 市高新区管委会，C 公司进入 A 公司并未报经相关行政部门（如国资委）审批。C 公司持股 A 公司的目的，不是股权投资，而是融资担保，根据 M 市政府的会议纪要的精神，依照股权转让协议的约定，C 公司持有的股份由甲、乙回购，C 公司退出 A 公司。而根据法律法规之规定，国有股权的退出必须履行严格的行政审批和公开交易程序，但相关行政部门明确表示，不会参与国有股权的退出，不会给予任何批复。这样就给 A 公司股改带来了许多困难，给 A 公司挂牌增加不确定因素。

三、国有股权的处置论证意见

方案一：国有股权通过进场交易方式退出

《企业国有资产法》第五十四条规定："国有资产转让应当遵循等价有偿和公开、公平、公正的原则。除按照国家规定可以直接协议转让的以外，国有资产转让应当在依法设立的产权交易场所公开进行。转让方应当如实披露有关信息，征集受让方；征集产生的受让方为两个以上的，转让应当采用公开竞价的交易方式。转让上市交易的股份依照《证券法》的规定进行。"第五十五条规定："国有资产转让应当以依法评估的、经履行出资人职责的机构认可或者由履行出资人职责的机构报经本级人民政府核准的价格为依据，合理确定最低转让价格。"

C 公司持有的国有股权通过产权交易所挂牌转让方式退出，其程序合法合规，不存在新三板挂牌障碍。问题是，需取得 M 市国资委的批复，股权受让人不确定，不利于 A 公司的未来发展和管理，且甲、乙未按协议回购股权，可能导致纠纷或潜在纠纷。

方案二：国有股权不退出，随 A 公司直接挂牌

《企业国有资产监督管理暂行条例》第五条规定："……省、自治区、直辖市人民政府和设区的市、自治州级人民政府分别代表国家对由国务院履行出资人职责以外的国有及国有控股、国有参股企业，履行出资人职责。……"第六条规定："国务院，省、自治区、直辖市人民政府，设区的市、自治州级人民政府，分别设立国有资产监督管理机构。国有资产监督管理机构根据授权，依法履行出资人职责，依法对企业国有资产进行监督管理。……"《国有资产评估管理办法》第三条规定："国有资产占有单位（以下简称占有单位）有下列情形之一的，应当进行资产评估：（一）资产拍卖、转让；（二）企业兼并、出售、联营、股份经营；（三）与外国公司、企业和其他经济组织或者个人开办中外合资经营企业或者中外合作经营企业；（四）企业清算；（五）依照国家有关规定需要进行资产评估的其他情形。”

A 公司股改及挂牌过程中，涉及很多行政审批程序，包括 M 市国资委的批复；公司挂牌后，涉及重大决策（如增资、减资、股权转让等）时也需要获得 M 市国资委的同意和审批。C 公司持有的 16.5% 股权性质存在争议，挂牌后可能引起纠纷或潜在纠纷。

方案三：国有股权减资退出，甲、乙以增资方式进入

《公司法》第一百七十七条规定：“公司需要减少注册资本时，必须编制资产负债表及财产清单。公司应当自作出减少注册资本决议之日起十日内通知债权人，并于三十日内在报纸上公告。债权人自接到通知书之日起三十日内，未接到通知书的自公告之日起四十五日内，有权要求公司清偿债务或者提供相应的担保。”第一百七十八条规定：“有限责任公司增加注册资本时，股东认缴新增资本的出资，依照本法设立有限责任公司缴纳出资的有关规定执行。股份有限公司为增加注册资本发行新股时，股东认购新股，依照本法设立股份有限公司缴纳股款的有关规定执行。”

A 公司不同比例减资需取得 M 市国资委同意，且减资不符合股权转让协议约定，存在规避法律之嫌。减资不仅耗时长，而且债权人有权要求公司履行债务或提供相应担保，对 A 公司经营会产生重大不利影响。

方案四：通过诉讼方式确认股权转让协议效力

本方案的优点是以法院判决的形式，具有权威性和法律效力，可以有效避免未来发生潜在的纠纷。缺点是 A 公司涉及重大诉讼，股权不明晰，且诉讼程序复杂烦琐，需高新区管委会等相关部门同意并配合。另，诉讼时间较长，且判决结果存在较大的不确定性。

方案五：通过归还融资款，还原股东方式退出

本方案的优点是：名股实债，还原历史，股权转让并非股权投资，而是融资担保；股权转让协议已履行，股权回购期限成就；按约定支付资金占用费，未造成国有资产流失；符合 M 市政府的会议精神；方便快捷，程序较为简便。本方案的缺点是：未履行挂牌交易等法定程序，存在一定风险；股权转让前和本次股权转让均要进行资产评估；需收集大量证据，形成证据链条。

经过对上述 5 种方案的充分分析和论证，我们最后选择了方案五即通过归还融资款，还原股东的方式，国有股权退出 A 公司。

第三部分　归还融资款，还原股东的具体步骤

一、思维导图

股权转让前：

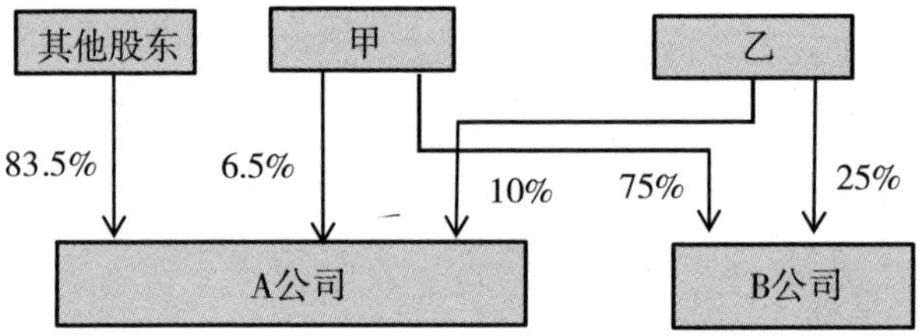

股权转让后：

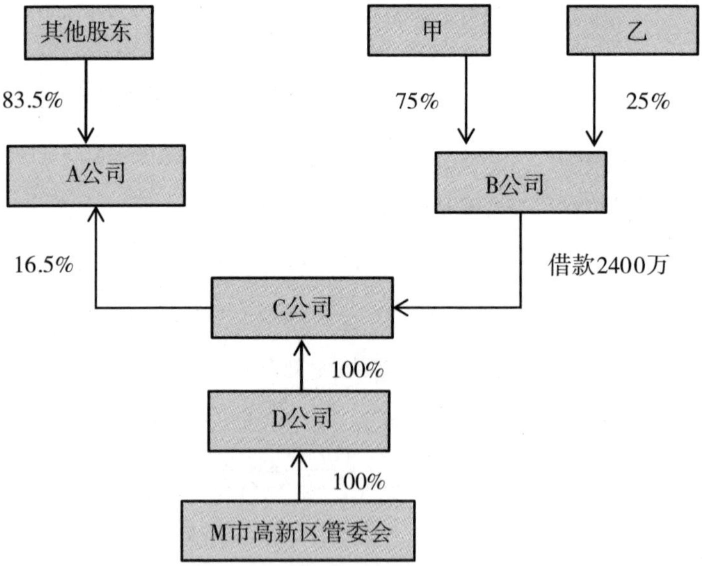

二、关于名股实债，还原股东有关问题的梳理

（一）权力机构审批程序问题

1. M 市政府会议纪要。

2. A 公司股东会决议。

（二）公司治理问题

1. C 公司未在 A 公司董事会占有席位，仅派员监督公司经营。

2. 派驻人员与 A 公司无劳动关系，不领取工资待遇。

（三）财务确认问题

1. C 公司进出 A 公司均有相应的评估报告。

2. 甲、乙按协议支付资金占用费。

3. A 公司在 C 公司持股期间未分红。

（四）交易路径问题

1. C 公司借款直接转给 B 公司的账户。

2. B 公司归还借款至 C 公司的账户。

3. C 公司将相关的股权还原给甲、乙。

（五）资金使用问题

1. B 公司资金困难，急需注入资金，维持经营。

2. B 公司在使用资金过程中，接受监管并按用途使用。

3. 由于资金注入使 B 公司发展良好，渡过难关。

（六）法律性质问题

1. 甲、乙转让股权给 C 公司，只是融资担保方式。

2. 股权转让约定了固定回报和回购期限，属于名股实债的性质。

3. 股权转让作为担保方式，目的在于规避风险，确保资金安全。

三、关于名股实债，还原股东需提供的材料清单

（一）主体资格证明资料

主要包括 B 公司和 C 公司的营业执照、工商内档资料。

（二）B 公司财务状况证明资料

1. 2013 年 B 公司停产相关证明文件。

2. 2013 年至今，B 公司盈利及纳税情况。

3. 2013 年银行的资金往来明细。

4. 2013 年市场经营状况证明文件，如政府工作报告等。

5. 2013 年甲、乙个人债权债务情况说明。

（三）股权转让协议的效力证明资料

1. M 市政府四个会议纪要原件。

2. C 公司提供的《股权转让协议》原件。

3. C 公司、甲、乙共同对 C 公司提供的《股权转让协议》与工商内档中的《股权转让协议》不一致情况出具说明。

（四）资金使用情况证明资料

1. C 公司将款项支付给 B 公司的银行支付凭证。

2. M 市高新区管委会、中行 M 市分行对 B 公司资金使用情况进行监管的证明文件或情况说明。

3. B 公司该笔资金的使用明细。

（五）未造成国有资产流失证明资料

1. C 公司关于收购甲、乙股权的股东会决议；

2. C 公司安排人员监督 A 公司经营、财务情况，C 公司与被安排工作人员劳动合同，工资支付明细；A 公司工资支付明细（未向被安排工作人员支付工资）；

3. A 公司自 2013 年甲、乙股权转让后，公司未盈利证明，比如公司现阶段的资产评估报告；

4. 2013 年中介机构对甲、乙转让的股权的评估报告。

附：

关于国有股权退出的法律意见书（节选）

七、公司的股本及演变

（六）关于国资股东入股和退出情况的说明

1. 国资股东入股和退出的事实背景

2013 年 7 月至 2013 年 12 月，甲、乙经营的 B 公司由于市场环境恶化、银行抽贷等原因陷入金融困境，导致停产。

为帮助 B 公司摆脱金融困境，M 市政府于 2013 年 10 月 30 日召开关于 B 公司问题协调会，指出 B 公司是受当前大环境影响，企业生产周转资金出现危机，但企业的基本面良好，只要解决生产周转资金问题，企业就能恢复正常生产经营。同时指出 M 市高新区管委会要继续给予 B 公司金融扶持，帮助企业按程序将甲、乙持有的 A 公司的股份变现，用于生产经营。2013 年 11 月 4 日 M 市政府办公室向 M 市高新区管委会印发《帮助 B 公司摆脱金融困境等相关问题协商会议纪要》。

2014 年 1 月 3 日，M 市政府再次召开关于帮助 B 公司摆脱金融困境等相关问题协商会，会议听取了 2013 年 10 月 30 日市政府协商会议落实情况的汇报。会议同时指出目前 B 公司生产周转资金危机已经得到有效缓解，但还需做好以下工作：继续给予 B 公司金融扶持，帮助企业尽快按程序将甲、乙持有的 A 公司股份变现，用于生产经营。同时，给予必要的政策扶持。B 公司要接受并积极配合 M 市高新区管委会对生产经营的监管。2014 年 1 月 7 日，M 市政府办公室向 M 市高新区管委会印发《帮助 B 公司摆脱金融困境等相关问题协商会议纪要》。

2014 年 2 月 27 日，M 市高新区管委会根据《会议纪要一》《会议纪要二》精神，M 市高新区管委会出资设立的 C 公司与甲、乙签订股权转让协议。协议约定：甲、乙将其分别持有 A 公司股权占比 6.50%、10.00% 共计作价 2400 万元转让给 C 公司；同时约定甲、乙在股权过户后两年内回购已转让股权的50%，回购价格为本协议转让价的50%计1200万元，同时还需支付1200万元按年利率12%计算的财务费用给C公司。

2013年11月28日，某资产评估有限公司出具的《A公司股权转让评估报告书》确认，截至2013年10月31日，A公司股东全部权益价值的评估价值16969.12万元。甲、乙持有的A公司16.5%的股权评估价值2799.9048万元。

依前述会议纪要精神和协议约定，C公司分别于2014年2月18日、3月21日、4月23日和5月5日通过银行向B公司转账1000万、900万、200万和300万共计2400万。B公司在收到相应款项后即投入生产，积极适应经济新形势，不断提高生产效益。

M市政府于2016年4月26日召开了关于帮助B公司摆脱金融困境等相关问题协商会，会议听取了B公司生产经营情况的汇报。会议认为在市政府的帮助下企业努力适应经济新形势，克服市场疲软等困难，诚信经营，不断提高生产效益。会议指出C公司给予B公司融资借款2400万元，以甲、乙持有的A公司的股权作为担保，并转让到C公司名下。现B公司已具备还款实力，且C公司与甲、乙约定的回购期限已到期。会议指出为帮助企业彻底摆脱困境，要重点做好以下工作：1. B公司归还C公司融资借款2400万元，资金占用费按年利率12%计算；2. C公司收到B公司的融资借款2400万元及相应的资金占用费后，将持有的A公司16.5%的股权分别还原给甲（6.5%）、乙（10%），并协助办理过户手续。2016年4月27日M市政府办公室向M市高新区管委会印发《帮助B公司摆脱金融困境等相关问题协商会议纪要》。

2016年3月22日，某资产评估有限公司出具的《A公司股权转让评估报告书》确认，截至2016年2月29日，A公司股东全部权益价值的评估价值18035.34万元。C公司持有的A公司16.5%的股权评估价值2975.8311万元。

2016年4月27日，甲、乙与C公司签订股权还原协议，由B公司按原融资借款路径向C公司归还融资借款并支付资金占用费3007万元，C公司将16.5%的A公司股权归还给甲、乙。

2. 国资股东入股和退出行为性质分析

根据M市政府办公室《会议纪要一》《会议纪要二》《会议纪要三》《会议纪要四》，甲、乙于2014年2月17日与C公司签订股权转让协议，目的是以其分别持有的6.5%、10%的A公司股权向C公司融资借款以帮助B公司摆脱金融困境。甲、乙所获得的2400万的融资借款也都已投入B公司生产经营，而非用于自身或其他。C公司受让甲、乙分别持有的6.5%、10%的A公司股权，其有两个目的：一是贯彻M市政府办公室相关会议纪要的精神，帮助B公司摆脱金融困境；二是保障C公司融资借款的安全，故以股权转让的形式作为甲、乙融资借款的担保。

以股权转让形式作为融资借款担保的行为实质上是通过让与股份所有权的方式担保债务的履行，而非一般的股权转让行为。甲、乙与C公司约定以转让股权的方式作为C公司给B公司融资借款的担保，系当事人之间的合意，未违反法律及行政法规关于合同效力的强制性规定，此种担保方式合法有效。2016年4月27日B公司已向C公司归还融资借款并支付资金占用费。因此，由C公司向甲、乙返还A公司股权合法有效。

根据某资产评估有限公司于2016年3月22日出具的《评估报告》：A公司股东全部权益价值的评估价值为18035.34万元。以此计算16.5%的股权的评估价值为2975.8311万元。甲、乙回购16.5%股权按转让价2400万元并支付年利率12%资金占用费总计3007万元，高于评估价格。故此次还原股权的行为不会造成C公司利益损失。

律师认为，上述甲、乙和C公司股权转让和还原实质是甲、乙向C公司进行融资，为保障C公司融资借款的安全，以股权转让的形式进行的担保。上述事项已经M市政府办公室《会议纪要一》《会议纪要二》《会议纪要三》《会议纪要四》和M市政府办公室向M市高新区管委会印发的《帮助B公司摆脱金融困境等相关问题协商会议纪要》批准，C公司在上述融资退出过程中未发生损失。甲、乙和C公司的上述融资担保系当事人之间的合意，未违反法律及行政法规的强制性规定，合法合规。

四、股转系统的反馈意见

A 公司提交新三板挂牌材料后，股转系统未针对律师提出的国有股权退出处置意见提出任何反馈。2017 年 4 月 28 日，A 公司取得了股转系统颁发的《关于同意 A 公司股票在全国中小企业股份转让系统挂牌的函》，A 公司顺利挂牌。

第四部分　指导老师评析

名股实债，或明股实债，是一种创新型投资方式，名义上是股权投资，实质为债权投资。换而言之，名股实债是一种兼具股权形式和债权实质的融资结构，它以权益性投资为名，行借贷性投资之实，投资人具有双重身份，既是名义股东，又是债权人。

名股实债是在实务中形成的，如何定义名股实债，中国基金业协会在 2017 年 2 月 13 日发布的《证券期货经营机构私募资产管理计划备案管理规范 4 号——私募资产管理计划投资房地产开发企业、项目》中，对名股实债进行了详细定义："名股实债，是指投资回报不与被投资企业的经营业绩挂钩，不是根据企业的投资收益或亏损进行分配，而是向投资者提供保本保收益承诺，根据约定定期向投资者支付固定收益，并在满足特定条件后由被投资企业赎回股权或者偿还本息的投资方式，常见形式包括回购、第三方收购、对赌、定期分红等。"由此看来，认定名股实债的必备条件主要包括以下三个方面：（一）投资人享受固定收益，且该收益与公司经营业绩不挂钩；（二）投资人与标的公司约定定期回购，不以对赌方式实现退出；（三）投资人在标的公司不行使股东管理权。

以本项目为例，B 公司需要资金支持，甲、乙与 C 公司之间就以股权交易的形式实现债务融资的目的，整个交易过程由股权转让、股权回购（项目中使用股权还原的说法）两部分构成。2014 年 3 月 17 日，交易双方签署《股权转让协议书》，甲、乙将持有的 A 公司合计 16.5% 的股权转让给 C 公司；2016 年 4 月 27 日，交易双方签署《股权还原协议书》，C 公司将该等股权归还给甲乙二人。C公司作为投资人，一方面是A公司的名义股东，一方面又是B公司的债权人。纵观股权转让协议，我们不难发现，这并非一般意义上的股权转让。其一，C公司支付的2400万元性质是借贷性投资，不是股权投资，C公司不追求股权的增值效益；其二，甲、乙在股权过户后两年内回购已转让股份的50%；其三，C公司除回收投资款项外，还要求甲乙二人支付年利率为12%的固定收益。以上三点完全符合明股实债的本质特征。明股实债结合了股权融资和债权融资的优点，是借贷性投资和权益性投资的完美结合。

通过股权并购间接取得施工资质

——某建筑工程公司获取施工资质案例

承办律师：杜娟、严乐

律师助理：祝心怡*

杜娟：陕西海普睿诚律师事务所高级合伙人，并购重组业务团队带头人。杜律师从业十余年，专注于企业投融资、并购重组、企业破产节税策划、公司商事诉讼业务，曾成功负责过多起国有企业并购重组、改制项目，具有丰富的项目实操经验。

严乐：长安大学经济法学硕士，现为陕西海普睿诚律师事务所公司财税部执业律师。执业期间，负责多起股权并购重组、资产整合收购及股权纠纷解决项目，在投融资并购重组项目的模式设计、文件拟定、项目谈判、税务筹划、风险防范等方面具有丰富的实践经验。

---

* 祝心怡：大连海事大学法学学士，陕西海普睿诚律师事务所执业律师。主要执业领域为企业并购、重组、节税策划等；曾负责并参与多家企业并购重组法律服务工作，在企业并购重组交易模式设计、法律尽职调查、交易文件拟定及交易节税策划等方面具有丰富的实操经验。

◎ 项目背景

甲公司系省内一家专门从事工程施工业务的中型国有企业，已取得 A 工程施工总承包三级资质，因经营发展需要，需尽快取得 A 工程施工总承包一级资质；但囿于资质升级审批周期过长，短期内无法满足甲公司资质等级需求。

乙公司系省内一家民营企业，已取得 A 工程施工总承包二级资质、B、C、D 等专业工程承包资质；公司注册资本金 1.1 亿元，股东张某持有公司 90% 股权，王某持有公司 5% 股权，李某持有公司 5% 股权。现公司股东拟进行业务转型，对外转让乙公司 100% 股权。

丙公司系外省一家民营企业，已取得 A 工程施工总承包一级资质，公司注册资本金 3 亿元，股东赵某持有公司 80% 股权，丁某持有公司 20% 股权。现公司股东拟进行业务转型，对外转让丙公司 100% 股权。

不同于公司资产，工程资质作为国家对企业施工资格的认定，无法直接进行所有权的转移。因此，甲公司欲在短期内取得 A 工程总承包一级资质，可通过对取得该资质公司的股权收购，实现间接享有该工程资质的交易目的。

律师团队受聘为甲公司提供并购专项法律服务。服务项目包括：协助设计并购最优方案和交易结构、法律尽职调查、交易风险识别及对冲措施建议、并购实施方案论证、起草项目所涉法律文件、参与合同谈判、配合进行乙公司管理权的移交工作等。

◎ 交易对象选择

甲公司本次股权并购交易目标为通过 100% 股权并购，实现间接取得 A 工程施工总承包一级资质，交易总价在 2000 万元以内，要求交易风险可控，交易周期较短。

经初步商务谈判，乙公司股东同意对外转让所持公司 100% 股权，并负责后续 A 工程二级资质的升级工作，股权转让对价不低于 2100 万元；丙公司股东同意对外转让所持公司 100% 股权，股权转让对价不低于 2800 万元。

律师团队对甲公司的交易条件及现有交易对象进行分析后，认为乙公司更适合作为本次交易的重点洽商对象，具体原因如下：

尽管丙公司现已取得 A 工程一级资质，可直接进行股权并购，及早开展建设工程承揽，实现交易目标；但交易价格已锁定，议价空间有限，不符合甲公司的交易条件。

相反，虽然乙公司目前持有 A 工程二级资质，有待后期进行升级，无法直接实现甲公司交易目标；但因初次商务谈判所确定的交易价格包含其他工程资质价值，可进行资质剥离降低本次交易价格，基本符合甲公司的交易价格要求。

综上，甲公司最终选定乙公司作为本次并购交易目标公司。

本并购项目中，甲公司作为国有企业，对外投资需经上级集团公司审批；乙公司作为民营企业，在既往存续期间或存不可避免的经营风险。为最大限度识别潜在风险，有针对性地进行风险控制，也为给甲公司正式商务谈判提供议价依据，甲公司委托第三方服务机构对乙公司进行法律尽职调查、财务尽职调查及股权价值评估。

◎ 法律尽职调查

第一部分　公司工商登记现状

1. 乙公司自然人股东张某、王某、李某，均具有完全民事行为能力，合法持有并有权处分其所持乙公司全部股权。

2. 根据工商登记资料显示，乙公司股东持有股权不存在质押或其他可能阻碍股权转让的权利负担或限制。

3. 根据工商登记详细的资料，乙公司股东认缴出资额尚未完全实缴到位，其中股东张某认缴9900万元，实缴出资5580万元，剩余4320万元未实缴，股东王某认缴550万元，实缴出资310万元，剩余240万元未实缴，股东李某认缴550万元，实缴出资310万元，剩余240万元未实缴；实缴出资已实缴到位，认缴出资期限为2046年12月31日。

第二部分　公司组织架构

1. 从乙公司历次工商变更登记情况可见，其股东会议事规则、股东会的召开及决议符合《公司法》相关规定，为合法有效，不存在重大法律风险或对公司主体资格产生重大影响。

2. 乙公司执行董事的设置、职权及任职资格符合《公司法》第四十五条、第四十六条、第四十七条、第四十九条、第五十一条、第一百四十七条的规定。

3. 乙公司监事的设置、职权及任职资格符合《公司法》第五十二条、第五十三条、第五十四条、第一百四十七条的规定。

4. 乙公司经理的设置、职权及任职资格符合《公司法》第五十条、第五十二条、第一百四十七条的规定。

5. 乙公司于海南设有分公司，该分公司并不存在异常经营活动，另结合财务尽职调查，该分公司仅存在少量成本类费用。

6. 乙公司现处办公场所系无偿使用其股东张某名下物业，未缴纳房屋租金。

7. 乙公司在企业内部管理中采用较为粗放管理模式，未能形成较为系统化、现代化的企业管理制度；但该管理模式并不意味着乙公司存在直接法律风险。

第三部分　公司历史沿革

经核查，乙公司工商历次变更情况如下。

表1　乙公司工商变更情况

变更事项	变更前	变更后	变更时间
1. 投资人（股权）变更	自然人股东：黄甲某1200万元，黄乙某800万元	自然人股东：黄甲某2000万元，黄乙某1500万元，林某1500万元	2006年11月27日
2. 注册资本（金）变更	2000万元	5000万元	2006年11月27日
3. 投资人（股权）变更	自然人股东：黄甲某2000万元，黄乙某1500万元，林某1500万元	法人股东：陕西××建设有限公司1200万元，自然人股东：黄甲某2000万元，黄乙某1500万元，林某1500万元	2008年4月14日
4. 注册资本（金）变更	5000万元	6200万元	2008年4月14日
5. 投资人（股权）变更	法人股东：陕西××建设有限公司1200万元，自然人股东：黄甲某2000万元，黄乙某1500万元，林某1500万元	法人股东：陕西××实业有限公司6200万元	2008年4月23日
6. 投资人（股权）变更	法人股东：陕西××实业有限公司6200万元	法人股东：陕西YY投资集团有限公司2480万元，自然人股东：黄甲某1860万元，黄乙某1860万元	2009年12月4日
7. 投资人（股权）变更	法人股东：陕西YY投资集团有限公司2480万元，自然人股东：黄甲某1860万元，黄乙某1860万元，均实缴	法人股东：陕西YY投资集团有限公司认缴6200万元，实缴6200万元	2010年7月5日
8. 投资人（股权）变更	法人股东：陕西YY投资集团有限公司认缴6200万元，实缴6200万元	张某认缴1240万元实缴1240万元，王某认缴1240万元实缴1240万元，李某认缴1240万元实缴1240万元，赵某认缴1240万元实缴1240万元，钱某认缴1240万元实缴1240万元	2014年2月18日
9. 投资人（股权）变更	张某认缴1240万元实缴1240万元，王某认缴1240万元实缴1240万元，李某认缴1240万元实缴1240万元，赵某认缴1240万元实缴1240万元，钱某认缴1240万元实缴1240万元	王某310万元，李某310万元，张某5580万元	2016年5月25日
10. 注册资本（金）变更	6200万元	11000万元	2016年8月17日
11. 出资比例变更	李某310万元百分比：5% 王某310万元百分比：5% 张某5580万元百分比：90%	李某550万元百分比：5% 王某550万元百分比：5% 张某9900万元百分比：90%	2016年8月17日

第四部分 公司现有经营资质

经服务律师通过网络及住房和城乡建设综合便民服务中心现场查询，乙公司已取得A工程施工总承包二级资质、B、C、D等专业工程承包资质建筑业企业资质证书，且均在有效期内。

第五部分 公司现有资产

经查，乙公司无任何房产、土地登记信息，无大型生产经营设施。

第六部分 公司现有工程项目情况

一、××大学、××学院工程施工项目

财务尽职调查数据显示，乙公司存在××大学、××学院等相关工程施工项目，但该项目所涉的具体协议乙公司并未提供。经询问获悉，该类工程项目合同签订于乙公司现有股东受让股权之前，在股权转让过程中该类合同权利义务剥离至乙公司原股东，由原股东履行合同义务，承担合同责任，合同文本亦由原股东保管。该类合同的实际履行及付款等情况有待结合财务尽职调查结论进行核实。

另外，该项目对外系以乙公司名义经营并签署合同，即便与原股东有协议约定，但对外的责任与风险仍首先应由乙公司承担，项目履行一旦出现瑕疵，乙公司即存在涉诉可能，法律风险较大。

二、××办事处项目

据资料显示，该项目主要为围墙圈建施工，乙公司系施工方，合同总金额为5340894元。根据合同约定工程期限要求，该类合同均应已履行完毕，据乙公司负责人介绍目前该项目已竣工验收，仅剩5%质保金尚未支付，具体结算情况有待结合财务尽职调查报告进一步核实。

三、陕西××科技工程有限公司项目

据资料显示，该项目包括××有限责任公司电厂改建基础土建及钢结构

施工、陕西××有限公司钢结构施工、大唐××电厂墙面隔声围挡施工、陕西××矿业集团钢结构安装等具体项目，乙公司为该项目施工方，项目总金额为2560332.78元。据合同约定工期要求，上述项目均应已完工，且发包方亦应支付相应工程款项。但据悉，目前该项目尚未进行结算付款，又或仍在履行期内，服务律师认为此项目或存在工程逾期的风险，但具体履行情况及工程款支付情况有待结合财务尽职调查报告进一步核实。

四、陕西××实业有限公司项目

据资料显示，该项目交易方为乙公司股东控制的其他关联公司，双方《建设工程施工合同》明确约定，由乙公司承建陕西××实业有限公司厂区、厂房的建设、安装工程，工程期限自2017年4月10日起至2018年4月10日止，合同总价为30928627.5元。根据合同约定，乙公司每月20日前向发包人提交已完成的工程量报告，经审核后发包人向承包人按已完成工程量的80%支付进度款；工程竣工验收合格累计支付至合同价的80%；待工程结算完成后付至结算价的95%，剩余5%作为质量保修金。

该项目现已取得建设工程施工许可证，据乙公司负责人称该项目目前正在建设过程中，具体建设及回款进度有待结合项目实际进一步核实。

第七部分　公司对外融资担保情况

一、乙公司债权债务情况

查询乙公司的企业信用报告（中征码：6101040000××××××）可知：乙公司存在一项对外担保记录，担保类型为保证，被担保人为××家具有限公司，担保金额为人民币490万元，保证期限为3年。经征询，××家具公司为乙公司股东张某独资公司，系乙公司关联公司。该笔对外担保，如被担保人偿还能力出现问题，乙公司或面临对该笔款项承担清偿责任，存在较大法律风险。

二、乙公司及股东他项动产融资情况

经查询，乙公司及其股东在中国人民银行动产融资登记系统中，在动产信托登记、应收账款质押和登记、租赁登记、所有权保留登记、租购登记、保证

金质押登记、存货/仓单质押登记及其他登记等事项中，均未有相关记录。

第八部分　公司劳务关系情况

一、劳动合同

根据乙公司提供人员名单显示，截至2017年7月，乙公司在册员工57人，未提供合法有效的《劳动合同》。

二、社会保险

根据乙公司提供《社会保险参保人员月缴费明细表》（2017年7月）显示，乙公司仅为其中27人缴纳社会保险，其余30人均未缴纳。

乙公司已违反《劳动法》《劳动合同法》及其他相关法律法规规定之强制性义务，存在重大法律风险，涉诉可能性极大。

◎ 财务尽职调查

以下为财务尽职调查报告分项结论内容：

一、税务方面

乙公司2014年股权变更后的自有业务核算，总体上能够按照税法的规定缴纳相关税费，但2014年股权收购前业务存续的账务，未能获取2014年至2017年6月的国地税纳税申报表，无法判断该部分账务的税务风险。

二、债权债务管理

乙公司2014年股权变更后自有业务相关的债权债务，债权收回风险及债务挂账风险较小；但是2014年以前账目显示存在陕西YY投资集团有限公司其他应收款项4900万元，据披露陕西YY投资集团有限公司系2014年2月以前乙公司股东，该笔应收款项或存在抽逃出资的风险。

三、会计政策

公司目前无正式的会计政策，根据账务资料，发现现有的财务核算存在的问题有：（1）应收款项未按备抵法计提坏账准备；（2）固定资产未按规定计提折旧。

四、财务核算

（一）货币资金

乙公司2017年6月30日银行未达金额较大，并未按规定编制银行未达账项余额调节表。经核对银行对账单，银行未达主要是未入账的项目成本。

（二）存货核算不规范

乙公司存货主要为工程施工，下设工程成本、工程毛利、材料费、间接费、人工费五个二级明细，科目设置不规范，间接费用未按项目进行分配。

（三）应付职工薪酬核算不规范

乙公司在实际发放职工薪酬时直接计入工程施工，并未通过应付职工薪酬科目进行核算。

（四）收入成本核算不规范

乙公司的工程项目的收入、成本未按照完工百分比法进行确认，实际核算中收入以开具发票为确认依据，成本结转较随意，收入成本不配比。

五、其他方面

（一）海南分公司未纳入合并报表范围

海南分公司系乙公司独立核算的分支机构；根据提供的纳税申报表，海南分公司2016年发生零星费用支出，但财务报表未纳入合并范围。截至2016年12月31日，海南分公司资产总额为3340元，负债总额为6000元，净资产为－2660元，2016年管理费用为2660元，净利润为－2660元。截至2017年6月30日，资产总额为零，资产负债表各科目无余额。

（二）2014年股权变更前业务存续账务问题

经访谈乙公司高管，在2014年股权变更后，股权变更前已经签订合同的工程项目持续运营，原项目相关的财务账面资产、负债及权益均由陕西YY投资集团有限公司负责，原项目的盈亏也由其承担。股权变更后乙公司对此部分账务仅合并账面数字但不实质控制。

（三）部分工程项目核算问题

经审阅电子账务，2014 年股权变更后乙公司承接的项目部分收入、成本也在原项目财务账核算。其中××办事处项目在原项目账核算的工程施工余额 102.47 万元，收入金额 374.52 万元，成本金额 315 万元；陕西××实业有限公司项目在原项目账核算的工程施工余额 73.5 万元。

◎ 股权价值评估

本报告评估对象为乙公司（假定 A 工程施工资质为一级，剥离 B、C、D 工程施工资质）股东全部权益价值；评估范围为乙公司评估基准日全部资产和负债。

本报告选用价值类型为市场价值。

评估基准日为 2017 年 8 月 31 日。

评估方法采用资产基础法和收益法。

截至评估基准日，B 公司总资产评估前账面值为 1544.33 万元，负债账面值为 240.66 万元，净资产账面值为 1303.67 万元。

资产基础法评估结果为：总资产评估值为 1540.82 万元，负债评估值为 240.66 万元，净资产评估值为 1300.16 万元，评估增值 -3.51 万元，增值率为 -0.27%。

收益法评估结果为：净资产评估值为 1826.36 万元，评估增值 522.69 万元，增值率为 40.1%。

经过对两种方法的评估结果进行分析，最终选择收益法评估结果作为本次评估结论；即 B 公司截至评估基准日，在持续经营前提下的股东全部权益价值为 1826.36 万元。

特别说明：本次评估，乙公司其他应收款中存在一笔应收陕西 YY 投资集团有限公司，金额为 4900 万元，该公司为乙公司 2014 年 2 月前控股股东，该笔应收款未计入乙公司股东全部收益价值范围。

◎ 股权转让交易所涉法律风险

经尽职调查后，乙公司存在以下法律风险有待解决：

1. 乙公司注册资本金为 1.1 亿元，股东实缴 6200 万元，其余 4800 万元为认缴，有待本次股权转让过程中予以明确认缴义务；

2. 经财务尽职调查显示，乙公司账面尚存 4900 万元其他应收款，据悉属于乙公司向原股东——陕西 YY 投资集团有限公司借款所致，或存股东抽逃出资风险；

3. 乙公司存在 490 万元对外担保，如被担保人偿还能力出现问题，乙公司或面临对该笔款项承担清偿责任；

4. 甲公司并购需求仅为 A 工程施工总承包资质，乙公司已取得其他 B、C、D 等专业工程施工资质有待剥离；

5. 乙公司于海南省设有分公司，虽未发生实际业务，但甲公司在后期对该分公司的经营需要较低，有待注销；

6. 乙公司现处办公场所系无偿使用股东张某名下物业，未缴纳房屋租金，但不排除张某主张房屋租金请求的风险；

7. 乙公司存续期间共承揽 5 起工程项目，其中 4 起工程项目已完工，剩余 1 起工程项目尚在施工期内，已完工工程项目或存后期工程质量风险，尚未完工项目或存合同履约风险；

8. 乙公司现有员工均未签署《劳动合同》，且未全面缴纳员工社会保险，存在劳务纠纷或然风险。

◎ 股权并购交易选择及分析

根据住房城乡建设部《关于建设工程企业发生重组、合并、分立等情况资质核定有关问题的通知》（建市〔2014〕79 号）的规定：“一、根据有关法律法规和企业资质管理规定，下列类型的建设工程企业发生重组、合并、分立等情况申请资质证书的，可按照有关规定简化审批手续，经审核注册资本金和注册人员等指标满足资质标准要求的，直接进行证书变更。……4. 企业全资子公司间重组、分立，即由于经营结构调整，在企业与其全资子公司之间、或各全资子公司间进行主营业务资产、人员转移，在资质总量不增加的情况下，企业申请资质全部或部分转移的；……”

根据上述规定，企业新设全资子公司、企业分立的，可通过简易程序直接进行资质证书的变更，这为本项目交易模式的涉及提供操作依据。基于乙公司经营时间较长，或存负债、纠纷及历史遗留问题较多，且存在不在并购范围内的工程资质、资产、分公司等有待剥离的问题；因此，经与交易双方沟通后，服务律师拟定以下三种交易模式：

模式一：

由乙公司设立全资子公司，将甲公司所需 A 工程施工总承包二级资质剥离至该全资子公司名下，由甲公司收购该新设全资子公司 100% 股权。

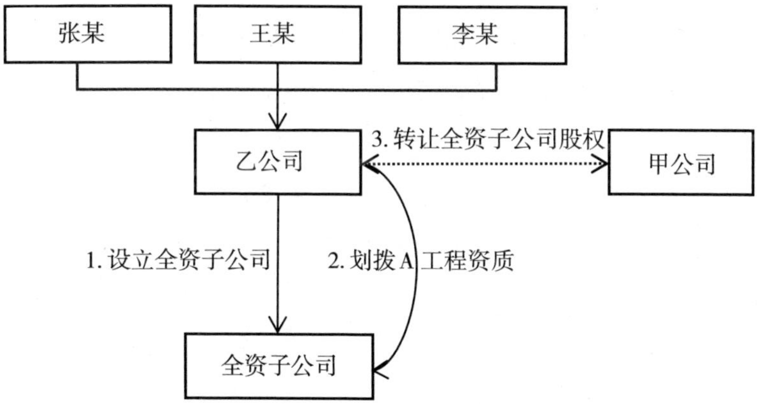

交易路径

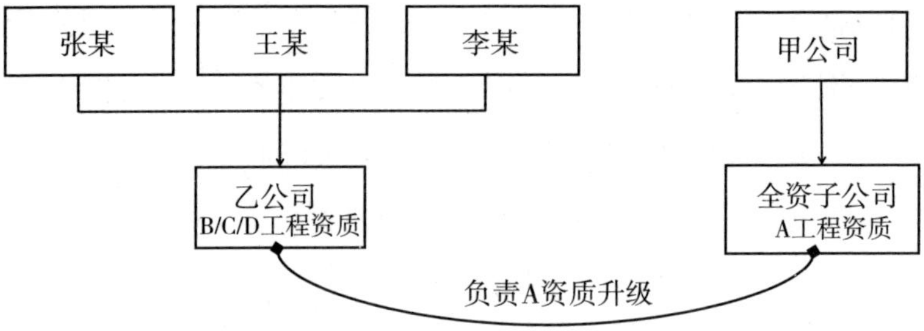

交易结果

优势：

1. 有效隔离乙公司既往经营期形成的历史遗留问题；

2. 由乙公司作为股权出让方，相较于乙公司原股东（自然人），在本交易环节中可暂不缴纳个人所得税。

障碍：

相较于二级资质，一级资质对施工单位资产总额、机械设备、人员及既往工程承包业绩量均有更高要求。该模式中，需先将 A 工程施工总承包二级资质剥离至全资子公司，在此过程中，对既有工程承包业绩的转移存在较大难度，不利于全资子公司既往工程业绩的积累，影响后期资质升级，为甲公司最终并购目标的实现增加实际壁垒。

模式二：

甲公司收购乙公司部分股权，由乙公司原股东继续办理 A 工程施工总承包资质的后续升级工作；待升级完成后，将乙公司分立为乙公司 1、乙公司 2，将 A 工程施工总承包资质剥离至乙公司 2 中，将其他资质及债权债务等剥离至乙公司 1 中；在乙公司分立中的股权配比方面，由甲公司持有乙公司 1 的 100% 股权，由乙公司原股东持有乙公司 2 的 100% 股权，双方就分立所涉股权进行价值补差。

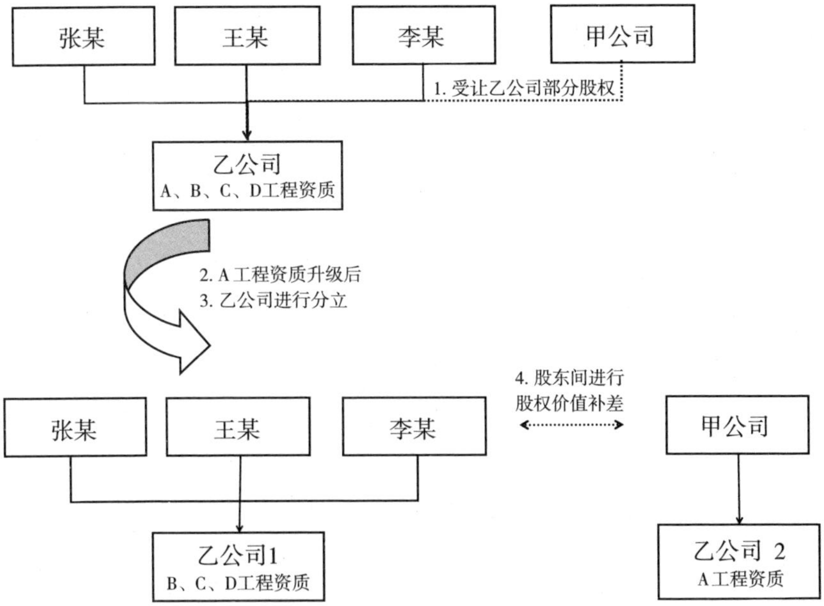

交易路径

优势：

1. 乙公司原股东继续持有部分股权，便于后期资质升级；

2. 通过后期分立剥离乙公司原有遗留问题，实现并购目的。

障碍：

1. 甲公司作为国有企业，对乙公司分立所涉股权处置需经产权交易中心挂牌，存在交易实施障碍；

2. 分立前，乙公司由甲公司与原股东共同经营管理，存在管理矛盾，且在此期间经营风险的承担及收益的分配，较难有效分离。

模式三：

乙公司设立 100% 全资子公司，将现有 B、C、D 工程施工资质及其他不在本次并购范围内的资产及负债剥离至该全资子公司内，并将该全资子公司股权对外转让，随后对乙公司进行内部整合及清理，在甲公司充分认可清理整合结果后，受让乙公司 100% 股权，由乙公司原股东负责完成工程资质升级。

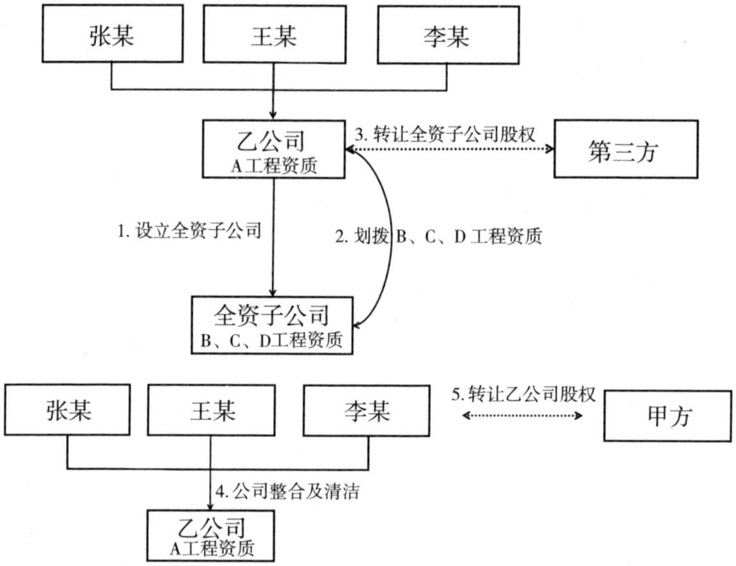

交易路径

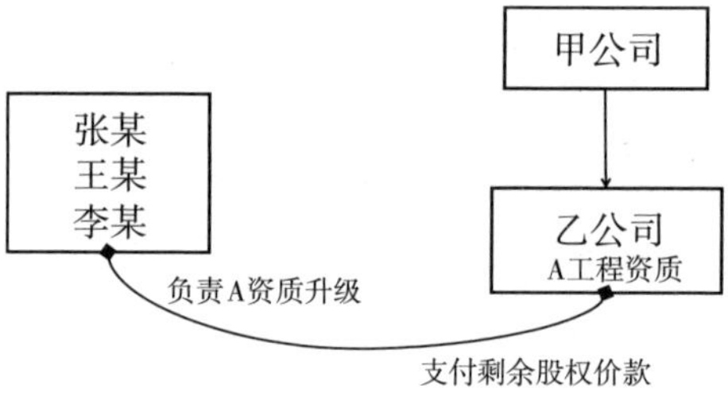

交易结果

优势：

1. 资质升级前乙公司股权结构不发生变化，利于后期资质升级；

2. 通过股转价款的分笔支付，降低甲公司前期资金压力，制约乙公司原股东后期资质升级工作。

障碍：

1. 股权交割前的清理整合工作，无法彻底割断历史遗留问题，乙公司既往经营风险仍由甲公司间接承担；

2. 如后期资质升级失败，则直接造成甲公司并购目标无法实现。

最终选定交易模式：

经沟通后，基于甲公司对 A 工程施工总承包资质需求时间较为紧迫，乙公司原股东不接受交易周期过长，且为保证后期工程资质升级的顺利完成，双方最终确定采用第三种模式完成本次并购。

◎ 股权并购交易风险及对冲措施

风险一：股权未完全实缴到位

尽职调查显示，乙公司注册资本金未实缴到位，尚存 4800 万元未实缴，乙公司原股东现阶段无力更无意向进行实缴。在乙公司股东权益价值评估过程中，评估机构已将该部分股权价值计入评估范围。

经分析，乙公司待实缴的 4800 万元注册资本金为原股东按股权比例确定认缴份额，即张某认缴 4320 万元，王某认缴 240 万元，李某认缴 240 万元，不存在差额认缴，公司章程中也未对认缴出资股权予以限制；此外该认缴部分登记的出资期限为 2046 年 12 月 31 日，尚未达到出资期限。因此，该部分出资义务尚未达履行期限，对应股东权利并不存在重大瑕疵。

风险对冲措施：

在本次股权转让过程中，可将认缴股权部分与实缴出资股权一并转让，由甲公司后期根据公司经营实际需求进行实缴。

风险二：股东存在抽逃出资

根据财务尽职调查显示，乙公司财务账目显示存在 4900 万元其他应收账款，据乙公司原股东披露，该笔应收账款为乙公司前任股东 YY 投资集团有限公司在经营过程中抽逃出资造成。在张某、王某及李某受让乙公司股权时，该笔应收账款未做处理，受让股权价格的确定并未包括该笔应收账款。

《最高人民法院关于适用〈中华人民共和国公司法〉若干问题的规定（三）》第十八条第一款规定：“有限责任公司的股东未履行或者未全面履行出资义务即转让股权，受让人对此知道或者应当知道，公司请求该股东履行出资义务、受让人对此承担连带责任的，人民法院应予支持；公司债权人依照本规定第十三条第二款向该股东提起诉讼，同时请求前述受让人对此承担连带责任的，人民法院应予支持。”

可见，并购交易中，如原股东存在抽逃出资情形，股权受让方需对抽逃出资部分承担连带责任，具有较高法律风险。通常情况下，对该风险的规避可由抽逃出资股东就抽逃出资额予以补足或进行减资。

在本项目中，YY 投资集团有限公司作为抽逃出资原股东，现已无能力或无意愿偿还该笔账款，退一步而言，即使 YY 投资集团有限公司有能力偿还，偿还金额必然重新计入此前张某、王某、李某的股权受让价格中，最终累计进入本次股权转让价格，届时本次股权转让价格为 8000 万元，不符合甲公司交易要求，因此，由抽逃出资股东进行出资补足的方式不具现实操作性。

另外，由于该笔抽逃出资款项于财务账簿记为 YY 投资集团有限公司应收款，YY 投资集团有限公司在向张某、王某、李某转让股权时也未做账目处理，故此，即使现阶段乙公司进行减资也无法直接将该笔应收款调减。同时，如对乙公司进行减资处理，势必降低乙公司资产总额，直接影响 A 工程资质的后续升级。因此，在本项目中减资无法有效对冲抽逃出资的潜在风险。

风险对冲措施：

基于上述分析，律师认为，由于本次股权价值评估并未将原股东的实际出资纳入评估范围，甲公司亦认可本次股权并购价格所对应标的仅为 A 工程施工总承包资质，并未直接对应乙公司其他资产及负债情况，因此本次股权并购过程中，可通过协议约定及财务账目处理进行该风险的控制，具体如下：

由 YY 投资集团有限公司、甲公司、张某、王某、李某签署《三方协议》，于协议中明确以下事实：

1. YY 投资集团有限公司与张某、王某、李某认可：在 2016 年对乙公司进行股权转让时，未将上述应收账款纳入股权转让价格构成中；故各方一致确认，自 2016 年 5 月 25 日，张某、王某、李某正式受让股权后，乙公司原就该笔账款的偿还义务由张某、王某、李某依各自持股比例予以无偿继受；

2. 甲公司与张某、王某、李某认可：在双方对乙公司股权进行转让价格评估时，亦未将上述其他应收款纳入价格评估范围；故各方一致确认，自2018 年____月____日，甲公司正式成为乙公司股东时，原股东张某、王某、李某就该笔账款的偿还义务由甲公司予以无偿继受；

3. 本协议各方一致认可，乙公司根据本协议约定事项，调整公司财务账簿，因此产生的各项税费，均由张某、王某、李某承担。

风险三：对外担保

乙公司对外提供 490 万元借款的连带担保责任尚未解除，如张某独资设立的家具公司作为债务人，未能及时、足额向债权人（保证权人）履行债务清偿责任，则债权人有权要求乙公司在未清偿债务范围内承担相应责任，届时必然造成甲公司间接受损。

因此，在甲公司正式受让乙公司股权之前，可由乙公司股东负责消除该对外担保责任。该担保责任的消除方式可由债权人同意更换其他担保，免除乙公司担保责任，也可由债务人直接清偿借款，实现担保责任的灭失。但在实施过程中，债权人不同意更换其他担保方式，且债务人无能力即刻还款。

风险对冲措施：

鉴于上述交易背景，在本次股权并购过程中，经各方商定，由甲公司、乙公司股东、家具公司及债权人签订四方协议，约定甲公司向张某借款 460 万元，张某认可由甲公司将前期借款直接支付至债权人账户名下，作为偿还家具公司的欠款；自款项到达债权人账户后，家具公司与债权人间债务清偿完毕，乙公司连带保证责任解除，该笔前期借款转作甲公司向乙公司股东的首笔股权转让价款。

风险四：既往工程项目或然责任

乙公司共承揽 5 起工程项目，其中 1 起工程项目尚在施工期内，存在建设工程施工过程中合同履约、工程安全责任的风险。由于乙公司作为工程施工方，如在甲公司继受股权后发生相应工程违约责任，必然引起甲公司股权价值贬损；此外，张某、王某、李某也不同意股权转让后，仍由乙公司收取该建设工程施工所产生的收益。

因此，在甲公司正式受让乙公司股权之前，需乙公司将现有建设工程施工项目项下全部合同权利义务及责任转至其他公司；如建设工程合同项下权利义务及责任无法转移，则应由乙公司原股东继续承担相应责任。

风险对冲措施：

双方《股权转让协议》中设置相应条款，明确责任承担主体，具体如下：

乙公司承接的建设工程项目，由乙公司原股东负责将工程转移至新设公司，并取得合同相对方充分认可由新设公司继续履行合同；

如建设工程项目项下权利、义务及责任无法转移的，由乙公司原股东继续负责组织工程施工，由甲公司进行工程项目监管，收取相应工程管理费，但工程所涉全部义务及责任均由乙公司原股东予以全面承担。

风险五：劳务用工不规范

乙公司现有员工均直接与乙公司发生劳动关系，但由于未依法签署《劳动合同》，且未全部缴纳社会保险，因此如股权并购后劳动者就此提起劳动仲裁或诉讼，必然会造成甲公司间接受损。

据悉，张某作为乙公司控股股东，仍以控股股东身份持有其他公司股权，且在乙公司实际经营过程中，乙公司员工均同时兼任其他公司岗位职责。

风险对冲措施：

鉴于上述交易背景，由乙公司现有股东组织乙公司员工与其他公司签订《劳动合同》，并由乙公司员工签署《离职申请及承诺》，明确自愿解除与乙公司间劳动关系，并放弃向乙公司的任何赔偿请求权，双方之间无任何经济纠纷及未结事项。

风险六：或然负债及纠纷

《公司法》第三条第一款规定："公司是企业法人，有独立的法人财产，享有法人财产权。公司以其全部财产对公司的债务承担责任。"该法律规定明确了股权转让过程中的股东及公司的责任承担原则，即无论交易双方对公司债权债务如何划分，均由公司对外独立承担责任。在股权并购过程中常出现原股东对公司既往或然负债及纠纷披露不全面的情况，如在并购完成后，既往负债或纠纷发生，需由公司对外承担相应责任，这必将造成股权受让方经济损失。

风险对冲措施：

对并购过程中的或然负债及纠纷的风险防范，一般约定由股权受让方暂留部分股权转让款，待 2 至 3 年风险应对期满后无息支付。

另外，在《股权转让合同》中明确并购交易基准日及基准日前后的责任承担主体，在本项目中具体约定如下：

“基准日之前乙公司发生的（以及行为发生于基准日前，但结果发生于基准日后的）经营风险（包括且不限于任何民事责任、行政责任和刑事责任）由张某、王某、李某承担，经营活动产生的损益亦归张某、王某、李某享有；基准日之后乙公司发生的经营风险（包括且不限于任何民事责任、行政责任和刑事责任）由甲公司承担，经营活动产生的损益亦归甲公司享有。”

风险七：工程资质升级失败

本次股权交易中，甲公司最终拟实现间接享有 A 工程施工总承包一级资质，乙公司现有二级资质不能满足甲公司并购目的；尽管乙公司原股东承诺由其在并购结束后进行资质升级工作，但如资质未能实现升级，则直接造成交易目的不能实现。

经对乙公司现有 A 工程施工总承包二级资质进行价值评估，甲公司认为一定价格区间的二级资质仍具有交易需求；因此甲公司同意如资质未能升级，以较低价格受让乙公司股权的交易方案，以此维持并购交易的有效性。

风险对冲措施：

有鉴于上述交易背景，为有效对冲股权转让后乙公司原股东未能实现资质升级的风险，由双方在《股权转让协议》中设置价格调整条款，具体如下：

张某、王某、李某承诺于2018 年 12 月 31 日前完成乙公司 A 工程施工总承包资质升级工作。自本协议签订之日起，经甲公司确认资质所需的人员应缴纳社保及聘用成本由甲公司承担；其他升级所涉费用及开支均由张某、王某、李某自行承担；

张某、王某、李某于前款承诺期限内完成乙公司资质升级工作（正式取得 A 工程施工总承包一级资质证书），且根据甲公司要求完成原保留人员的清退（清退费用由乙公司原股东承担）后20日内，甲公司向张某、王某、李某支付股权转让款____万元，作为第二笔股权转让款；

协议各方一致确认，如张某、王某、李某于2018年12月31日前，未实现资质升级，同意股权交易款调减为____万元，由甲公司自行负责该资质升级工作；剩余股权转让价款______万元不再进行支付，张某、王某、李某承诺不得以任何理由要求甲公司支付。

◎ 结语

律师在企业并购业务中的核心服务在于并购交易架构的设计及交易步骤风险的防范；因此，充分获取委托方的并购目的及需求，结合现有法律法规设计可行的交易路径，并通过设计交易步骤的风险防范措施，确保交易合法可行、风险可控，是并购业务中律师的服务工作重点。必须要说明的是，该工作顺利完成的前提是对拟收购公司全面、充分的尽职调查工作，以《法律尽职调查报告》为并购交易架构的设计提供依据，为并购协议中的风险控制提供方向，为双方交易细节的谈判提供磋商筹码。

近年来，企业并购业务成为律师非诉业务的重要组成部分，如诉讼业务一样，每项并购业务也均具有一定代表性与差异性。但构建合法、合理、安全、节约的交易模式，协助委托方实现并购目标，应始终是律师在并购业务中的工作目标。

安全是资本项目的永恒主题

——因公司并购项目引起的纠纷案例

承办律师：李翔、刘焘焘

李翔：中共党员，法律硕士，四川金契律师事务所执业律师，副主任律师，四川交通职业技术学院教师。李翔律师从业19年来，专注于企业并购、重组、破产法律实务、公司诉讼实务和理论研究。曾出版专著《立法的几个法理问题——论破产管理人制度》；在《法律适用》等学术刊物上发表多篇论文。

刘焘焘：四川章贞律师事务所律师，西南财经大学法律硕士研究生。曾在法院工作15年，2008年从事律师工作至今。从事法律工作多年，积累了丰富的执业经验，勤勉尽责、诚信务实、思维敏捷，工作方法灵活实用，擅长企业并购重组、公司业务，对企业间的经济纠纷有独到的分析能力及诉讼技巧。为中国西部国际农副产品加工产业园等项目提供过法律服务。

◎ 项目背景

目标公司A公司系一家研发、生产和销售高端润滑油的高新技术企业。在被并购前已经获得新型润滑油专利。收购方系一家在中国境内依法成立的企业法人，主要看中目标公司拥有的高新技术。其收购方案为：通过收购目标公司某自然人股东51%的股权，以获得对目标公司的控制权。

◎ 案情介绍

A公司成立于2008年×月×日，注册资本2000万元，系居民有限责任公司。B公司（作为股权转让合同的乙方，受让方）和C（作为股权转让合同的甲方，出让方）在2013年×月×日签订《股权转让合同》。约定："甲方拟将其所持有的A公司51%股权转让给乙方，乙方同意受让该股权。乙方向甲方支付股权转让款1.2亿元，待甲方向乙方出具该股权转让完成的工商证明文件后十个工作日内，乙方向甲方支付2000万元。为办理上述股权转让手续，甲乙双方同意另行签署用于工商变更登记使用的股权转让协议，其中约定的股权转让价款为本合同转让总价款组成部分，该股权转让协议与本合同有冲突之处的，以本合同为准。"

2013年×月×日B公司（乙方）和C（甲方）签订《补充协议》。约定："在本补充协议生效后十个工作日内，乙方向甲方支付500万元作为履约定金。待甲方办理完将所持公司51%的股权转让给乙方且A公司法定代表变更为乙方指定人员名下的工商变更登记手续后，乙方于2014年1月15日前向甲方支付4500万元。在完成上述股权转让后三个月内，甲方尽可能将其他十名股东名下的股权办理至甲方名下，实现甲乙双方共同合作经营公司，合计持有公司90%以上股份的目的。乙方同意于2014年4月30日前向甲方支付剩余股权转让款7000万元。本协议自双方签署之日起生效。"

2014 年 6 月 2 日，A 公司股东会决议，全体股东一致同意 C 将上述股份转让给 B 公司法定代表人 D，2014 年 6 月 2 日 C 和 D 签订《股权转让协议》。2014 年 6 月 16 日，× × 市高新工商行政管理局对该股权变更事宜进行登记。

在一审诉讼过程中，被告 D 向人民法院提交了 B 公司与其法定代表人 D 在 2014 年 6 月 12 日签订的《股权代持协议》。约定："B 公司自愿委托 D 代持 B 公司在 A 公司所有的 51% 的股份，并根据 B 公司的委托内容代为行使相关股东权利。"原告 C 对其代持关系并不知情。

2014 年 10 月 × 日，C（甲方）、B 公司（乙方）、D（丙方）签订《股权转让备忘录》。约定："经三方协商确认，就上述 A 公司股权转让付款事宜乙方（B 公司）丙方（即 D）作以下承诺：乙方丙方退回 29% 股份至甲方（即 C），同时变更法人为甲方。乙方委托丙方支付甲方共计 4500 万元，已支付 750 万元。丙方于 2015 年 3 月 30 日支付甲方 1650 万元，第二笔于 2015 年 6 月 30 日前支付 1000 万元，第三笔于 2015 年 9 月 30 日前支付 1000 万元。甲方收到上述全部款项后即日变更乙方实际持有 A 公司股份为 22%。上述手续履行完毕后，甲乙双方前期所签股权转让合同及补充协议作废，同时签订确认实际股权持有新合同。"同日，被告 D 向原告 C 出具三张《欠条》载明："今欠 C 人民币 1650 万元，2015 年 3 月 30 日归还。""今欠 C 人民币 1000 万元，2015 年 6 月 30 日归还。""今欠 C 人民币 1000 万元，2015 年 9 月 30 日归还。"

◎ 案情归纳

根据案件各方当事人先后签订的系列合同，可归纳出一些信息。一个标的：A 公司 51% 的股权；一个出让方：A 公司的 C 股东；两个股权转让合同：其一是 2013 年 × 月 × 日 B 公司和 C 签订的《股权转让合同》，其二是 2014 年 6 月 2 日 C 和 D 签订的《股权转让协议》；两个受让方：其一是 B 公司，其二是 D；三张欠条：D 向 C 出具剩余股权转让价款归还金额及时间的欠条。

◎ 纠纷起因

在实际履行过程中，标的股权全部过户给了收购方 B 公司的法定代表人 D，该法定代表人向股权出让方 C 支付部分股权转让价款后，为剩余未付价款出具了欠条并承诺支付时间。由于该法定代表人未在承诺时间内付清剩余股权价款，经出让人 C 催要仍不支付，因此 C 向人民法院起诉，请求支付剩余股权转让价款及资金占用费。股权出让人委托律师作为本案原告代理人。

◎ 诉讼方案

经查询，B 公司无可供执行的财产，D 名下有足额财产可供执行。该股份实际过户给 D，D 就剩余款项向 C 出具了 3 份欠条，系案涉股权转让价款的支付人。为此，律师为原告 C 设计的诉讼方案为：以案涉股权价款的支付人为由，将 D 作为被告并实施诉中财产保全，请求支付剩余股权转让价款，案由为股权转让纠纷案。

诉讼请求：（1）被告立即支付股权转让款 2900 万元；（2）被告立即支付延期付款的资金占用费 1 万元，该笔资金占用费以 2900 万元为基数按银行同期贷款利息，从 2015 年 6 月 30 日起计算至股权转让款支付完毕为止；（3）被告立即将持有 A 公司的 29% 的股份（出资额 × × 万元）返还给原告；（4）被告承担全部诉讼费。

一审过程及判决结果：

一审审理中，被告 D 向人民法院申请追加 B 公司为本案被告，人民法院依职权追加了 B 公司为本案第三人。被告和第三人均认为案涉股权转让款应当由第三人支付。其理由是由于被告系案涉股权的代持人，实际购买人是第三人 B 公司，因此，案涉股权转让款应当由第三人支付。

表 1　原告提供的证据：（2016）××证据清单　　时间：2016 年 12 月

序号		证据名称	来源、形式	份数	页数	证明对象
第一组		股权转让备忘录	原告、复印件	1	1	原告转让股权给被告的事实。股权转让价款为 4400 万元。
第二组		欠条	被告、复印件	1	2	被告欠原告股权转让款的事实。
第三组	1	变更登记审核表	原告、复印件	1	3—4	1. A 公司是依法成立的合法企业。 2. 原告已将 51% 的股权变更给被告。 3. 被告在 2014 年 6 月 2 日参加 A 公司股东会。 4. 被告以自己的名义行使董事长和股东的权利。 5. A 公司的工商登记资料中未显示被告代持 A 公司股份的事项。
	2	公司登记（备案）申请书	原告、复印件	1	5—6	
	3	法定代表人信息	原告、复印件	1	7	
	4	董事、监理、经理信息	原告、复印件	1	8—9	
	5	企业登记颁证及归档记录表	原告、复印件	1	10	
	6	指定代表或者共同委托代理人授权委托书	原告、复印件	1	11	
	7	A 公司股东决议	原告、复印件	1	12—13	
	8	A 公司董事会决议	原告、复印件	1	14—15	
	9	D 身份证	原告、复印件	1	16	
	10	A 公司章程	原告、复印件	1	17—28	
	11	企业登记决定通知书（办结通知书）	原告、复印件	1	29	
	12	企业（含办事处）登记申请材料接收单	原告、复印件	1	30	
	13	准予变更（备案）登记通知书	原告、复印件	1	31	
第四组	1	营业执照	原告、复印件	1	32	1. 被告以自己的名义在 A 公司实施经营管理的事实。 2. 被告以自己的名义行使董事长和股东的权利。
	2	A 公司会议签到表	原告、复印件	1	33	
	3	董事长 D 召开公司下一步重大发展规划会议纪要	原告、复印件	1	34—36	

续 表

序号		证据名称	来源、形式	份数	页数	证明对象
第五组	1	业务凭证	被告、复印件	1	37	被告以自己的名义向A公司实施经营管理和注入资金的事实。
	2	中国工商银行凭证	被告、复印件	1	38	
	3	交易已被受理单	被告、复印件	1	39	
第六组	1	×××公司1股东信息	原告、复印件	1	40	由于×××公司1、×××公司2、B公司、×××公司3均系被告D直接或间接控股或参股公司，因此×××公司1向原告付款应为代被告支付股权转让款，而不是代B公司支付。
	2	×××公司2股东信息	原告、复印件	1	41	
	3	B公司股东信息	原告、复印件	1	42	
	4	×××公司3股东信息	原告、复印件	1	43	

一审法院认为：C、D、B公司签订的《股权转让合同》《补充协议》《股权转让备忘录》以及《股权代持协议》均系各方当事人真实意思表示，不存在《合同法》第五十二条规定的违法情形，应为合法有效，对各方均具有拘束力。上述合同一脉相承，清晰完整地反映了如下事实：C向B公司转让其所持有的A公司股权，D基于B公司的委托代为支付剩余股权转让款并持有股权。基于此，D不是讼争股权转让关系的当事人，而是债务履行的辅助人；其于《股权转让备忘录》签订当日向C出具《欠条》的行为是对《股权转让备忘录》关于付款约定的再次确认，并未突破三方关于B公司委托D支付剩余股权转让款的履行安排。C认为D系债务人加入的主张不成立，一审法院不予采纳。D辩称其出具《欠条》是因C承诺向其融资而与本案无关，因其未提交相应证据予以证明，故一审法院对其该项辩称意见不予采纳。故一审法院根据《合同法》第六十五条的规定认为，C要求D支付剩余股权转让款并赔偿损失的诉讼请求，不具有事实及法律依据，一审法院不予支持。现案涉股权记载在D名下，D对C要求其返还A公司29%的股权（出资额580万元）不持异议，故一审法院予以确认。

原告C不服一审判决向××市中级人民法院提起上诉。

二审过程及判决结果：

二审期间，C 向人民法院提交的证据如下：（1）（2018）××《公证书》，拟证明 B 公司在国家企业信用信息公示系统公布的 2013—2016 年各年度报告均没有购买其他公司股权信息，第三人 B 公司自认购买股权与事实不符；（2）A 公司 2013 年 8 月 13 日工商变更登记材料，拟证明在该时间节点 C 持有 A 公司 22% 股权的事实；（3）A 公司 2013 年 11 月 5 日工商变更登记材料，拟证明 2013 年 10 月 3 日 C 已通过受让其他股东股权的方式持有 A 公司 55% 股权并于 2013 年 11 月 5 日办理了工商变更登记的事实；（4）2014 年 7 月 23 日 B 公司工商备案《章程》，拟证明签署案涉《股权代持协议》时 D 为 B 公司法定代表人，D 与 B 公司存在利害关系的事实。

二审期间，D 未向人民法院提交证据。

律师二审代理词：（2018）×××号

附：

民事代理词

尊敬的审判长、审判员：

×××律师事务所接受 C 的委托，指派本所律师为 C 与 D、B 公司股权转让纠纷案二审诉讼代理人。代理人通过调取证据、参加庭审等活动，对本案基本事实已经掌握，现依据事实和法律作出如下代理意见，供法庭参考：

一、B 公司不是案涉股权的实际购买人，与 D 之间的股权代持协议是虚构的。其事实和理由如下：

1. B 公司没有实际出资购买案涉股权。根据 10 次来款记录的《汇兑支付来账凭证》看，C 总计收到的 1500 万元股权转让款，其中 700 万元是 D 分三次支付，800 万元是×××公司 1 分七次支付。B 公司没有向 C 支付过任何案涉股权款，因此 B 公司没有实际出资购买案涉股权。（详见《汇兑支付来账凭证》）

2. B 公司在 2013 年至 2016 年的年度报告中，明确公示没有购买其他公司的股权。根据《国家企业信用公示系统》查询到的2013年至2016年年度报告，关于“是否有对外投资和购买其他公司的股权”一栏公示信息显示为：“否”。即B公司已经向社会明确公示没有购买其他公司股权。因此一审判决认定，B公司为案涉股权的实际购买人、与D之间形成股权代持关系显然不是事实，其认定错误，其《股权代持协议》是虚构的。(详见《公证书》，该证据是在二审审理前新发现的证据)

3. 从C与D签订的《股权转让协议》《A公司股东会决议》、修改《A公司章程》的时间看均在2014年6月2日，而D与B公司的《股权代持协议》签订的时间却是2014年6月12日。即案涉股权已经转让给D之后才有股权代持协议，这不符合代持的时间逻辑顺序，这也说明《股权代持协议》是虚构的。(详见2014年6月16日卷工商登记档案《股权转让协议》《A公司股东会决议》《A公司章程》)

二、D与B公司、×××公司1属于公司与股东人格混同，具有直接利害关系，因此D和×××公司1出具的付款《情况说明》《股权代持协议》其证明力低，如采信将损害债权人利益。(详见《D与B公司、×××公司1股权结构关系图表》)

三、案涉股权的受让方为D，其事实清楚证据确凿，D应当承担案涉股权转让款的支付义务。事实和理由如下：

1. 2014年6月2日C与D签订了《股权转让协议》，6月2日目标公司——A公司召开股东会并作出《股东会决议》，同日A公司股东会修改《章程》，双方在6月16日完成了股权转让的工商变更登记。C将合法持有的A公司51%的股权转让给D，转让价款为1.2亿元，其案涉股权转让的实体和程序均符合《中华人民共和国公司法》的相关规定，应当合法有效。2014年10月29日按《股权转让备忘录》约定，D退回29%的股权给C，D持有22%，其转让价款为4400万元，因已经支付750万元，还剩3650万元由D分三次支付，D在当日向C出具三张欠条，因此案涉股权转让款应当由D支付。以上事实有《股权转让协议》《股东会决议》《A公司章程》《股权转让备忘录》和三张《欠条》证明。

2. 虽然C与B公司在2013年11月2日和12月13日分别签订《股权转让协议》及《补充协议》，但是在实际履行中，B公司并没有实际出资购买案涉股权，而是由D出资购买，这一变化，由于D当时是B公司的法定代表人，B公司是知情并同意的，因此在实际履行与合同约定不一致时，应当以实际履行为准。

四、关于C自然人、B公司、D自然人三方在2014年10月29日签订《股权转让备忘录》的说明。

《股权转让备忘录》中"受让方"为B公司和D以及"B公司委托D支付款项"的约定，是因为C与B公司在2013年11月2日和12月13日就案涉股权签订过《股权转让协议》及《补充协议》，B公司当时是受让方和付款人，之后实际受让方和付款方变更为D后，各方为了对前述已经签订了的股权转让协议与实际履行不一致时进行处理。因此《股权转让备忘录》中出现B公司为"受让方"，"委托D付款"的表述。

五、从委托合同法律关系看，如果理解为B公司为案涉款项的委托人、D为受托人、C为第三人的委托合同关系。根据《合同法》第四百零二条的规定："受托人以自己的名义，在委托人的授权范围内与第三人订立的合同，第三人在订立合同时知道受托人与委托人之间的代理关系的，该合同直接约束委托人和第三人，但有确切证据证明该合同只约束受托人和第三人的除外。"C如果知道其代理关系的，只要有确切证据证明该合同只约束C和D的除外。根据D单独向C出具的支付案涉款项的三张欠条这一证据，也足以证明该委托付款关系只约束C和D，D应为案涉款项的支付人；C如果不知道其代理关系的，根据《合同法》第四百零三条第二款的规定："受托人因委托人的原因对第三人不履行义务，受托人应当向第三人披露委托人，第三人因此可以选择受托人或者委托人作为相对人主张其权利，但第三人不得变更选定的相对人。"C可以选择请求D支付案涉款项。

综上所述，如果从股权转让法律关系看，D与B公司之间的股权代持关系不成立，案涉股权转让关系发生在C与D之间，D是案涉股权转让款的支付义务人；如果从委托代理法律关系看，不论C是否知道D和B公司的代理关系，D都是案涉款项的实际付款人。为此恳请合议庭撤销一审判决，依法支持上诉人C的一审诉讼请求。

二审法院认为，本案二审争议焦点是：D是否应当向C支付股权转让款及资金占用利息损失。

二审判决书节选：C将案涉51%股权变更登记到D名下后，C、D、B公司签订了《股权转让备忘录》，约定了B公司委托D支付股权转让款的相关内容。在《股权转让备忘录》签订当日，D向C出具了《欠条》，对欠付款项金额、付款时间等作出承诺。虽然D非股权转让协议约定的受让方，《股权转让备忘录》亦约定D付款系受B公司委托，但D出具《欠条》所载明的付款金额、付款时间与《股权转让备忘录》约定一致，D未能对在已约定委托付款的情况下而另行出具《欠条》的行为作出合理解释，故D出具《欠条》的行为应认定为其作出了自愿承担债务的意思表示，C主张D支付剩余股权转让款2800万元的主张成立，应予支持。

二审判决结果：一、维持×××人民法院（2016）××号民事判决书第（一）项，即“D于本判决生效之日起十五日内向C返还580万元A公司股权（占注册资本2000万元的比例为29%）”；二、撤销×××人民法院（2016）××号民事判决书第（二）项，即“驳回C的其他诉讼请求”；三、D于本判决生效之日起15日内向C支付股权转让款2800万元及资金占用利息（以2900万元为基数，按照同期银行贷款利率，自2016年5月9日起计算至本金实际付清之日止）。

◎ 法律依据

《中华人民共和国合同法》（节录）

第六十条 【严格履行与诚实信用】

当事人应当按照约定全面履行自己的义务。

当事人应当遵循诚实信用原则，根据合同的性质、目的和交易习惯履行通知、协助、保密等义务。

第一百零九条 【金钱债务的违约责任】

当事人一方未支付价款或者报酬的，对方可以要求其支付价款或者报酬。

第一百一十三条 【损害赔偿的范围】

当事人一方不履行合同义务或者履行合同义务不符合约定，给对方造成损失的，损失赔偿额应当相当于因违约所造成的损失，包括合同履行后可以获得的利益，但不得超过违反合同一方订立合同时预见到或者应当预见到的因违反合同可能造成的损失。

经营者对消费者提供商品或者服务有欺诈行为的，依照《中华人民共和国消费者权益保护法》的规定承担损害赔偿责任。

第一百七十四条 【买卖合同准用于有偿合同】

法律对其他有偿合同有规定的，依照其规定；没有规定的，参照买卖合同的有关规定。

《最高人民法院关于审理买卖合同纠纷案件适用法律问题的解释》（节录）

第二十四条 买卖合同对付款期限作出的变更，不影响当事人关于逾期付款违约金的约定，但该违约金的起算点应当随之变更。

买卖合同约定逾期付款违约金，买受人以出卖人接受价款时未主张逾期付款违约金为由拒绝支付该违约金的，人民法院不予支持。

买卖合同约定逾期付款违约金，但对账单、还款协议等未涉及逾期付款责任，出卖人根据对账单、还款协议等主张欠款时请求买受人依约支付逾期付款违约金的，人民法院应予支持，但对账单、还款协议等明确载有本金及逾期付款利息数额或者已经变更买卖合同中关于本金、利息等约定内容的除外。

买卖合同没有约定逾期付款违约金或者该违约金的计算方法，出卖人以买受人违约为由主张赔偿逾期付款损失的，人民法院可以中国人民银行同期同类人民币贷款基准利率为基础，参照逾期罚息利率标准计算。

第四十五条 法律或者行政法规对债权转让、股权转让等权利转让合同有规定的，依照其规定；没有规定的，人民法院可以根据合同法第一百二十四条和第一百七十四条的规定，参照适用买卖合同的有关规定。

权利转让或者其他有偿合同参照适用买卖合同的有关规定的，人民法院应当首先引用合同法第一百七十四条的规定，再引用买卖合同的有关规定。

◎ 教训与思考

这件历经一审、二审，耗时3年多的股权转让纠纷案，虽然最终以原告C的胜诉而告结束。但是留给各方诉讼参与人的经验教训却值得总结和思考：

作为股权并购方B公司主要有两方面教训：

1. 对股权并购缺乏经验

首先在实施并购前双方应当签订《股权转让意向性协议》和《保密协议》；其次并购方应当对目标公司作尽职调查；最后在尽职调查的基础上，双方对股权转让价款、付款期限方式等方面进行详细磋商谈判并拟定相关法律文件，最终签订正式《股权转让协议》等相关法律文件。本案B公司在没有作尽职调查的情况下，就直接签订正式《股权转让协议》，其并购行为过于草率，埋下纠纷隐患。

2. 在设计收购方案上和实际履行中存在重大失误

（1）代持关系不明确：在对股权转让合同、代持关系的确定和设计上存在重大失误，C签订的所有合同和协议中都没有明确案涉股权交由D代持，从而使C能以代持股权关系证据不足予以抗辩。

（2）委托付款关系不确定：如果D是委托付款人，则不应当以自己的名义向C出具欠条。

（3）采用“黑白合同”对并购方税收风险极大。“黑白合同”虽然会递延甚至降低卖方的纳税义务，但很可能将卖方的纳税义务转移到买方，从而增加买方的税收风险。

由于B公司和D在收购股权时没有厘清“代持”和“委托”这两种法律

关系，致使在诉讼过程中处于不利地位。

作为出让方 C 的教训：

在股权转让合同实际履行过程中，将 B 公司及其法定代表人 D 在法律地位上等同为一人，将股权过户给 D，D 向其支付股权款和出具欠条，同时又认可 D 是委托付款人。致使 D 能以委托关系为由而逃脱付款责任，极大地增加了 C 向 D 追要剩余股权价款的难度。

总之，由于 B、C、D 各方在公司并购过程中，没有聘请专业律师对并购方案进行设计、没有对系列合同进行风险控制审查、在合同履行过程中进行指导，从而导致并购各方关系恶化、目标公司 A 停产。其后果是给各方均造成巨大的经济损失。

通过设计交易路径实现增资并购

——整合既往不规范交易行为完成增资并购案例

承办律师：杜娟、童颖

律师助理：祝心怡*

杜娟：陕西海普睿诚律师事务所高级合伙人，并购重组业务团队带头人。杜律师从业十余年，专注于企业投融资、并购重组、企业破产节税策划、公司商事诉讼业务，曾成功负责过多起国有企业并购重组、改制项目，具有丰富的项目实操经验。

童颖：陕西海普睿诚律师事务所执业律师，执业多年以来曾参与过多家国有企业投融资、并购、合并、分立项目，在企业并购重组交易路径设计、方案搭建、交易文件制作及节税策划等方面积累了丰富的项目经验，目前主要专注于企业并购重组专业领域。

---

* 祝心怡：大连海事大学法学学士，陕西海普睿诚律师事务所执业律师，主要执业领域为企业并购、重组、节税策划等，曾负责并参与多家企业并购重组法律服务工作，在企业并购重组交易模式设计、法律尽职调查、交易文件拟定及交易节税策划等方面具有丰富的实操经验。

◎ 项目背景

一、交易主体关系

甲公司系一家由自然人A控股的股份有限公司，目标公司系由甲公司控股的有限公司，主要经营航空航天领域内技术开发及制造业务，具有较好发展空间，属于成长型企业；股东A、甲公司、目标公司之间关系如下：

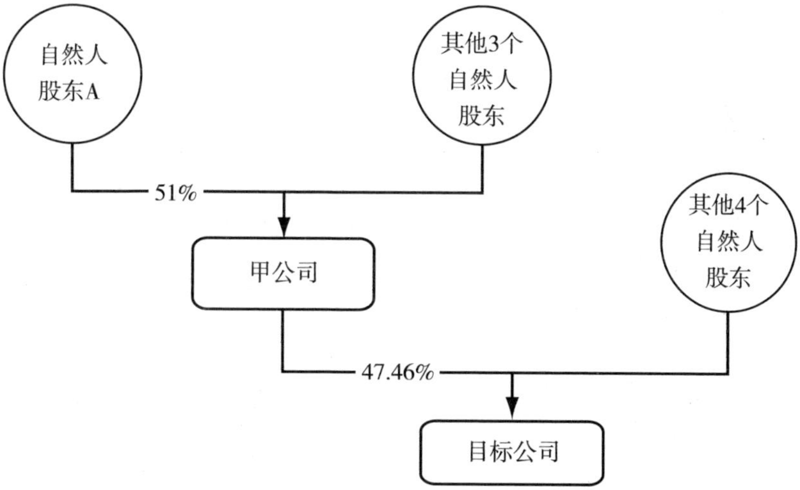

二、既往交易背景

1. 2015年11月20日，甲公司与某地产乙公司签订某小区《房屋认购协议》，明确甲公司认购乙公司开发的某小区19#楼10××6号、10××7号、10××8号、10××9号房屋。具体房屋状况如下表所示：

表1 甲公司认购乙公司房屋具体状况

房号	建筑面积（m^2）	套内面积（m^2）	购买单价（元/m^2）	购买总价（元）
10××6	193.84	152.48	9534.37	1453800
10××7	137.91	108.48	9534.71	1034325
10××8	70.4	55.38	9547.09	528718
10××9	156.65	123.22	8899.12	1096550
合计	558.8	439.56	—	4113403

2. 2015 年 11 月 30 日，甲公司控股股东 A，委托他人 B 代甲公司向乙公司支付房屋认购款 4113403 元。

3. 2018 年 12 月 25 日，目标公司与乙公司签署四份《商品房买卖合同》，约定由目标公司购买乙公司名下 19#楼 10××6 号、10××7 号、10××8 号、10××9 号房屋，目标公司系《商品房买卖合同》备案登记的合同主体，但尚未取得该房屋产权证书。

4. 2019 年 1 月 18 日，经陕西某房地产评估公司对目标公司购买的商品房价值进行评估，评估后上述四套房屋价值合计为 1405 万元，具体如下表所示：

房号	面积（m^2）	评估单价（元/m^2）	评估总价（元）
10××6	193. 84	28500	5528500
10××7	137. 91	28500	3930400
10××8	70. 4	28500	2006400
10××9	156. 65	16500	2584700
合计	558. 8	—	14050000

既往交易背景如下：

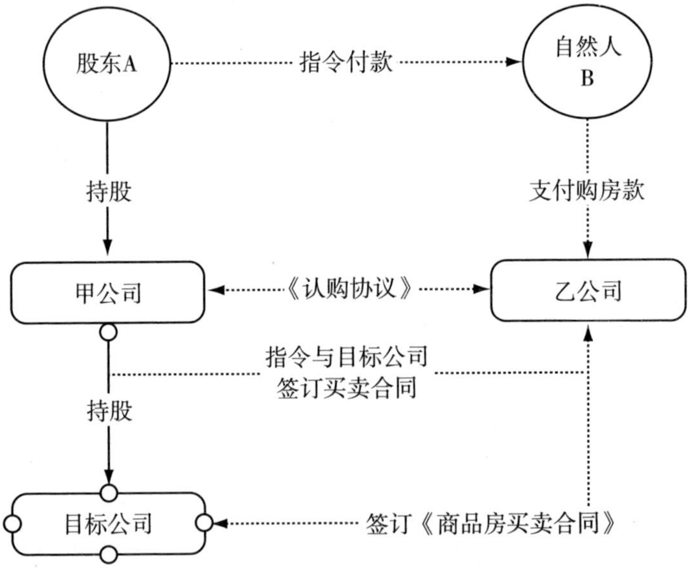

三、交易目标

1. 甲公司因经营发展需要，拟向目标公司进行增资，实现对目标公司的绝对控制，并扩大对目标公司的投资份额，最终实现更大的投资回报

2. 拟投入增资额为四个房屋的评估价值

3. 节约税费、降低成本

四、交易需求

1. 锁定目标公司作为房屋所有权人

2. 实现甲公司对目标公司增资

3. 厘清交易各方的资金关系

五、交易原则

1. 程序合法合规

2. 交易经济高效

3. 财务账目清晰

六、服务内容

律师团队受聘为甲公司提供并购专项法律服务。服务项目包括：

1. 配合设计交易方案、交易流程等

结合公司需要，梳理本次交易目的、交易结构、交易步骤等，确保甲公司在前期明确具体工作安排及节点，在交易模式确定初期力求最大限度提高交易蹉商率，实现公司利益最大化。

2. 配合对目标公司进行评估

为锁定增资对价及所持股比，在本次交易中需要对目标公司进行评估、确定估值，服务律师将配合评估公司完成对目标公司的评估，以确保最终增资额及占股比例符合交易需求。

3. 拟定待增资的债权文件

服务律师将整合既往交易文件，厘清各方交易法律关系，并根据目标公司评估结果及持股比例要求，拟定各方之间的债权债务法律文书，并指导签约，实现债权合法化，为本次债权增资提供基本前提。

4. 协助增资交易税务筹划

本次交易中，交易双方或在增资环节承担相应税费，作为交易价款的组成部分之一，对交易成交率有直接影响。服务期间，服务律师将在交易所涉税收总额测算论证的基础上，通过交易架构调整的方式，寻求高效、经济的税务筹划方案（如有），争取以较低税负促进交易经济节约。

5. 协商制定谈判策略、审核往来函件等

（1）准备商务谈判纲要文件等谈判所需要的各类法律文件，与贵公司协商制定谈判策略，参与增资交易商务谈判（如需）；

（2）根据需求，对交易往来商务函件、传真等文件进行审查、回复；

（3）对增资交易中有重大影响的事项进行风险提示，协助公司对交易合同的履行进行动态管理。

6. 起草增资所涉法律文件

结合交易实际进展阶段，起草、审核所涉相关法律文件（包括但不限于借款合同、增资合同、股东会决议、董事会决议等），并指导交易各方签订，保证交易形式合法合规。

7. 配合财务账目调整

由于本次交易中所涉资金均未通过甲公司、目标公司账目，但最终拟完成甲公司对目标公司的实缴增资，故在本次交易过程中，服务律师将以交易路径为基础，配合公司财务人员完成财务账目的调整与记录，确保交易所涉财务账目记录合规可查，避免出现甲公司出资不实的法律风险。

8. 协助办理变更登记及管理权交割手续

起草办理工商变更手续所需文件，协助公司办理目标公司股权变更、高层管理人员变更等相关工商变更手续；根据公司交易需要，配合进行交易公司的实际控制权、管理权、公章印鉴等交割手续，确保在股权及资产交割过程中将可预期法律风险降至最低。

9. 其他专项法律服务工作

在本次重组专项法律服务工作中，服务律师将根据交易实际进展及过程中出现的特殊情况，提供专家论证、行政机关征询等方面服务内容，全力保障公司重组交易的顺利推进。

◎ 法律尽职调查

第一部分 公司工商登记现状

1. 目标公司成立于 2001 年 11 月 19 日，设立的程序、资格、条件和方式符合国家法律、法规和规范性文件的规定。

2. 股东甲公司为合法存续的股份有限公司，其他四个自然人股东均为完全民事行为能力人，合法持有并有权处分其所持目标公司全部股权，不存在隐名持股情形。

3. 根据工商登记资料显示，目标公司股东持有股权不存在质押或其他可能阻碍股权转让的权利负担或限制。

4. 根据工商详细登记资料，目标公司股东认缴出资均已实缴到位，认缴 305 万元，实缴出资 305 万元。

第二部分 公司组织架构

1. 在目标公司数次工商登记变更情况可见，其股东会议事规则的设定、股东会的召开及决议符合《公司法》相关规定，为合法有效，不存在重大法律风险或对公司主体资格产生重大影响。

2. 目标公司执行董事的设置、职权及任职资格符合《公司法》第四十五条、第四十六条、第四十七条、第四十九条、第五十一条、第一百四十七条的规定。

3. 目标公司监事的设置及任职资格符合《公司法》第五十二条、第五十三条、第五十四条、第一百四十七条的规定。

4. 目标公司经理的设置、职权及任职资格符合《公司法》第五十条、第五十二条、第一百四十七条的规定。

5. 目标公司不存在分公司、子公司的情况。

6. 目标公司现处办公场所系租赁第三方物业，签订《房屋租赁合同》，按期足额缴纳房屋租金。

7. 目标公司在企业内部管理制度健全，不存在重大法律风险。

第三部分　公司历史沿革

经核查，目标公司历史情况与工商历次变更情况较为完备，不存在重大风险或对公司主体资格产生重大影响。

变更事项	变更前	变更后	变更时间
1. 法定代表人变更	徐某	孙某	2018 年 6 月 15 日
2. 董事监事经理备案	徐某，执行董事兼总经理；贾某某，监事	孙某，执行董事兼总经理；贾某某，监事	2018 年 4 月 15 日
3. 经营范围变更	许可经营项目：一般经营项目：航空机电及民用产品的设计、开发、生产、安装、维修、销售，机械加工及技术服务。（上述经营范围涉及许可经营项目的，凭许可证明文件或批准证书在有效期内经营，未经许可不得经营）	航空机电及民用产品的设计、开发、生产、安装、维修、销售，机械加工及技术服务。（上述经营范围涉及许可经营项目的，凭许可证明文件或批准证书在有效期内经营，未经许可不得经营）	2017 年 3 月 14 日

第四部分　公司重大合同

目标公司提供的合同台账共计 318 份；经服务律师以合同标的额大于 50 万元为标准初步筛选，该等合同共计 204 份；对 204 份合同以目标公司主体地位为标准进行分类，其中，目标公司对外负有债务的合同有 108 份，目标公司对外享有债权的合同有 96 份；经对 108 份负有债务的合同进行重点审查，其中，57 份合同中对方义务已履行完毕，目标公司欠付金额计

12335466.4 元；41 份合同正在履行过程中，部分合同目标公司存在未按约定时间节点付款的情况，已构成违约。据此，目标公司存在一定的诉讼风险。

第五部分　公司现有资产

目标公司无任何房产、机动车辆、土地登记信息，存在部分重大的生产经营设施。

第六部分　公司对外融资担保情况

经查询，目标公司及目标公司股东在中国人民银行动产融资登记系统中，在动产信托登记、应收账款质押和登记、租赁登记、所有权保留登记、租购登记、保证金质押登记、存货/仓单质押登记及其他登记等事项中，均未有相关记录。基于上述查询结果，服务律师认为，目标公司及公司股东不存在动产融资事项。

第七部分　公司现有劳务关系情况

一、劳动合同

根据目标公司提供人员名单显示，截至 2018 年 8 月，目标公司在册员工 138 人，均签订合法有效的《劳动合同》。

二、社会保险

根据目标公司提供《财务尽职调查报告》显示，目标公司已为全部员工缴纳社会保险。

第八部分　公司法律纠纷情况

服务律师通过前往陕西省高级人民法院、西安市中级人民法院、雁塔区人民法院、未央区人民法院、灞桥区人民法院、新城区人民法院查询，结合网络查询及目标公司披露情况，目标公司不存在在审案件及执行案件。

另外，经服务律师通过互联网查询目标公司股东被执行情况，目标公司股东不存在被执行或被列为失信被执行人情形。

◎ 财务尽职调查

一、税务方面

目标公司成立至今，在经营过程中，部分采购及销售业务不规范，存在一定的税务风险。

二、债权债务管理

针对需方市场，目标公司多采用预付款—服务或货—结算尾款的方式，如此多造成目标公司履行供货或提供服务义务后合同相对方逾期付款情况发生，导致债权回收风险。

针对供方市场，目标公司多采用先货后款方式，风险较小，但经审查，截至基准日，目标公司对外负债共计 12335466. 4 元，或存涉诉风险。

三、会计政策

公司目前无正式的会计政策，根据账务资料，发现现有的财务核算存在的问题有：（1）账务核算与生产经营、物流管理脱节，无法为生产经营决策提供准确的信息；（2）会计基础工作差；（3）财务管控流程、管控内容不明确，存在重大疏漏。

四、财务核算

（一）货币资金

目标公司货币资金期末余额 675. 12 万元，其中库存现金余额 11. 7 万元，银行存款余额 663. 42 万元。

（二）账务核算与生产经营、物流管理脱节，无法为生产经营决策提供准确的信息

由于采购、销售的整体市场环境以及管理层的管理理念等，公司仍沿用较为老套的核算模式，采购销售发票大部分与真实业务脱节，企业不能按照《企业会计准则》的要求及时、准确、真实地反映企业经济行为，导致无法为决策提供有效信息。

（三）存货实物管理有待改进

目标公司存货管理粗放，盘点主要采用目测方式进行。2014 年为完成指标，在未准确计量的情况下通过目测盘盈的方式虚增大量设备、零部件等库存，导致账实差异。

（四）财务管控流程、管控内容不明确，存在重大疏漏

目标公司缺乏科学严谨、适合于公司实际情况的财务管理内部控制体系，关键控制环节不明确或缺乏必要的控制流程。

五、其他方面

（一）法人治理机制作用发挥有限

目标公司按照公司章程建立了公司法人治理结构，但因企业实行的董事会授权的总经理负责制，工作范围及要求不明确、职责不清，未建立高管人员的履职考核奖罚制度，导致股东会、董事会的决策事项不能有效执行。

（二）薪酬制度设置不合理

目标公司除高管人员实行年薪工资外，其他员工实行岗位工资，实际发放工资与员工业绩、工作完成情况等不挂钩，无法使薪酬与员工付出的劳动和作出的绩效，以及公司的长短期收益有效结合起来。

（三）费用管理不规范

目标公司未建立费用报销管理办法及费用控制措施，未明确报销范围、报销标准、费用审批权限，影响费用的有效控制及报销的合规性管理。

◎ 目标公司价值评估

本报告评估对象为目标公司股东全部权益价值；评估范围为目标公司评估基准日全部资产和负债。

本报告选用价值类型为市场价值。评估基准日为2018 年7 月31 日。评估方法采用资产基础法和收益法。

截至评估基准日，目标公司总资产评估前账面值为4379.49万元，负债账面值为1943.01万元，净资产账面值为2436.48万元。

资产基础法评估结果为：总资产评估值为4040.82万元，负债评估值为1943.01万元，净资产评估值为2097.81万元，评估增值－338.67万元，增值率为－13.9%。

收益法评估结果为：净资产评估值为3584.25万元，评估增值1147.77万元，增值率为47.1%。

经过对两种方法的评估结果进行分析，最终选择收益法评估结果作为本次评估结论；即目标公司截至评估基准日，在持续经营前提下目标公司价值为3584.25万元。

◎ 增资并购所涉法律风险

在甲公司向目标公司增资以扩大股比的情况下，结合尽职调查的情况，目标公司或存在以下法律风险有待解决：

1. 本项目前期的合同签订及款项支付关系混乱，涉及法律主体众多，各主体之间法律关系不清，本增资项目实施之前，首先应通过各种协议的签订以厘清各主体之间的法律关系。

2. 目标公司财务记账存在重大法律瑕疵，关于《商品房买卖合同》项下购房款支付问题，目标公司财务账目上并未体现，即固定资产增加，但其他资产未对应减少，违背财务记账“有借必有贷，借贷必相等”基本原则。

3. 目标公司因财务记账瑕疵问题或发生税务风险，需在增资过程中进行财务账目调整的同时补充各法律主体间的相关协议，并依据协议资金往来情况开具合法税务发票，避免发生税务稽查风险。

4. 关于拟增资不动产的作价问题，最终作价数额直接决定了增资后甲公司持有目标公司的股权比例，对甲公司具有重要影响，如何作价须与目标公司其他自然人股东沟通协商。

5. 目标公司部分正在履行的合同存在未按约定时间节点付款的情况，或存在一定的诉讼风险，但该风险不会对本项目产生重大影响。

◎ 增资并购模式选择及分析

在设计及选择具体交易模式之前，首先应厘清各主体间交易关系，根据了解情况，可确认本项目既定事实如下：

资金往来——股东 A 与自然人 B 之间，自然人 B 与乙公司之间；

文件签署——甲公司与乙公司签订《认购协议》，乙公司与目标公司签订《商品房买卖合同》；

投资关系——股东 A 为甲公司控股股东，甲公司为目标公司控股股东。

基于以上既定事实，可认定交易各方法律关系为：

（1）股东 A 与自然人 B 之间为委托代付关系；

（2）股东 A 与甲公司之间为借贷关系；

（3）目标公司与甲公司之间基于购房资格的转让而形成债权关系。

在厘清各交易主体法律关系前提下，结合本项目交易目标，根据《公司法》第一百七十八条的规定，有限责任公司增加注册资本时，股东认缴新增资本的出资，依照本法设立有限责任公司缴纳出资的有关规定执行，以及第二十七条可以用货币出资，也可以用实物、知识产权、土地使用权、债权等可以用货币估价并可以依法转让的非货币财产作价出资之规定，服务律师拟定以下两种交易模式：

模式一：不动产增资

该不动产由甲公司前期认购，可由甲方以该不动产进行出资，完成本次增资并购交易。

交易路径与结果：

1. 基于前期《认购协议》，协调乙公司与目标公司解除《商品房买卖合同》，由甲公司与乙公司在《认购协议》基础上签订《商品房买卖合同》，将不动产买受人由目标公司变更为甲公司；

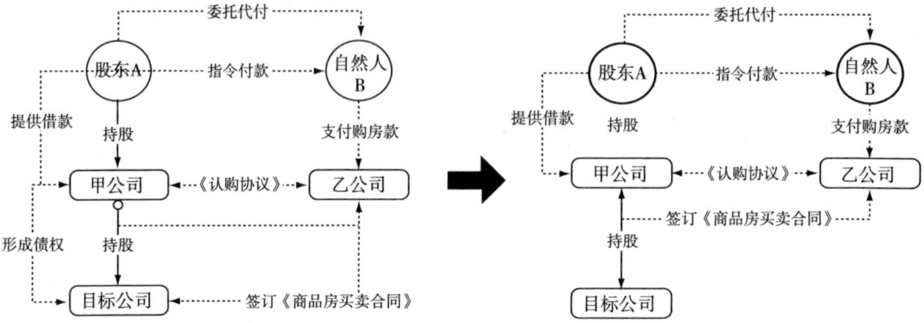

2. 协调乙公司尽快为甲公司办理所购四套房产的不动产权证书；

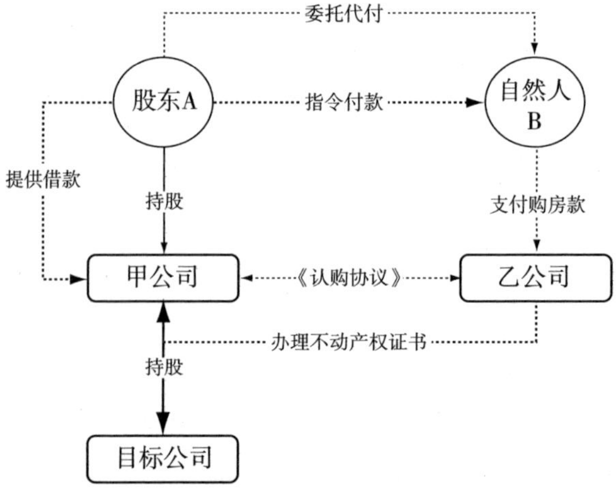

3. 在甲方合法所有拟增资不动产后，由甲公司以该不动产向目标公司增资，实现甲公司持有目标公司股权比例增大之交易目的。

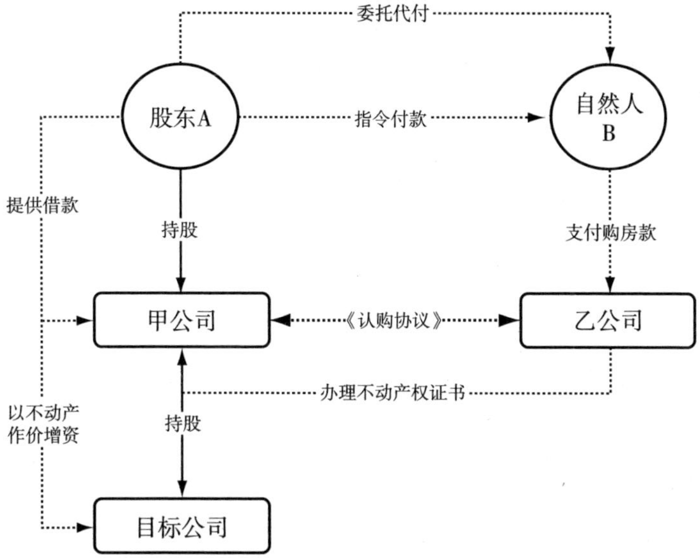

优势：

1. 可直接使用不动产评估价值进行增资。以不动产增资时原则上以该不动产的评估价值作为增资额，将直接实现甲公司交易目标，无须补充其他相关资料。

2. 简化各交易主体之间法律关系。基于目前既定事实，各交易主体之间存在委托代付、借贷、权利转让等关系。在该模式下，调整《商品房买卖协议》的签订主体，可直接减少权利转让关系，简化各方法律关系。

障碍：

1. 不动产增资之前需取得不动产权证书。该模式中买受人变更后，若以不动产进行增资，需以取得不动产权证书为前提。此过程中，需与乙公司协调不动产权证办理事宜，或需花费较大时间成本与沟通成本。

2. 手续办理烦琐。在该模式下，除协调办理《商品房买卖协议》主体变更及加快办理不动产权证书外，在增资过程中不仅需对接工商行政管理部门，还需与不动产登记部门对接完成产权变更登记，对接部门增加，且手续较为烦琐。

3. 增大交易经济成本。从税收角度而言，不动产增资视同为不动产的转让，会涉及不动产交易各项税费，不符合经济节约的交易原则。

模式二："债转股"增资

结合既有交易情况，服务律师认为除不动产增资外，还可通过"债转股"增资模式实施。"债转股"即由债权人将合法持有债务人的债权转为向债务人的增资，实现债权转变为股权的交易模式。在本项目中，亦即通过合法路径设计，将股东 A、自然人 B、甲公司、乙公司之间的资金往来予以串联，最终形成甲公司享有目标公司合法债权，随后实现甲公司向目标公司的增资。

交易路径与结果：

1. 厘清交易主体之间关系，由甲公司、乙公司与目标公司签订《三方协议》，确定甲公司将基于《认购协议》享有的购房资格以评估价转让至目标公司，由目标公司以购房款原价与乙公司签订《商品房买卖合同》，届时甲公司对目标公司形成与评估价等额的债权；

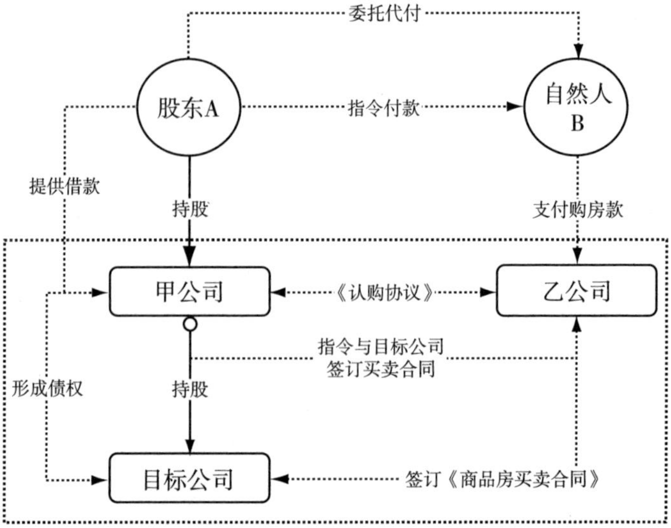

2. 甲公司将合法持有目标公司债权总额转为向目标公司的增资，实现股权比例增大之交易目的。

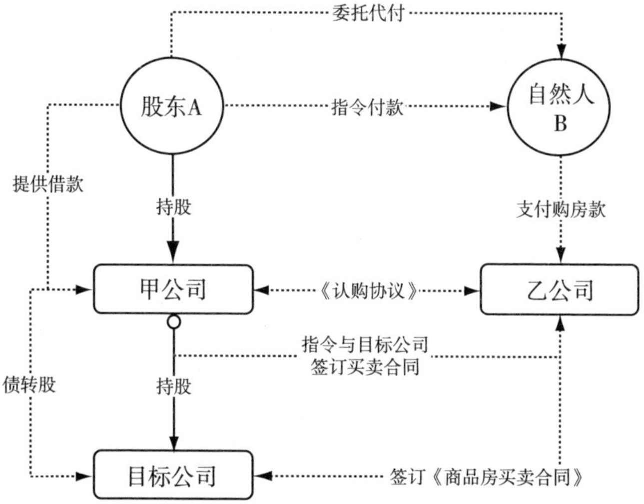

优势：

1. 交易手续办理方便快捷。变更手续较为便捷，无须进行不动产产权变更登记。

2. 有效降低交易税费负担。无须缴纳产权变更所涉的各项税费（如土地增值税、契税、企业所得税等），符合本次交易经济节约的原则。

3. 实现公司财务账目合法合规。现有交易模式下，甲公司与目标公司均存在重大的财务记账瑕疵，不利于公司财务账目清晰记录，会诱发后期企业所得税税收征缴风险。通过债转股增资的方式，能够有效厘清各方交易关系，实现公司财务账目规范化、合法化。

障碍：

需协调各方配合签署法律文件。在此过程中，甲公司需协调目标公司其他股东及乙公司，相互配合完成各法律文件的签署，沟通成本较大。

表2 模式一与模式二涉税对比

序号	税务类别	模式一不动产增资	模式二“债转股”增资
1	增值税	√	√
2	附加税	√	×
3	土地增值税	√（有优惠，可暂不征收）	×

续 表

序号	税务类别	模式一不动产增资	模式二“债转股”增资
4	契税	√	×
5	所得税	√	√
6	印花税	√	√

经过以上对比分析，律师认为，模式二路径的设定与选择对甲公司更为有利。

◎ 增资并购结果

目标公司现状具体如下：

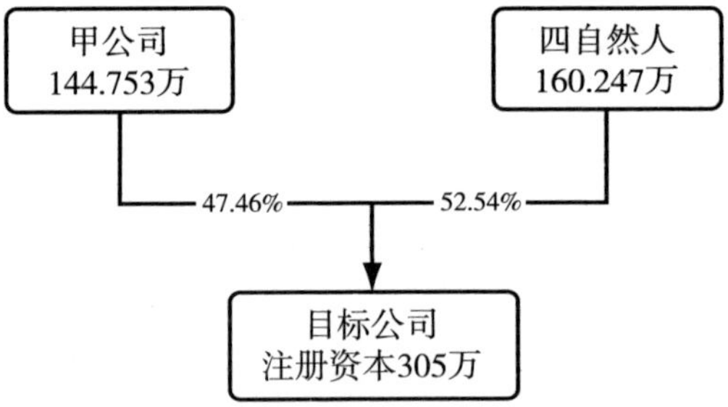

本项目中，目标公司评估报告显示，截至评估基准日，在持续经营前提下的目标公司价值为 3584. 25 万元。

本次甲公司拟增资金额为 1405 万元。

股权比例

增资后，目标公司总估值为 4989. 25 万元，其中甲方股权估值将为 3106. 08505 万元，其他四自然人股东股权估值将为 1883. 16495 万元，如此，增资后，甲公司股比将变更为 62. 26%，其他四自然人股东股比将变更为 37. 74%。

注册资本

根据资本配比原则，其他四自然人股东认缴并实缴注册资本金 160. 247 万元，持有股权比例为 37. 74%，经计算，增资后公司注册资本总额应增加为

424.6 万元。如此，在甲公司持股 62.26% 的情形下，其应认缴并实缴注册资本 264.36 万元，故增资过程中 1405 万元的增资款，应增加注册资本金 119.607 万元，其余 1285.393 万元计入资本公积。

增资后，目标公司注册资本及股比如下：

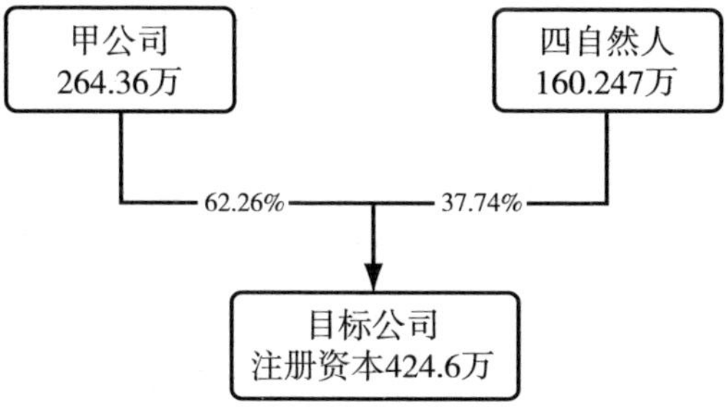

◎ 交易风险及对冲措施

风险一：自然人 A 与甲公司债权不清晰

从既往交易资金往来和认购协议签订情况来看，认购协议签署主体为甲公司，而实际购房款承担主体系甲公司控股股东 A，而支付主体并非 A 本人，系通过自然人 B 向乙公司支付。简言之，甲公司股东 A 出了钱却未取得房屋，甲公司认购房屋但实际未支付对价，交易实质其实就是甲公司实际控制人 A 向甲公司提供借款 4113403 元，A 又委托自然人 B 向房地产乙公司支付认购款。

风险对冲措施：

步骤一：A 与甲公司签署《借款协议》

房屋认购方为甲公司，其股东 A 与甲公司属于独立主体，A 付款不等同于甲公司付款。故甲公司与 A 之间实质形成借款关系，即股东 A 向甲公司提供借款，为明确双方法律关系，A 与甲公司之前可签署《借款协议》，约定甲公司向 A 借款 4113403 元，用于支付房屋认购款，同时约定 A 无需将所借款项付至甲公司，而是直接向地产乙公司支付即可。

步骤二：A 与 B 之前签署《委托代付协议》

因房款承担者并非自然人 B，B 仅仅是资金的传递渠道，从资金往来看，实际就是 A 委托 B 支付房款，最终房款的承担主体为 A。故首先应厘清 A 与 B 之前的委托代付关系，双方补充签署《委托代付协议》即可。

通过以上措施，将甲公司、乙公司、自然人 A、自然人 B 之间的法律关系厘清，即甲公司与 A 成立借款关系、A 与 B 成立委托代付关系、甲公司与乙公司成立房屋认购买卖关系，确保各方财务明确，做账清晰。

风险二：甲公司对目标公司债权不清晰，且房屋增值部分无法直接作为债权进行投资

从既往交易结果来看，房屋最终权属归目标公司，而付款承担主体系甲公司（甲公司向 A 借款，甲公司为最终实际承担人），即甲公司支付认购款但未取得房屋，目标公司取得房屋而未支付对价，故甲公司应对目标公司享有债权，但该债权因房屋价款承担主体、价款支付主体均非甲公司，甲公司对目标公司的债权关系较混乱。另外，2019 年目标公司以《商品房买卖合同》约定价格（低于市场销售价）买受房屋，系基于甲公司于 2015 年在乙公司尚未取得房屋预售资格时的风险投资及认购行为，在既有交易下，目标公司取得房屋增值部分的价值并未向甲公司支付相应对价；而该房屋的增值价值不属于债权范畴，无法直接转为对目标公司的增资额。

风险对冲措施：

甲公司、乙公司与目标公司签署《权利义务转让协议》。

甲公司于 2015 年就取得购房资格，而目标公司之所以能够以 2015 年的价格买入价值 1405 万元的房屋，是因为甲公司将其认购房屋的资格转让给目标公司。故为满足各方需求，明确各方主体法律关系，甲公司、乙公司与目标公司三方可签署《权利义务转让协议》，明确甲公司将购房资格转让给目标公司，目标公司取得房屋的对价即 2015 年认购款 4113403 元，该款项已由甲公司支付，目标公司应向甲公司偿还（即甲公司取得对目标公司 4113403 元的债权）；另，因目标公司受让甲公司购房资格，使得其获得房屋增值

9932497元，该增值部分费用目标公司应向甲公司支付（即甲公司取得对目标公司9932497元的债权），以上债权即为4个房屋评估值1405万元，至此，实现甲公司对目标公司享有1405万元债权的目的。

◎ 所涉法律文件

法律尽职调查报告

厘清债权所涉文件

1. 借款合同
2. 委托代付协议
3. 权利义务转让协议

“债转股”增资所涉文件

1. 保密协议
2. “债转股”增资协议
3. 董事会决议
4. 股东会决议
5. 章程修正案
6. 增资计划书
7. “债转股”增资法律意见书
8. 商务谈判纲要文件
9. 谈判会议纪要
10. 股东会律师见证书
11. 工商登记变更文件
12. 其他交易所需文件

◎ 交易所涉法律法规解读

一、债转股可行性法律依据

《公司法》第一百七十八条第一款规定："有限责任公司增加注册资本时，股东认缴新增资本的出资，依照本法设立有限责任公司缴纳出资的有关规定执行。"第二十七条："股东可以用货币出资，也可以用实物、知识产权、土地使用权等可以用货币估价并可以依法转让的非货币财产作价出资；但是，法律、行政法规规定不得作为出资的财产除外。对作为出资的非货币财产应当评估作价，核实财产，不得高估或者低估作价。法律、行政法规对评估作价有规定的，从其规定。"

该法律规定是"债转股"的法律基础依据，甲公司向目标公司增值，适用出资的规定，而公司法对股东出资方式规定较为多样，债权作为非货币财产，可以作为出资标的。

二、债转股主要税收的法律依据

《增值税暂行条例》（国务院令第691号）第二条第（三）项规定："纳税人销售服务、无形资产，除本条第一项、第二项、第五项另有规定外，税率为6%。"

该法律规定意为，本案例中债权包括借款本金、借款利息、居间服务费，其中利息和居间服务费部分应当缴纳6%的增值税。

《企业所得税法》第六条第（五）项规定："企业以货币形式和非货币形式从各种来源取得的收入，为收入总额。包括：……（五）利息收入；"第四条第一款规定："企业所得税的税率为25%。"

本案例所涉债权中的利息和居间服务费，属于甲公司所得，在企业所得税计算时，或需按照25%缴纳企业所得税。

三、不动产出资主要税费的法律依据

1. 增值税

《增值税暂行条例》（国务院令第691号）第一条规定：“在中华人民共和国境内销售货物或者加工、修理修配劳务（以下简称劳务），销售服务、无形资产、不动产以及进口货物的单位和个人，为增值税的纳税人，应当依照本条例缴纳增值税。”第二条第（二）项：“增值税税率：……（二）纳税人销售交通运输、邮政、基础电信、建筑、不动产租赁服务，销售不动产，转让土地使用权，销售或者进口下列货物，税率为11%。”

财政部、国家税务总局《关于调整增值税税率的通知》（财税〔2018〕32号）第一条规定：“纳税人发生增值税应税销售行为或者进口货物，原适用17%和11%税率的，税率分别调整为16%、10%。”

上述法律规定系对不动产转移发生增值税的规定，房产出资视同销售，投资方将产生税率为10%的增值税。

2. 附加税

《征收教育费附加的暂行规定》（国务院令第558号）第三条第一款规定：“教育费附加，以各单位和个人实际缴纳的增值税、营业税、消费税的税额为计征依据，教育费附加率为3%，分别与增值税、营业税、消费税同时缴纳。”

《城市维护建设税暂行条例》（国务院令第588号）第二条规定：“凡缴纳消费税、增值税、营业税的单位和个人，都是城市维护建设税的纳税义务人（以下简称纳税人），都应当依照本条例的规定缴纳城市维护建设税。”第四条规定：“城市维护建设税税率如下：纳税人所在地在市区的，税率为7%；纳税人所在地在县城、镇的，税率为5%；纳税人所在地不在市区、县城或镇的，税率为1%。”

上述法律规定系关于附加税的规定，发生增值税的同时必然产生附加税，附加税包括城建附加税和教育附加税，因此在不动产出资视同转让情况下，投资方将产生税率为7%/5%/1%的城建附加税，以及3%的教育附加税。

3. 土地增值税

《土地增值税暂行条例》（国务院令第588号）第二条规定：“转让国有土地使用权、地上的建筑物及其附着物（以下简称转让房地产）并取得收入的单位和个人，为土地增值税的纳税义务人（以下简称纳税人），应当依照本条例缴纳土地增值税。”第七条规定：“土地增值税实行四级超率累进税率：增值额未超过扣除项目金额50%的部分，税率为30%。增值额超过扣除项目金额50%、未超过扣除项目金额100%的部分，税率为40%。增值额超过扣除项目金额100%、未超过扣除项目金额200%的部分，税率为50%。增值额超过扣除项目金额200%的部分，税率为60%。”

财政部、国家税务总局《关于继续实施企业改制重组有关土地增值税政策的通知》（财税〔2018〕57号）第四条规定：“单位、个人在改制重组时以房地产作价入股进行投资，对其将房地产转移、变更到被投资的企业，暂不征土地增值税。”

上述法律规定系对不动产转移发生土地增值税的规定，房产出资视同销售，一般情况下，投资方将产生土地增值税，土地增值税以增值额（转让价-扣除项）为依据适用30%、40%、50%的税率；关于土地增值税，法律规定特殊性税务处理规则，以房产进行出资，土地增值税可暂不征收，双方据此可选择适用。

4. 契税

《契税暂行条例》（国务院令第224号，2019年修正）第一条规定：“在中华人民共和国境内转移土地、房屋权属，承受的单位和个人为契税的纳税人，应当依照本条例的规定缴纳契税。”第三条第一款：“契税税率为3～5%”。

上述法律规定系对不动产转移发生契税的规定，房产出资时，融资方即取得房产方将缴纳税率为3%～5%的契税。

5. 所得税

《企业所得税法》（主席令第23号）第一条第一款：“在中华人民共和国

境内，企业和其他取得收入的组织（以下统称企业）为企业所得税的纳税人，依照本法的规定缴纳企业所得税。”第四条第一款：“企业所得税的税率为 25%。”

财政部、国家税务总局《关于非货币性资产投资企业所得税政策问题的通知》第一条：“居民企业（以下简称企业）以非货币性资产对外投资确认的非货币性资产转让所得，可在不超过 5 年期限内，分期均匀计入相应年度的应纳税所得额，按规定计算缴纳企业所得税。”

上述法律规定系对不动产转移发生企业所得税的规定，企业进行房产出资时，投资方将按照所得额缴纳税率为 25% 的所得税；双方选择特殊性税务处理时，企业所得税可递延 5 年进行缴纳。

综上所述，本案例中，如直接以房产进行出资，交易双方将产生增值税、附加税、土地增值税（可选择适用特殊性税务处理）、契税、所得税（可选择适用特殊性税务处理）；而采取债转股模式进行，产生税费主要为增值税和所得税。显然，整体而言直接以房产出资交易双方税负较重，以债转股进行增资税负较轻。

图书在版编目（CIP）数据

资本项目的魔术师：公司投融资、并购、重组、节税实战演练/张远堂主编．—北京：中国法制出版社，2020.3

ISBN 978－7－5216－0902－8

Ⅰ.①资… Ⅱ.①张… Ⅲ.①公司法－研究－中国 Ⅳ.①D922.291.914

中国版本图书馆CIP数据核字（2020）第031510号

策划编辑：陈兴（cx_legal@163.com）
责任编辑：陈兴　孙静　　　封面设计　杨泽江

资本项目的魔术师：公司投融资、并购、重组、节税实战演练

ZIBEN XIANGMU DE MOSHUSHI：GONGSI TOURONGZI、BINGGOU、CHONGZU、JIESHUI SHIZHAN YANLIAN

主编/张远堂
经销/新华书店
印刷/三河市国英印务有限公司
开本/710毫米×1000毫米　16开　　　印张/19.25　字数/274千
版次/2020年3月第1版　　　2020年3月第1次印刷

中国法制出版社出版
书号 ISBN 978－7－5216－0902－8　　　定价：76.00元

北京西单横二条2号
邮政编码100031　　　传真：010－66031119
网址：http：//www.zgfzs.com　　　**编辑部电话：010－66070046**
市场营销部电话：010－66033393　　　**邮购部电话：010－66033288**

（如有印装质量问题，请与本社印务部联系调换。电话：010－66032926）